사람됨의 길은 예절이다

이동기 편저

보고사

머리말

　예로부터 우리는 예절을 일상생활의 근본으로 삼았던 문화민족이며, 예의(禮儀)의 국가라고 일컬어질 만큼 예절을 숭상해 온 민족이다. 그러나 사회의 급격한 변화로 말미암아 가치관과 사고방식의 혼란으로 예의는 상실되고 있다. 더욱이 오늘날 학교교육이 진학을 위한 지식만을 강조하다 보니, 인성교육이나 예절교육을 등한시하였다. 인성교육과 예절교육의 부재(不在)는 바로 청소년들의 사회병리적 행동을 야기하여 학교폭력이나 청소년의 비행 같은 사회적 문제로 나타나고 있다. 청소년들의 사회병리적 행동을 치유하는 방법은 인성교육이나 예절교육에서 시작되어야 한다. 이런 의도에서 이 책을 기획하게 되었다.

　인성교육은 사람됨의 길이며, 사람의 성품을 올바르게 함양하는 것이다. 인간은 사람임의 생물학적 속성을 지니고 출생하지만, 교육을 통해 사람됨의 인격적 존재나 가치적 대상으로 다시 변화한다. 이것이 기질의 변화이며, 교육의 가능성이다. 인간은 인성교육을 통해 온전한 인간으로 성숙할 수 있고, 인간됨의 바탕을 실천할 수 있다.

　한편 예절교육은 인간의 원만한 사회생활을 위해 필요하다. 인간은 본질적으로 사회적 관계 속에서 살아간다. 인간이 일상생활에서 마땅히 지켜야할 사회적 관계를 규범화하고 범주화한 것이 바로 예절이다. 그러므로 예절은 인간사회의 질서이며, 인간이 반드시 지켜야 할 법칙이다. 인간사의 기본적인 예절은 전통의례(傳統儀禮)에서 찾을 수 있으며, 전통의례는 관혼상제(冠婚喪祭)를 근간으로 하고 있다. 그리고 전통사회에서 예절의 시작은 충효에 있다고 하였다. 포은 정몽주 선생은 우리나라 역사에 있어 효행을 실천궁행(實踐躬行)한 선각자이며, 충절의 영원한 사표이다. 포은 선생의 충효에 대한 평가를 실록에서 찾아 소개한다.

　이 책은 전적으로 해암예학연구소 이남철소장님의 아낌없는 지원과 격려에 의해 완성되었다. 예학에 문외한이었던 필자에게 예학자료의 제공과 질정을 헌신적으로 해 주셨던 소장님께 진심으로 감사드리며, 이 책의 간행을 후원한 (사)포은선생숭모사업회에도 고마운 마음을 전한다.

2013년 5월

편저자 삼가 씀

차 례

제3장 가정생활의 예절교육 / 63

제4장 사회생활과 예절교육 / 141

제5장 세계시민의 예절교육 / 179

제6장 포은 정몽주 선생의 효행과 충절 / 209

부록

인성과 예절교육

맹자는 인간에게는 따라할 도(道)가 있는데

그것이 동물과 다른 인간만이 갖고 있는 특성으로서

〈사람을 사람 되게 해주는 특성〉

즉 인성이라고 하였다

1.
인성교육

1) 인성교육의 의미

인성(人性)은 여러 가지 말로 표현될 수 있으나 주로 성격, 인격, 마음, 본성, 또는 기질과 동의어로 사용되고 있다. 또한 인성은 인간이 공유하는 본래적 마음이라고 할 수 있으며, 각 개인이 보이는 고유한 행동양식이라 할 수 있다.

인성이란 사람을 사람답게 하는 것, 곧 사람을 사람 되게 하는 인간의 본성 또는 본질을 가리킨다. 그리고 유학에서는 인간의 본래적 마음을 성(性)이라 하였고, 『중용(中庸)』에서는 다음과 같이 말하고 있다.

> 하늘이 명한 것을 성(性)이라 하고[천명지위성(天命之爲性)
> 성을 따르는 것을 도(道)라 하며[솔성지위도(率性之爲道)]
> 도를 닦는 것을 교(敎)라 한다[수도지위교(修道之爲敎)].

인간의 본성은 선천적으로 타고난 성품으로서 타고난 본성을 그대로 따르면 도심(道心)이고, 이해(利害)를 좇아 감정대로 행동하면 인심(人心)이라 하였다. 맹자(孟子)는 인간에게는 따라할 도(道)가 있는데 그것이 동물과 다른 인간만이 갖고 있는 특성으로서 '사람을 사람 되게 해주는 특성', 즉 인성이라고 하였다. 이에 맹자는 인성을 인간만이 지닌 사회적, 도덕적 속성이라고 보았다.

한편, 주희(朱熹)는 인성 이론에서 "심(心)은 성(性)과 정(情)을 포괄한다[심성통정(心性通情)]"고 하였다. 이것은 인성의 개념을 성과 정을 포괄하는 심으로 파악한 것이다. 주희는 성(性)이란 '마음의 이치'이며, 정(情)이란 '마음의 움직임'이라고 하였다. 즉 마음의 이치가 성인데 그 성을 스스로 지각할 수 없기에 지각을 하려면 마음의 작용이 있어야 하는데 그 작용이 정이다. 인간의 마음은 지적, 정의적, 의지적 측면으로 구성되며, 이를 지정의(知情意)라고 한다. 지(知)는 사물을 인식하고 이해하고 판단하는 마음의 작용이다. 정(情)은 사물에 느끼어 일어나는 마음의 작용이다. 의(意)는 무엇을 하겠다고 속으로 다짐하는 마음의 작용이다. 이처럼 마음은 지정의(知情意)의 세 요소로 구성되며 정신작용의 총체이다. 마음은 선악(善惡)을 느낄 수 있고, 시비(是非)를 판단할 수 있으며, 행동을 다짐할 수 있는 정신능력이다.

인성은 사람의 성품이므로 인성교육은 사람의 성품을 교육하는 것이라 할 수 있다. 성품은 성질과 품격으로 구성된다. 성질은 마음의 바탕이고, 품격은 사람됨의 바탕이다. 인성이란 곧 한 사람의 마음의 바탕과 사람됨의 바탕을 가리키는 말이다. 그러므로 인성교육은 한편으로는 마음의 바탕을 교육하고, 다른 한편으로는 사람됨의 바탕을 교육하는 것이다.

다시 말하면 인성교육이란 말 그대로 인성을 함양시키기 위한 교육을 말하는 것으로서 마음의 바탕을 교육하고 사람 됨됨이를 교육하는 것이다. 마음의 바탕을 교육한다는 것은 마음의 구성요소인 지(知), 정(情), 의(意)를 교육하는 것이고, 사람 됨됨이를 교육한다는 것은 인간으로서 바람직하고 보편타당한 가치를 추구하며 그 가치를 완성할 수 있도록 교육하는 것이다. 그러므로 인성교육이란 마음의 바탕인 지, 정, 의를 조화롭게 발달시키는 마음의 교육과 개인적인 자아실현을 위한 가치교육, 그리고 사회적인 도덕적 삶을 추구하기 위한 도덕교육 등 세 가지로 구성되어 있는 것이다.

지, 정, 의를 조화롭게 발달시키기 위한 마음의 교육, 즉 심성교육은 사람의 마음[정신]을 교육하는 것으로서 지, 정, 의가 조화를 이룰 수 있도록 가정과

학교, 사회 그리고 군을 포함한 모든 사회조직에서 지식교육과 정서교육, 행동교육[실천교육]이 균형을 이룰 수 있도록 실시되는 것을 말한다. 이러한 심성교육이 성과를 발휘하려면 모든 구성원들의 적극적인 동참이 필수적이며, 특히 지도층과 간부들의 솔선수범은 무엇보다도 중요한 요인이다.

개인적인 자아실현을 위한 가치교육은 건전하고 올바른 가치관을 확립하여 보람있고 인간다운 삶을 누릴 수 있도록 교육하는 것으로서 올바른 가치판단 능력을 갖추도록 하는 것을 말한다. 그리고 자기 자신의 확고한 정체성(Identity)을 확립하여 일상생활에서 실천할 수 있도록 하며, 특히 타고난 소질과 적성에 따라 개인별 목표를 설정하여 꾸준히 노력하는 아름답고 인간다운 삶을 살아가도록 교육하는 것을 말한다.

사회적으로 도덕적인 삶을 추구하기 위한 도덕교육은 도덕적인 삶, 즉 인간다운 삶을 살아갈 수 있도록 교육하는 것으로서 공동생활의 기본원칙과 원리를 교육시키고 도덕적인 행위를 실천할 수 있도록 하는 것을 말한다. 그리고 만약 도덕적인 문제가 발생했을 경우 인간의 평등사상에 입각하여 자기 자신만의 이익뿐만 아니라 다른 사람들의 이익도 똑같이 고려할 수 있는 공정한 이익고려 정신을 심어줌으로써 더불어 조화롭게 살아가는 이해와 배려의 참된 길을 교육하는 것을 말한다.

사람됨은 태어난 그대로의 인간을 가리키는 말이 아니라 인간으로서 바람직한 가치를 추구하고 실현할 때 사용하는 가치어(價値語)이다. 때문에 사람됨은 가치중립적이기 보다는 가치지향적인 의미로 사용된다.

인성의 개념적 구성이 마음과 인간됨으로 이루어지는 것으로 볼 때, 인성교육은 바로 지정의(知情意)를 교육하는 것이다. 지정의를 교육한다는 것은 이들의 발달을 조화롭고 통합되게 하는 것이다. 마음의 조화로움과 통합을 이루지 않고서는 올바른 인간됨을 형성하기 어렵다. 인간됨의 구성 요소는 마음의 조화로운 발달, 자아의 실현, 공동체적 삶이다. 따라서 인성교육이란 곧 마음을 교육하고 인간됨을 위한 교육이다. 즉 인성교육은 전인적인 인간교육을 위한 필수적인 과정이며, 인성교육에서 구체적으로 다루어야 할 내용은 자신의 본성이나 본질에 대한 정확한 탐색과 인식, 자기이해, 자기수용, 자기개방, 인간관계, 도덕성 함양, 가치관 확립, 사회성 함양 등을 꼽을 수 있다.

2) 인성교육의 목적

교육은 인간을 대상으로 하는 활동이다. 따라서 교육의 목표는 인간다운 인간을 만드는 것, 나아가 인간이 행복하게 살아갈 사회를 만드는 것이라 할 수 있다. 그러나 현대인들이 삶을 통해 더 많은 행복을 느끼고 있다거나 현대사회가 인간의 행복을 오롯하게 지켜주고 있다고 말하기에는 어려움이 있다. 오히려 비윤리적이고 비인간적인 사건들이 빈발하는 가운데 현대인은 더욱 각박한 삶을 살아가고 있다. 이러한 사회현실에서 인성교육은 더욱 등한시되고 있다.

현대사회에서 인성교육을 등한시하는 이유는, 급격한 사회 변화에서 오는 부작용, 가정형태의 변화에 따른 가정교육의 약화, 학교교육의 위기현상, 민족적 자아정체감과 비전의 상실 등을 언급할 수 있다. 산업화와 도시화로 특징짓는 산업사회로의 전환은 물질적 풍요를 가져왔으나 정신세계의 빈곤과 인간소외 현상을 가속화하였다. 그리고 세계화와 국제화의 급속한 진행으로 민족의 고유정신(固有精神)과 민족주체성(民族主體性)은 뿌리째 흔들리고 있다. 뿐만 아니라 전통사상에 바탕을 둔 인성교육의 구조마저 해체되고 있고, 그 결과 교육 전체가 공멸의 위기를 맞고 있다.

청소년들이 심리적으로 건강하고 성숙한 인간으로 성장하도록 돕기 위해서 기성세대는 어떠한 방향과 목표를 가지고 인성교육에 임해야 할 것인가? 우리는 지덕체(知德體)의 조화로운 발달이 이루어진 전인적 인간(全人的 人間)의 육성을 교육의 이상으로 삼고 있다. 인성교육은 전인적 인간교육을 위한 필수적인 과정이다. 전인교육과 인성교육을 위해 교육현장에서는 생활지도와 상담을 강조하고 있다. 그러므로 인성교육의 목적은 생활지도와 상담의 목표와도 일치한다고 볼 수 있다. 인성교육의 목적을 살펴보면 다음과 같다.

첫째, 자기 자신에 대한 올바른 이해이다. 청소년들이 자아정체감을 형성하고 고유한 개성을 발견하기 위해 정확한 자기 이해가 이루어지도록 해야 한다.

둘째, 개인의 잠재력의 계발이다. 자기 안에 있는 무한한 잠재력을 계발할 수 있는 다양한 교육적 경험을 제공해야 한다.

셋째, 자율적인 문제해결능력의 신장이다. 인생은 끊임없이 새로운 문제가 발생하고 해결하면서 살아가는 과정이므로 청소년들에게 자신의 문제를 스스로 해결할 수 있는 능력을 길러 준다.

넷째, 전인적 발달의 도모이다. 청소년들이 지적, 정의적, 신체적, 도덕적, 사회적 측면에서 균형을 이룬 발달이 이루어지도록 몸과 마음의 건강을 증진시킬 수 있는 교육적 경험을 제공해야 한다.

다섯째, 건전한 민주시민의 육성이다. 현대의 민주사회에서 요구되는 인간적 자질이며, 책임감이 있고 협동적인 시민으로서의 자질을 길러 주도록 한다.

여섯째, 사회적 행복의 추구이다. 인간은 태어나면서부터 사회적 관계 속에서 삶을 살아간다. 사회적 관계를 원만히 수행해야만 사회적 질서를 확립할 수 있고, 상호간에 존중과 예의를 인지할 수 있다. 이를 통해 인간은 사회적 행복을 추구해야 한다.

3) 인성교육의 중요성

오늘날 우리사회에서는 과거 어느 때보다 교육의 문제, 특히 인성교육의 문제가 심각하게 거론되고 있다. 이것은 비단 우리나라만의 문제가 아닐 것이고, 또 어쩌면 최근의 문제만은 아닐지는 모른다. 그러나 입시위주의 교육풍토 때문에 인성교육이 제대로 이루어지지 않고 있는 현실에서 청소년 자신들뿐만 아니라 앞으로 그들이 이끌고 가야 할 이 나라의 장래를 걱정하는 사람들이 늘고 있는 것은 사실인 것 같다.

청소년기는 인생의 모든 발달과정 중에서 가장 많은 변화와 혼란을 겪는 시기이다. 신경증, 정신병과 같은 정신장애, 우울증, 자살경향성, 비행과 범죄 등이 가장 많이 발현되는 시기이기도 하다. 그것은 청소년들이 자기의 정체성을 발견하고 세상을 나와 적응하는 과정에 필연적으로 겪게 되는 시행착오적 혼미와 역할갈등에서 비롯된다.

사회생활에서 필요한 배려, 사랑, 성실, 정직, 공익과 같은 덕목을 가정에서 배우지 못한 젊은이들이 결혼할 것을 상상해 보자. 작은 애로와 갈등이 생길 때에도 그것을 견디지 못하여 끝내는 이혼하리라는 것이 자명하지 않는가? 요즈음 젊은 세대의 높은 이혼율은 한국의 교육풍토와 무관하지 않다.

국제사회는 똑똑한 천재보다 인격적인 지도자를 환영하고 있다. 과학의 힘이 너무나 큰 현대사회에서 개인적, 민족적 이익을 위하여 천재들이 벌이는 테러와 전쟁은 인류를 위협하기 때문이다. 그리하여 비도덕적인 지도자나 비윤리적인 국가는 전 세계가 주시, 감독하며 철저하게 배제시키는 세상이 되었다. 결국 성공하는 지도자는 고매한 덕성의 소유자이며, 자신의 이익보다는 사회와 국가와 세계를 위하여 자신의 가진 것을 나누어 주는 인격의 표상이다.

한국이 선진국가가 되려면 국민의 의식수준이 고매한 가치관과 높은 품성으로 성숙되어야 한다. 그리고 우리의 청소년들을 신체적으로 건강하고 지적으로 우수하며 더불어 살기 좋은 성품의 소유자가 되도록 양육해야 한다. 따라서 인성교육의 중요성은 다음과 같다.

첫째, 무엇보다도 오늘날은 과거 그 어느 때보다 배워야 하는 지식의 양과 익혀야 하는 기술의 수가 폭발적으로 증가하고 있다. 따라서 인간교육을 위한 관심과 투자가 소홀해 질 수밖에 없다.

둘째, 인구는 많으나 일자리는 제한된 산업구조 속에서 먼저 그리고 더 크게 성공하고 출세하기 위한 경쟁은 불가피하다. 따라서 경쟁위주의 사회 및 교육풍토에서 더불어 살아가는 지혜를 가르치는 인간교육에 대한 관심은 소홀해 질 수밖에 없다.

셋째, 현대 과학문명을 일으킨 원동력이 인간의 개발된 인지능력이며, 현대 산업사회는 이 인지능력을 계속 필요로 하고 있다. 따라서 현재의 교육은 인지적인 측면에서 지식 전달위주의 교육과 주로 지식의 습득 정도에 초점을 두고 있다. 이런 교육환경에서 자기와 타인의 감정이나 정서를 이해하고 그것을 제대로 처리하는 방법, 인간관계를 잘할 수 있는 방법 등을 가르치는 인성교육과 생활지도를 중시하는 인간교육은 소홀해 질 수밖에 없다.

이에 따라 오늘날 인간다운 인간을 기르고자 하는 인간교육에 대한 열망은 더욱 절실하다. 학교에서의 인간교육이 제대로 이루어지기 위해서는 무엇보다도 인성교육과 예절교육이 필요하다.

2.
예절교육

1) 예절교육의 의미

유교적 전통에서 예(禮)는 인간의 삶의 기준이 된다. 옛말에 "사람이 되어 예가 없다면 비록 말을 할 수 있어도 마음은 금수와 다르지 않다"라는 것은 인간이 되기 위해서 예(禮)를 따라야 한다는 것을 강조한 것이다. 인간의 삶의 기준이 되는 예를 따라 산다는 것은 다른 사람의 존재를 의식한다는 의미이다. 다른 사람의 존재를 의식한다는 것은 인간이 상호 간의 관계를 맺는다는 뜻이며 또한 예의 필요성을 역설한 의미이기도 하다.

예(禮)의 사전적(辭典的) 의미는 원활한 인간관계를 위하여 일상생활의 규범으로서 지켜나가야 할 형식을 말하며, 사람이 마땅히 지켜야 할 의칙(儀則)과 예법(例法)을 말한다. 그리고 자의적(字意的) 의미는 시(示)와 풍(豊)으로 구성된 글자로, 시는 신(神)을 뜻하고 풍은 상(床) 위에 제물(祭物)을 받쳐 둔 것을 상징한 것이다. 즉 예는 사람이 신에게 제물을 바치고 기도하는 뜻을 형상화한 글자이다. 원시시대에는 초월적인 신에게 기도하며 의지한 것을 예라고 보았다.

한편 『예기(禮記)』에는 인성의 선악문제를 분명히 규정한 곳은 없으나 대체로 인성을 천리(天理)와 인욕(人慾)의 양면을 가진 것으로 파악하고 있다. 천리란 도덕적 본성을 뜻함이요, 인욕이란 감각적 측면을 말한다. 인간의 천성은 순연(純然)한 것이지만, 그 천성의 움직임인 인정(人情)은 곧 인욕처럼 오해되기 쉬우나 인정이 결코 인욕이 아니다. 인정이 중정성(中正性)을 얻으면 그대로 천리의 현현(顯顯)이요, 중정성을 잃으면 인욕으로 나타난다. 여기에 인정을 절제하고 문식(文飾)할 필요가 있는데, 이것이 바로 중정성의 회복이다. 그러므로 공자는 "예란 중정(中正)토록 제재(制裁)함이다"라고 하였다. 행위의 중정성이 인간 윤리이 표준이며, 당위이며 예의 실제이다.

또한 『예기(禮記)』에 의하면, 인간이 천진(天眞)을 잃지 않고 협동하여 살던 태고의 대동세계(大同世界, 가장 평화로운 세계)에서는 오직 도(道)가 있었을 뿐 예(禮)가 필요치 않았다고 하였다. 그러나 인간사회의 발전으로 대동세계가 쇠미하여 사회질서가 무너짐으로써 예를 만들었다고 한다.

공자(孔子)는 진정한 예는 반드시 그 내면에 인(仁)을 바탕으로 해야 하며, 자기의 의지대로 예를 실천한다면 군자(君子)가 될 수 있다고 하였다. 그러므로 예는 인의 구체적 표현이라고 할 수 있다. 공자는 "예법을 모르면 몸 둘 곳이 없다" 또는 "예를 모르면 남 앞에 나설 길이 없다"라고 하여 예를 중시하였다. 예는 인간이면 누구나 받아들여야 할 불변의 기준, 즉 개인의 선택 이전에 주어진 삶의 형식이다.

전통 사회에서 일반 대중에게 가장 일반화된 예는 바로 가정의례이다. 『주자가례(朱子家禮)』는 이러한 가정의례의 표준으로 제시되어 왔다. 그런데 『주자가례』가 가정의례의 표준으로 정립될 수 있었던 것은 주자(朱子, 1130-1200)가 성리학적(性理學的) 형이상학(形而上學)의 체계를 확립하면서 그 실천 방법으로 도덕규범의 체제와 더불어 의례 절차의 확고한 기반을 확보해 두었기 때문이다. 주자는 가례서(家禮序)에서 먼저 예를 본(本; 근본 원리)과 문(文; 제도 절차)의 체용(體用) 구조로 제시하고 있다.

예(禮)에는 본(本)과 문(文)이 있다. 집에서 행하는 것부터 말하자면 명분(名分)을 지키는 것과 사랑하고 공경하는 진실이 그 본(本)이다. 관혼상제(冠婚喪祭)와 의장도수(儀章度數; 법도)는 그 문(文)이다. 본이라는 것은 집에서 날마다 실행하는 상체(常體)이니 진실로 하루라도 닦지 않을 수 없다. 문(文) 또한 모두 사람 된 도리의 처음과 끝을 바로 세우는 것이다. 비록 그것을 행함에 때가 있고, 그것을 베풂에 장소가 있더라도 강구(講究)함이 분명하고 익힘이 익숙하지 않으면 일에 부닥쳤을 때 이치에 맞고 절문(節文)에 상응하지 못할 것이니, 이 또한 하루라도 강습(講習)하지 않을 수 없다.

본과 문의 체용 구조에서 보면, 예는 근본 원리의 불변성과 의례 절차의 가변성을 동시에 가지고 있다. 따라서 예의 진정한 이해는 의례의 절도(節度)를 시대적 변화에 맞게 조정하면서 그 근거에 깃든 보편적 근본 원리[상체(常體)]를 인식하는 데서만 가능하다. 즉 예는 궁극적 실재(實在)인 하늘을 근본 원리로 인식하여 그 근원을 확보하고자 추구하는 불변성과 더불어 시대적 상황 및 사회적 현실의 변화에 따라 이에 적합하도록 절도(節度)의 형식을 바꾸어 가는 가변성이라는 두 방향의 추구를 통해 구체화하였다. 그러므로 예(禮)의 실천은 그 본질적 원리에 기초해야 하고 뿐만 아니라 구체적인 현실에 따라 응용해 가려는 노력 또한 중요하다.

인간은 사회적 동물이다. 이 말 속에서 인간은 태어날 때 마치 그물이 얽히듯 여러 인연이 맺어져서 생겨났으며, 또한 여러 관계를 맺어가며 살아가는 존재라는 의미를 내포하고 있다. 따라서 사람이 사람답고 올바르게 살아가기 위해서는 무엇보다도 원만한 인간관계를 형성해야 한다. 원만한 인간관계란 혼자서 노력해서 되는 일이 아니며, 그 사회의 모든 구성원이 다 같이 공통된 예절을 지킬 때 이루어진다. 여기서 우리는 예절이란 사람이 사람답게 이 세상을 살아가는 데에 꼭 필요한 도리요, 질서라는 것을 알게 된다.

예절은 오래 동안 사람이 살아오면서 자연스럽게 터득한 질서요, 삶의 지혜라고 할 수 있다. 그것은 사람들 스스로가 살아가면서 자연스럽게 터득한 질서라는 삶의 지혜 때문이다. 서로가 자기주장과 자신의 이익만 추구한다면 함께 멸망한다는 교훈과 내가 나를 존중하는 것만큼 남도 존중해 주어야 세상이 제대로 돌아갈 수 있다는 교훈을 배웠기 때문에 예절의 의미를 이해하게 되었다. 우리는 그 값진 교훈의 결과를 예의범절(禮儀凡節), 혹은 줄여서 예절(禮節)이라고 부른다. 예절은 곧 사람이 살아가면서 사람으로서 지켜야 할 도리이며, 예절교육은 예절을 배워가는 과정이라고 할 수 있다.

2) 예절교육의 목적

예절은 적게는 한 개인의 사생활에서부터 크게는 국가사회를 규제하는 법도를 포괄한다. 그리고 예절은 인(仁)의 내면적인 정신이 외면적으로 표현된 행위이다. 예절은 오륜(五倫)의 형식과 관혼상제(冠婚喪祭)라는 예속의 형식으로 구분할 수 있다.

예절은 흔히 정신과 형식으로 구분 짓는다. 물론 그 둘 중 어느 하나라도 없어서는 안 된다. 예절의 정신과 형식은 그 사회의 공통된 약속이다. 사회 속에서 함께 살아가기 위해 공동으로 가져야 할 마음가짐을 하나의 형식으로 표현하는 약속이 예절이다. 물론 이 약속에는 구속력을 가지는 것도 있고, 그렇지 않은 것도 있다. 예절이라 할 때에는 구속력을 가지는 강제규범보다는 자율에 맡기는 것이 더욱 많다. 그것은 인간의 도덕심과 양심을 존중하기 때문이다. 만약 인간에게 도덕심과 양심이 있다는 것을 인정하지 않는다면 우리는 예절로써 생활을 조절해 나갈 수 없게 되고 만다.

예절이라는 약속은 시대와 장소에 따라 조금씩 다르게 변천해 왔다. 그것은 인간이 살아가는 환경이 시대와 장소에 따라 변화되기 때문이다. 인간은 환경에 적응하면서 살아가기 때문에 환경에 따라 그 표현이 조금씩 다른 것은 당연한 일이다. 인간이 동물과 다른 점은 인간은 문화를 갖고 있다는 것이다. 문화란 인간이 사회를 이루며 살아가는 동안 만들어진 생활의 양식이다. 그렇기 때문에 문화는 다양할 수밖에 없다. 예절도 문화의 한 부분이다. 따라서 예절도 다양하게 표현된다.

어느 지역 사람들은 악수를 하거나 포옹을 하면서 인사를 한다. 어떤 사람들은 양쪽의 얼굴에 접촉하거나 코를 맞대기도 한다. 우리는 허리를 굽혀 인사하거나 꿇어앉아 절을 한다. 이것은 지역에 따라 예절이 다르다는 것을 보여 준다. 밥을 먹는 예절도 각기 다르다. 우리의 전통 예절에서는 밥을 먹을 때 소리를 내면 예절에서 벗어나는 일이었다. 그러나 요즈음에는 가족끼리라면 단란한 대화를 나누는 것이 오히려 자연스럽다. 이것은 시대에 따라 예절이 다르다는 것을 보여준다.

이와 같은 차이가 생겨나는 것은 문화가 이질적(異質的)이기 때문이다. 지역에 따라, 인종에 따라, 시대에 따라 문화가 다르기 때문에 예절도 달라진 것이다. 이것이 예절의 다양성이다. 그런가 하면 어느 지역, 어느 시대에서나 같은 점도 있다. 간단한 예로, 인사하는 방법은 다를지 몰라도 남을 만났을 때 인사를 한다는 점은 같다. 왜 인사하는 방법은 각기 다른데 인사를 한다는 점은 같을까? 그것은 인사라는 것이 반가움과 공경의 표현이기 때문이다. 사람은 누구나 다른 사람을 만났을 때 어떤 형식으로든 반기고 공경하는 마음을 표현하기 때문이다.

이렇게 시대와 지역에 따라 예절은 그때그때 걸 맞는 일정한 방식으로 다양하게 표현된다. 그러나 예절이 나타내고자 하는 근본정신은 같다. 우리 조상들이 예에 대한 교과서로 소중히 여겼던 책으로 『예기(禮記)』가 있다. 『예기』는 사서오경(四書五經)의 하나로서 유교의 주요 경전 가운데 하나인데, 이 책에는 "예란 스스로를 낮추고 남을 존중하는 것이다"라고 쓰여 있다. 이것은 예의를 실천하는 데 있어 대원칙이다. 나를 낮춤으로써 남을 높여 주는 마음의 표현, 이것이 바로 예절정신의 표현이면서 동시에 실천의 원칙인 것이다.

예절이란 더불어 잘 살아가기 위한 인간들의 약속이며, 인간에 대한 배려와 존중이 근본정신이다. 이것은 시대와 장소를 가리지 않고 앞으로도 변치 않을 공통된 대원칙이다.

인간은 존귀(尊貴)한 존재이다. 물론 인간만이 아니라 세상의 어느 것 하나 소중하지 않은 것이 없다. 모두가 우리가 살아가는 데 있어 의미를 주고 있는 것이기 때문이다. 모든 것 가운데에서도 우리 인간은 특히 가장 귀한 존재이다. 인간은 그 어느 것도 지니지 못한 것, 즉 양심과 이성을 지녔기 때문이다.

모든 예절(禮節)의 근본정신은 이 존귀한 존재에 대한 깊은 믿음과 사랑에 기초한다. 그것은 또한 인격존중이라는 말로도 표현할 수 있다. 서로의 인격을 존중하는 것이 바로 예절의 근본정신이다. 이렇게 본다면 예절은 인격완성의 수단이요, 동시에 원만한 인간관계를 이루어나가기 위한 방편인 것이다.

예절이나 규칙, 혹은 법률은 인간존중이라는 근본정신에는 큰 차이가 없다. 예절은 인격의 자율성에 의지한다는 점에서 다른 것들과 구분된다. 우리는 그런 고귀한 정신이 바탕에 있는지 깨닫지 못하고, 예절을 그저 귀찮은 것이니 하면서 쉽게 넘겨버리는 수가 많다. 지금 당장 이순간은 예절을 무시할 수도 있다. 하지만 우리는 예절을 지키며 세상을 살아가는 것이 훨씬 더 지혜로운 일이며, 그 이유는 인간이란 혼자 살아가는 것이 아니라 사회를 이루고 더불어 살아가기 때문이라는 것을 깨닫게 된다.

사람은 누구나 세상에 태어나 자기 삶을 의미 있게 살아보고자 노력하며 다른 사람으로부터도 하나의 인격체로서 대접받기를 원한다. 내가 남의 인생을 무시하고 나만 홀로 인격을 존중받을 수는 없는 일이다. 내가 대접받기 위해서는 먼저 그만큼 정성을 다해 상대방을 대접해 주어야 하는 것이다. 어떻게 대접할 것인가. 일상생활 속에서 우리가 늘 숨을 쉬듯 자연스럽게 몸에 배어 실천할 수 있는 방법은 바로 서로가 예절을 지키는 일이다. 예절을 지킴으로서 비로소 내가 남의 인격을 존중해 줄 수 있고, 더불어 나의 인격도 존중받을 수 있다.

우리나라는 예부터 동방예의지국(東方禮義之國)으로 불리어 왔다. 지금부터 약 2300년 전에 공자의 7세손인 공빈(孔斌)이라는 사람이 우리나라에 관해 쓴

『동이열전(東夷列傳)』에 다음과 같은 이야기가 있다.

> 먼 옛날부터 동쪽에 나라가 있는데 이를 동이(東夷)라고 한다. 그 나라에 단군이라는 훌륭한 이가 태어나니 아홉 개 부족 구이(九夷)가 그를 받들어 임금으로 모셨다. [중략] 그 나라는 비록 크지만 남의 나라를 업신여기지 않았고, 그 나라의 군대는 비록 강했지만 남의 나라를 침범하지 않았다. 풍속(風俗)이 부드럽고 도타워 길을 가는 이들이 서로 양보하고, 음식을 먹는 먹을 것을 미루며, 남자와 여자가 따로 거처하니, 이 나라야말로 '동쪽에 있는 예의바른 군자의 나라'[동방예의지국(東方禮義之國)]가 아니겠는가? 이런 까닭으로 나의 할아버지 공자께서, '그 나라에 가서 살고 싶다'고 하시면서 '누추하지 않은 곳이다'고 말씀하셨다.

우리의 선조들은 이러한 칭송을 긍지로 삼고 살아왔다. 그 만큼 예는 우리민족과 불가분의 관계를 맺고 있으며, 민족성을 상징하는 특징이 되어 왔다. 그래서 우리민족은 매사에 동방예의지국의 백성답게 올바르게 살고자 했으며, 그 전통을 길이 남기려고 노력하였다. 따라서 예의범절을 가르치고 배우는 데에 무엇보다도 중점을 두었다.

예절은 문화의 한 부분이라고 하였다. 따라서 예절을 잘 지키는 전통은 바로 우리 고유의 문화라고 할 수 있다. 우리는 조상이 그랬던 것처럼 우리의 문화인 예절 바른 생활을 긍지로 여기며 지켜 나가야 할 것이다.

3) 예절교육의 범주

우리가 흔히 말하는 예의범절(禮儀凡節)이란 일상생활의 모든 예의와 절차를 가리키는 것이나 예의(禮儀)는 사회생활과 사람과의 관계에서 형성된다. 즉 예의는 사람과의 관계에서 공손하며 삼가는 말과 몸가짐을 의미함으로 형식보다는 마음이 중요하며, 생활 속에서 실천이 강조된다.

『논어』에는 다음과 같은 말이 있다.

> 예가 아니거든 보지 말며, 예가 아니거든 듣지도 말며, 예가 아니거든 말하지 말며, 예가 아니거든 움직이지 말라[子曰 非禮勿視 非禮勿聽 非禮勿言 非禮勿動(자왈 비례물시 비례물청 비례물언 비례물동)].

인간이 인간답게 살아가는 유일한 방법은 예절에 맞게 사는 것임을 강조한 유명한 말이다. 이보다 더 강하고 인상 깊게 예절 바른 생활을 강조하는 말도 없을 것이다. 그래서 우리의 선조들은 종종 이 글로 자신을 경계하기 머리맡에 두고 되새기곤 하였다. 그러나 우리는 예절이라는 것이 우리의 본래 심성 속에 녹아들어 있는 자연스러운 마음의 표현이라는 것을 알았고, 우리가 좀 더 편히 살아가기 위한 약속이라는 것도 알았다. 따라서 마음먹기에 따라서는 예절 바른 생활이란 무척 쉬운 일이 될 수도 있다.

예절에는 크게 두 가지 기능이 있다. 하나는 자기 자신을 수양하는 기능이고, 다른 하나는 다른 사람과의 관계에서 원만하게 대처하는 기능이다. 전자의 경우, 예절은 스스로 사람다워지려는 것으로서 자기 자신에게 적용하는 기능을 가지며, 이 경우 예절의 본질은 정성스러움에 있다. 후자의 경우, 예절은 자신을 벗어나 남에게 활용되는 기능을 가지며, 이 경우 예절의 본질은 공경하고 사랑하는 데에 있다.

자기 자신을 수양하는 구체적인 방법은 비록 혼자 있는 경우라 할지라도 스스로 삼가도록 하는 것이며[신독(愼獨)], 대인관계에 대처하는 방법의 기본은 남은 편안하게 해 주는 것이다[안인(安人)]. 즉 예절에는 모두가 함께 편히 지내기 위해 자신의 욕구를 절제하는 마음, 서로의 행복을 위해 자신의 이익을 양보하는 마음이 있어야 한다.

예절교육의 범주는 다양하게 논의할 수 있으나 여기서는 대상에 따른 분류와 범위에 의한 분류로 크게 나눈다.

(1) 대상에 따른 분류

- 개인 예절 : 스스로 사람다워지려는 자기 관리를 하는 예절.
- 남에게 하는 예절 : 남을 대하는 의사소통 예절.
- 함께 하는 예절 : 모두가 함께 실천하는 예절로서, 조직생활이나 단체생활에서의 공중도덕과 같은 예절.

(2) 범위에 의한 분류

- 기본예절 : 모든 분야에 통용되는 공통 원칙이 되는 예절
- 생활예절 : 생활환경에 따라 개인예절, 가정예절, 학교예절, 직장예절, 사회예절, 국민예절, 국제의전(國際儀典) 등이 있다.
- 가정의례 : 가정에서 행하는 의식절차로서, 성년식(成年式)·혼인례(婚姻禮)·상장례(喪葬禮)·제례(祭禮)·수연례(壽宴禮) 등이 있다.

제2장

인성교육의 실제

인성교육은 본질적으로 인간의 인간다운 삶을 추구한다

인간다움을 강조하는 인성교육은

결국 인간다운 삶의 문제를 도덕윤리의 문제로 치환한다

그래서 인성교육은 인간사회의 질서를 위해 필요하다

1.
전통적인 인성교육의 방법

1) 수기치인(修己治人)

인성교육은 본질적으로 인간의 인간다운 삶을 추구한다. 인간다움을 강조하는 인성교육은 결국 인간다운 삶의 문제를 도덕윤리의 문제로 치환(置換)한다. 그래서 인성교육은 인간사회의 질서를 위해 필요하다.

인성교육은 가치관의 확립을 위해서도 필요하다. 어떤 사회든지 가치질서가 확립되어야 그 사회의 안정을 유지할 수 있다. 가치질서가 확립되어야 관념과 사고에 질서가 생기며, 관념과 사고에 질서가 서야 행동에 정당성이 있게 된다. 현대사회에 있어 가치관의 혼란은 바로 인성교육의 부재(不在)에서 비롯된다고 볼 수 있다. 인성교육에서 추구해야 할 가치관은 인간생활의 근원적이고 보편적인 원리인 심성의 수양과 예학의 본질을 이해하는 데에 있다.

전통적인 인성교육의 방법은 ≪대학≫의 삼강령에서 엿볼 수 있다. 대학의 삼강령은 명명덕(明明德), 신민(新民), 지어지선(至於止善)이다. 명명덕은 사람이 타고난 본래의 밝은 본성과 능력을 밝힌다는 것이며, 신민은 백성을 새롭게 한다는 것이며, 지어지선은 지극한 선의 경지에 도달한다는 것이다. 여기서 명명덕은 자신의 수양을 의미하며, 이것은 수기(修己)의 인성교육방법으로 개인적 자아실현(自我實現)을 의미한다. 그리고 신민은 남을 다스리는 일이므로 치인(治人)이며, 치인은 사회적 자아실현을 의미한다. 명명덕과 신민의 방법으로 수기치인(修己治人)하여 지어지선의 경지에 이르면 이를 성인(聖人) 혹은 천하의 왕이 되는 왕천하(王天下)라고 할 수 있다. 지어지선의 경지는 도덕적 자아실현을 의미한다. 즉 안으로 자신을 수양하여 성인이 되고, 밖으로 남을 다스려 왕이 되는 것은 바로 내성외왕(內聖外王)이라 한다. 내성외왕이 유학의 목적이며, 인성교육의 목표이기도 하다.

2) 극기복례(克己復禮)와 효제(孝悌)

한편 전통적인 인성교육의 방법은 《논어》에서도 엿볼 수 있다. 공자사상의 핵심은 인(仁)을 절대가치로 생각하고 있다. 인은 공자가 제시한 이상적인 인간의 덕이요, 그 인의 덕을 간직한 사람이 이상적인 인간인 것이다. 《논어》「안연(顏淵)」편에, 안연이 인에 대하여 물었다. "자기의 욕망을 극복하여 예(禮)로 돌아가는 것이 인"[극기복례위인(克己復禮爲仁)]이라고 하였다.

여기서 극(克)이란 이긴다는 것이고, 기(己)란 몸에 있는 사욕을 말하며, 복(復)이란 돌이킨다는 것이고, 예(禮)란 천리(天理)의 도덕적 법칙이다. 사람의 충동은 예와 의로써 조정해야 하는데, 자기의 욕망을 예의로써 나날이 극복하는 길이 사람됨의 길이 되고, 나아가 이를 사회적으로 확충시키면 곧 도덕사회가 된다고 여겼다. 극복되어야 할 자기는 분명히 욕망의 자기요, 사악(邪惡)의 자기인 것이다. 인욕을 제거하는 것이 예(禮)의 본질로 보았다. 그래서 공자는 인(仁)을 지향하는 기본적인 윤리를 인성교육의 방편으로 삼았다. 그러나 오늘날 우리가 쓰고 있는 극기는 마음의 욕망과의 싸움보다는 극기주의[금욕주의], 극기운동 등 육체적 훈련과정을 지칭하는 경우에 많이 쓰고 있다.

뿐만 아니라 공자는 효제(孝悌)를 행위의 표준으로 삼고 있다. "군자는 근본에 힘써야 하나니 근본이 서면 도(道)가 생겨나며, 효제는 인(仁)을 행하는 근본이다"[학이편(學而篇)]고 하였다. 효는 집안에서 부모를 섬기는 것이고, 제는 집안에서 효를 행하듯 집밖에서 웃어른을 섬기는 것이다. 즉 행위의 표준이 되는 윤리는 추상적 이론이 아니라 구체적 실천이며, 그 주체는 자각된 개인인 것이다. 개인의 인간관계는 부모와의 사이에서 시작되며, 부모에 대한 사랑의 감정이 윤리적 행위의 동력(動力)이라고 보았다.

3) 거경궁리(居敬窮理)

전통유학에 있어 인간형성의 궁극적인 목표는 군자(君子)의 양성이며, 군자는 거경하고 궁리하면 세상의 이치를 인식할 수 있다. 거경궁리는 마음을 경건하게 하여 이치를 추구하는 것이다. 또한 거경궁리는 격물치지(格物致知)와 더불어 유학, 특히 성리학에서 학문(혹은 수양)하는 데 요구되는 실천적 방법 혹은 태도로서 자주 사용되는 말이다. 따라서 궁리는 만물의 이치를 터득하는 것을 뜻하고, 거경은 궁리에 임할 때의 마음의 자세를 의미한다.

퇴계는 거경궁리를 학문의 원리로 생각하였다.

이(理)를 궁구하는 일은 실마리가 많아서 한 가지 방법으로 얽매일 수는 없다. 한 가지 방법으로 깊이 연구하다가 알아내지 못하면 문득 싫증과 권태를 일으키고 드디어 다시 사리를 깊이 연구하는 일을 하지 않는 자는 미루고 도피한다고 하여도 좋다. 이렇게 하여 연구하면 누적되고 깊이 익숙해져서 자연히 마음은 밝아지고, 의리와 실상이 점차 눈앞에 드러나게 된다. 그 때에 다시 전번에 연구하여 이루지 못한 일을 집어내어 자세하게 실마리를 찾아내고, 이미 연구하여 해답을 얻은 도리와 함께 참고하여 조사하고 대조하여 생각하면, 깨닫지 못하는 사이에 뜻밖에 전에 알아내지 못한 것까지 일시에 드러나 밝혀져서 깨닫게 된다. 이것이 곧 사리를 깊이 연구하는 좋은 방법이며, 연구하여 알아내지 못한다고 하여 내버려두라고 말한 것은 아니다[퇴계전서(退溪全書), 답이숙헌(答李叔獻)].

즉 이치를 궁구하는 데는 실마리가 많으므로 한 가지의 방법에만 얽매일 것이 아니라 달리 여러 길을 살펴보면, 그것이 쌓이고 깊이 익숙해지며 자연히 마음도 밝아지고 의리와 실상이 점차로 눈앞에 드러나게 된다는 것이다.

율곡의 질문에 응하여 퇴계는 또한 이렇게 말한 적이 있다. "궁리와 거경은 비록 머리와 꼬리의 관계에 있지만 실은 두 가지가 각기 독립된 공부이고, 그러면서도 둘은 서로 병행해 나가는 방법으로 해야 하며, 연구한 바는 실천으로 체험해야 비로소 참 앎이 되는 법이며, 거경은 바로 마음을 전일(專一)하게 하여야 한다는 것을 의미한다. 궁리는 만물의 이치를 일시에 깨닫는 것을 의미하는 것이 아니라 하나하나의 이치를 터득함으로써 마침내 본래의 원천적 이치에 도달하는 것이다"라고 하여 거경과 궁리를 분별할 수 있지만, 분리할 것이 아니라 병진(竝進)해야 한다고 주장하였다.

퇴계에 의하면 거경은 성정(性情)을 통합하고 이기(理氣)를 합일시키는 자리로서 아직 발하지 않은 상태를 암시하는 정(靜)을 그 바탕으로 하고 있다. 거경함으로써 움직임과 고요함을 서로 관통하고 또한 깨달은 바를 실천하는 데 기본이 되는 자세이다. 그러므로 궁리의 체득은 거경에 의해서 발현될 수 있다.

퇴계는 경이 수양에서만 아니라 이치를 궁구할 때도 필요한 것이므로 거경과 궁리는 분리시켜 취해야 할 규범이 아니라고 하였다. 그리고 퇴계는 거경과 궁리는 달인(達人)이나 군자의 경지에 있는 사람들만 할 수 있는 것이 아니라 배움에 임하는 누구든지 이를 수 있는 것이며, 마치 물가에서 자기 스스로 물을 마시는 것처럼 학문을 하려는 사람이면 누구라도 가능한 것이라고 하였다.

2.
바른 말과 고운 말

1) 친절하고 세련된 의사표현

인간생활은 곧 말의 생활이다. 인간은 말을 떠나서는 한 순간도 생활할 수 없다. 오죽하면 불가(佛家)에서도 묵언수행(黙言修行)이 가장 힘들다고 말한다. 인간은 언어를 사용하지 않으면 생활을 할 수 없다. 인간의 사회적 혹은 문화적 생활은 언어에 귀결된다하여도 과언이 아니다.

말은 사람의 정신을 표현하며, 인격의 거울이다. 언어로써 인간관계가 원만히 유지되기도 하고, 그 반면에 불화와 갈등도 야기한다. 또한 언어는 인격의 상징이자, 예절의 중요한 부분이다. 그러므로 인디언들은 언어를 생명의 숨결이자 자신의 영적 상태를 보여주는 상징으로 여겼다. 그렇지만 지금 우리의 현실은 영적 통찰로서의 언어는 고사하고, 즉흥적 배설을 위한 상스러운 말들이 난무하고 있다. 이러한 품격 없는 언어의 배설은 일상생활뿐만 아니라 인터넷과 언론 매체를 통해 전 방면으로 확산되고 있다. 특히 자극적인 언어체계에 대한 우리의 잣대를 허물어뜨리고 있다.

그리고 아이의 언어 오염이 대부분 부모를 비롯한 가족, 그리고 주변 사람들로부터 감염된 것임을 염두에 둔다면, 가정교육과 사회교육의 중요성이 대단히 강조된다. 품격 있고 예의바른 사회란 언어의 품격이 있고, 소통의 품격이 있는 사회이다. 이러한 측면에서 언어예절의 중요성은 강조되지 않을 수 없다.

(1) 대화예절

- 대화 장소의 환경과 상대의 성격·수준 등을 참착해 화제를 고른다.
- 사투리보다는 표준말을, 외래어나 전문용어보다는 쉬운 우리말을, 거친 말보다는 고운 말을 쓴다.
- 감정을 편안하게 하고 표정을 온화하게 해서 말한다.
- 너무 작거나 크게 말하지 말고, 조용하면서도 알아듣기 좋게 말한다.
- 발음을 정확하게 하고 속도를 조절해서 상대편이 이해하기 좋게 말하며, 상대가 정확히 이해하고 있는지를 살피면서 말한다.
- 상대가 질문하면 자상하게 설명하고, 의견을 말하면 성의 있게 듣는다.
- 다른 사람이 이야기하는 도중에 말을 막거나 끼어들지 않고 의문이 있으면 말이 끝난 뒤에 묻는다.
- 화제가 이어지도록 간결하게 요점을 말해 중언부언하지 않는다.
- 평소의 대화는 자기주장을 지나치게 고집해서 분위기가 상하는 일이 없도록 한다.
- 말은 귀로만 듣는 것이 아니라 표정·눈빛·몸으로도 듣는다는 자세를 갖고 상대가 알아차리도록 은근하면서도 확실한 반응을 보인다.
- 대화중에 자리를 뜰 때에는 양해를 구하고, 다른 사람에게 방해가 되지 않게 한다.
- 대화를 마치고 난 뒤에는 상대에게 감사를 표한다.

(2) 말하는 예절

- 장소의 분위기와 상대방의 성격, 수준 등을 고려하여 화제를 고른다.
- 사투리보다 표준말을, 외래어나 전문 용어보다는 쉬운 우리말을, 거친 말보다는 고운 말을 사용한다.
- 감정을 편안하고 온화하게 해서 말한다.
- 조용하면서도 분명하게 알아듣기 좋게 말한다.

- 듣는 사람의 표정과 눈을 주시해 반응을 살핀다.
- 표정과 눈으로도 말하는 진지함을 보인다.
- 상대가 질문을 하면 자상하게 설명하고, 의견을 말하면 성의 있게 듣는다.
- 남의 이야기에 끼어들지 않는다.
- 말의 시작은 양해를 얻어서 하고, 끝맺음은 요령 있고 분명하게 한다.

(3) 말을 듣는 예절

- 말을 귀로만 듣지 말고, 표정이나 눈빛 그리고 몸으로도 듣는 자세가 필요하다.
- 상대방에게 듣고 있다는 반응을 보인다.
- 상대가 말하는 도중에 끼어들지 말고, 의문이 있으면 끝난 뒤에 묻는다.
- 질문을 하거나 다른 의견을 말하고자 할 때는 정중하게 상대방의 양해를 구한다.
- 듣는 도중에 손발을 쓸데없이 움직이는 것은 좋지 않다.
- 자리를 뜰 때는 양해를 구하고, 다른 사람에게 방해가 되지 않도록 한다.
- 듣는 자세는 무릎을 꼬거나 팔짱을 끼면 보기에 좋지 않다.
- 말을 다 들은 뒤에는 상대방에게 감사함을 표한다.

2) 배려와 존중의 언어문화

말은 자기 자신의 표현이며 자기 마음의 표현이기 때문에 말은 인간의 운명을 좌우할 수 있다. 즉 "생각에서 행동이 나오고, 거듭되는 행동에서 습관이 형성되고, 습관이 쌓이면 그 사람의 성격이 만들어지고, 그 성격은 곧 그 사람의 운명을 결정한다"고 한다. 여기서 생각은 곧 말이라고 할 수 있으므로 결국 말이 사람의 운명을 좌우한다. 그러므로 우리는 일상적인 언어생활에서 상대방을 존중하고 배려하는 말을 사용하도록 습관화해야 한다. 아무리 말솜씨가 능란해도 예의를 모르면 그 대화는 실패한다. 맵시 있는 말과 정중히 듣는 자세는 곧 언어예절의 기본이다.

(1) 대화할 때의 주의 사항

- 주위를 두리번거리지 않는다.
- 시계를 자주 들여다보지 않는다.
- 상대방을 뚫어지게 바라보지 않는다.
- 상대방의 약점을 노골적으로 지적해서 무안을 주지 않는다.
- 불평, 반대, 비판이 지나치지 않도록 한다.
- 상대를 얕보거나 훈시하는 자세는 바른 태도가 아니다.
- 여성이 있는 자리에서 성적(性的)인 이야기나 여성 신체에 대한 이야기는 하지 않는다.
- 대화 중 짜증을 내서는 안 된다.
- 너무 꼬치꼬치 묻지 않는다.
- 갑자기 화제를 바꾸지 않는다.

(2) 예의에 어긋나는 대화

- 처음 만난 사람에게 직장, 직위부터 묻는 것.
- 상대방의 결혼 여부, 연령 등을 묻는 것.
- 상대방의 체격에 대해 묻는 것.
- 필요치 않은 출신학교, 학력 등을 묻는 것.
- 상대방을 비꼬는 것처럼 이야기를 하는 것.
- 자기나 자기 가족 자랑을 많이 하는 것.
- 말이 지나치게 많거나 전혀 하지 않는 것.
- 개인의 비밀이나 약점을 잘 아는 체 말하는 것.

- 상대방의 신앙에 대하여 지나치게 묻는 것.
- 상대의 용돈, 저금 액수, 월급 등을 캐묻는 것.

(3) 대화를 잘 하는 방법

- 입은 다물고 있으면 안 된다.
- 말이 많은 것과 대화를 잘 하는 것과는 다름을 인식한다.
- 즐거운 이야기는 밝은 표정으로 한다.
- 대화할 때는 그 목적이 분명해야 한다.
- 보고를 할 때는 주관이나 추측을 넣어서는 안 된다.
- 상대방의 감정에 강한 인상과 감동을 주도록 한다.
- 설득시키는 대화는 조리 있게 한다.
- 열의를 가지고 하는 대화의 자세는 상대방을 감동시킨다.
- 화제는 어디에나 있다.
- 체험담은 최고의 이야기 주제이다.
- 신문을 잘 읽어 두는 것은 대화의 밑천이 된다.
- 대화를 너무 잘하려는 욕심을 버린다.

3) 전화예절

(1) 전화 방법의 예의

① 전화를 걸 때

- 전화를 걸기에 앞서 상대의 전화번호를 확인하고, 용건을 미리 정리해 짧
  은 통화가 되게 한다. 만약 전화가 잘못 걸렸으면 정중하게 사과한다.
- 상대가 전화를 받으면 정확하게 연결되었는지 상대를 확인하고, 자기를
  소개한다.

- 상대가 이쪽을 알아차리면 먼저 인사부터 하고 용건을 말한다.
- 혹 다른 사람이 받았으면 정중하게 바꿔 주기를 청하고, 상대가 없으면
  받은 사람에게 전해 줄 수 있는가를 정중하게 묻고 용건을 말한다.
- 용건이 끝나면 정중하게 인사하고, 전화를 끊겠다고 말한 다음에 끊는다.
  어른이 받았을 경우에는 어른이 먼저 끊는 것을 확인한 후에 끊는다.

② 전화를 받을 때
- 신호가 울리면 수화기를 들고, 평온한 말투로 먼저 대답을 하고 자기를
  소개한다.
- 전화를 건 사람이 확인되면 먼저 인사부터 한다.
- 다른 사람을 찾으면 친절하게 그 사정을 설명하고, 대신 받아도 되겠느냐
  고 묻는다.
- 받을 사람이 없으면 그 사정을 설명하고, 대신 받아도 되겠느냐고 묻는다.
- 남에게 온 전화일 때에는 누가 언제 무슨 일로 전화했다는 통화내용을
  기록해서 전해 준다.
- 통화가 끝나면 정중하게 인사하며, 가능하면 전화를 건 사람이 먼저 끊은
  다음에 수화기를 내려놓는다.
- 잘못 걸려온 전화라도 친절하게 응대한다.

(2) 올바른 전화 예절
- 정중하게 걸고 받는다.
- 다른 사람이 받으면 정중히 바꾸어 주기를 청한다.
- 어른과의 통화할 때는 어른이 먼저 끊은 후 끊는다.
- 잘못 연결될 때는 정중히 사과한다.
- 미리 전화할 내용을 준비한다.
- 용건이 아주 길 때는 만나서 전하는 것이 예의다.

– 직접 드려야 할 부탁이나 문안 인사는 전화보다 직접 하는 것이 좋다.

– 이른 아침이나 늦은 밤에 전화하는 것은 실례(失禮)이다.

– 공공질서를 문란 시키는 장난 전화는 절대 해서는 안 된다.

3.

바른 몸가짐과 올바른 행동

1) 밝은 표정

얼굴은 마음의 창(窓)이라고 한다. 얼굴 표정을 보면 그 사람의 마음을 읽을 수 있다. 그러므로 얼굴 표정은 다른 사람에 대한 자기 정신의 고백이며, 심성의 분화구(噴火口)이다. 사람의 밝고 맑은 표정은 그 사람의 인격마저도 그와 유사하다고 생각하게 한다. 따라서 좋은 표정은 그 사람에 대하여 좋은 인상을 갖게 한다.

(1) 얼굴 표정
- 평소 사람을 대할 때 부드럽고 온화한 표정이어야 한다.
- 명랑한 표정은 상대방에게 기쁨을 준다.
- 때와 장소에 따른 표정의 변화와 적응이 중요하다.
- 얼굴의 근육을 긴장시키지 말고 편안하게 한다.
- 남의 말을 들을 때 관심 있는 표정을 짓는다.
- 상대방을 보지 않고 웃으면 경멸하는 것으로 오해를 받는다.

(2) 눈의 표정
- 단정하고 밝은 시선은 친근한 느낌을 준다.

– 특별한 경우가 아니면 눈을 많이 움직이지 않는다.

– 남의 이야기를 들을 때는 이야기하는 사람의 눈을 주시한다.

– 곁눈질과 아래위로 훑어보는 태도는 좋지 않다.

– 힐끔힐끔 보는 것은 상대방에게 불쾌감을 준다.

– 손님 앞에서 시계를 자주 보면 가 주었으면 하는 뜻이 될 수도 있다.

– 어른 앞에서는 다소곳한 시선이 좋다.

– 다정한 표정은 자애로움의 표시이며, 그윽한 눈빛은 상대를 편안하게 해 준다.

(3) 입의 표정

– 입은 자연스럽게 다물고 있어야 한다.

– 말할 때마다 입을 가리는 것은 열등의식을 가지고 있다는 인상을 줄 수 있으므로 조심한다.

– 많은 사람이 있을 때 귓속말을 하지 않는다.

– 턱은 자연스럽고 반듯하게 한다.

– 하품할 때나 식사 후 부득이 이쑤시개를 사용할 때는 손으로 가린다.

※ 전통방법의 용의(容儀)와 태도(態度)

1. 아홉 가지 바른 몸가짐[구용(九容)]

① 족용중(足容重) : 발은 무겁게 가져야 한다. 즉 발놀림을 가볍게 하지 않으며 경솔히 거동하지 말아야 한다.

② 수용공(手容恭) : 손은 공손하게 가져야 한다. 손을 사용할 때가 아니면 마땅히 단정히 손을 맞잡고 공수(拱手)해야 한다.

③ 목용단(目容端) : 눈은 바르게 가져야 한다. 눈매나 눈빛은 중요한 만큼 눈매는 안정시켜 흘겨보거나 곁눈질하지 말며 좋은 인상을 줄 수 있어야

한다.

④ 구용지(口容止) : 입은 신중하게 가져야 한다. 음식을 먹거나 말을 할 때만 제외하고는 입을 다물어야 한다.

⑤ 성용정(聲容靜) : 소리는 조용하게 가져야 한다. 말을 할 때에는 시끄럽게 해서도 안되며 바른 형상과 기운으로 조용한 말소리를 내도록 해야 한다.

⑥ 두용직(頭容直) : 머리는 똑바르게 가져야 한다. 말을 할 때에는 머리를 흔들지 말고 곧게 들어 몸을 바르게 하는 것을 말한다.

⑦ 기용숙(氣容肅) : 숨소리는 맑게 가져야 한다. 숨소리는 낮추며 마땅히 숨을 고르게 하도록 해야 한다.

⑧ 입용덕(立容德) : 서 있는 모습은 의젓하게 가져야 한다. 중심을 잡고 바른 자세로 서서 덕이 있는 기상을 지녀야 한다.

⑨ 색용장(色容莊) : 얼굴빛은 장엄하게 가져야 한다. 예의를 지닌다는 것은 얼굴빛에도 나타나 안색도 가지런히 하여 태만한 빛을 띠지 않는 것을 말한다.

2. 아홉 가지 바른 생각[구사(九思)]

① 시사명(視思明) : 항상 눈으로 볼 때는 바르고 옳게 볼 것을 생각한다.

② 청사총(聽思聰) : 항상 귀로 들을 때는 소리의 참뜻을 밝게 들을 것을 생각한다.

③ 색사온(色思溫) : 항상 표정을 지을 때는 온화하게 성낸 빛이 없도록 생각한다.

④ 모사공(貌思恭) : 항상 몸가짐은 공손해야 할 것을 생각한다.

⑤ 언사충(言思忠) : 항상 말을 할 때는 참되고 거짓 없이 할 것을 생각한다.

⑥ 사사경(事思敬) : 항상 어른을 섬김 때는 공경스럽게 할 것을 생각한다.

⑦ 의사문(疑思問) : 항상 의심나고 모르는 것이 있으면 물어서 완전히 알도록 하는 것을 생각한다.

⑧ 분사난(忿思難) : 분하고 화난 일이 있으면 어려움에 이르지 않을까를 생각한다.

⑨ 견득사의(見得思義) : 항상 자기에게 이로운 것을 보면 정당한 것인가를 생각한다.

2) 바른 자세

(1) 서 있을 때의 예절

- 발은 편하게 약간 옆으로 벌리되 앞뒤로 엇갈리지 않도록 한다.
- 무릎과 엉덩이, 허리를 자연스럽고 곧게 편다.
- 체중을 두 다리에 고르게 실어 몸이 한쪽으로 기울지 않도록 한다.
- 두 손은 앞으로 모아 잡는다.
- 가슴을 자연스럽게 편다.
- 두 어깨는 수평이 되도록 반듯하게 해서 앞으로 굽혀지거나 뒤로 젖혀지지 않도록 한다.
- 고개는 반듯하게 들고 턱을 자연스럽게 앞으로 당긴다.
- 눈은 곱게 뜨고 시선은 자신의 정면 위쪽에 둔다.
- 입은 자연스럽게 다문다.

(2) 앉아 있을 때의 예절

- 어른의 정면에 앉지 않고 되도록 남성은 어른의 왼쪽 앞, 여성은 어른의 오른쪽 앞에 앉는다.
- 어른께서 먼저 앉으라고 한 뒤에 앉는다.

- 먼저 왼쪽 무릎을 꿇고 다음에 오른쪽 무릎을 꿇어앉는다.
- 두 손을 가지런히 펴서 두 무릎 위에 얹거나, 모아 잡은 손을 남성은 중앙
  에, 여성은 오른쪽 다리 위에 놓으면 보기 좋다.
- 입고 있는 옷이 앉은 주위에 함부로 펼쳐지지 않도록 다독거려 갈무리
  한다.
- 허리를 펴서 앉은 자세를 바르게 하고 시선은 앉은 키의 2배 정도의 바닥
  에 둔다.
- 방석에 앉을 때에는 방석을 발로 밟지 않도록 주의한다.
- 왼쪽 무릎을 꿇기 전에 두 손으로 방석을 당겨 무릎 밑에 반듯하게 넣으
  면서 방석 위에 무릎을 꿇는다.
- 방석의 중앙에 앉되 발끝이 방석의 뒤편 끝에 걸쳐지게 앉는다.
- 일어설 때에는 무릎을 들면서 두 손으로 방석을 원래 자리에 밀어 놓는다.
- 어른이 편히 앉으라고 하면 편히 앉는다. 이때 벽이나 가구에 기대거나
  손으로 바닥을 짚고 비스듬히 앉지 않도록 주의하며, 다리를 뻗고 앉지
  않는다.
- 의자에 앉을 때에는 의자의 옆에서 바른 자세로 정면을 향해 선 다음 의
  자 쪽으로 몸을 약간 돌리면서 의자 쪽의 손으로 의자의 등받이를 잡아
  의자가 흔들리지 않게 한다.
- 앉을 때에는 의자가 밀려 흔들리지 않도록 두 손으로 의자의 양 옆이나
  팔걸이를 잡고 가만히 앉는다.
- 두 무릎과 발끝을 붙이고 앉아 도 손은 포개 잡고 다리 위에 얹으며, 등은
  뒤에 깊이 기대지 말고 곧게 세워 앉는다.

(3) 걸을 때의 예절

- 바닥과 발바닥이 평행이 되게 걸어 발바닥이 앞뒤에서 보이지 않게 한다.
- 발끝을 벌리지 말고 일직선의 양 옆에 놓이도록 곧게 걷는다.

- 옷자락이 펄럭이지 않게 잘 여미며 걷는다.
- 뛰거나 허둥대지 말고 조용히, 물이 흐르듯이 걷는다. 너무 느리게 걸어 주위 사람들의 보행에 방해를 주어서도 안 된다.
- 실내에서 걸을 때에는 보폭을 실외에서보다 좁게 한다.
- 가능한 한 발자국 소리가 요란하게 나지 않도록 걷는다.
- 여성이 한복을 입었을 때에는 발끝으로 치맛자락을 사뿐히 차듯이 밀며 걷는다.
- 남녀가 함께 계단을 오를 때에는 남성이 먼저 오른다.
- 남의 앞을 가로 지날 때에는 반드시 '실례합니다', '죄송합니다'라고 양해를 구한 뒤, 남의 몸에 부딪치거나 옷이 스치지 않게 주의하면서 민첩하게 걷는다. 또한 상대에게 정면으로 뒷모습을 보이지 않게 한다.

(4) 출입할 때의 예절

- 출입할 때에는 노크를 하거나 인기척을 내어 안에 있는 사람이 알도록 한다.
- 문을 열고 닫을 때에는 두 손으로 한다.
- 안으로 들어가거나 나올 때에는 문턱(문지방)을 밟지 않는다.
- 방안의 사람에게 될 수 있는 대로 뒷모습을 보이지 않는다.
- 문은 가능한 한 소리 나지 않게 여닫으며, 걷는 발소리도 나지 않게 한다.
- 문을 필요 이상으로 넓게 열지 말고, 문을 열어 놓은 채 다른 일을 하지 않는다.
- 문을 열 때에는 열리는 쪽을 막지 않는 위치, 즉 돌쩌귀가 있는 쪽에서 연다.
- 여닫이문을 밀어서 열 때에는 문 가까이에서 열고, 잡아당겨서 열 때에는 한 발자국쯤 떨어져서 연다.
- 미닫이문을 여닫을 때에는 두 손으로 잡아당겨 열고 닫는다.

(5) 물건을 다룰 때의 예절

　－ 물건은 소리 나지 않고 상하지 않게 조심스레 다룬다.

　－ 물건의 아래와 위, 속과 겉이 바뀌지 않게 다룬다.

　－ 물건은 두 손으로 다루는 것을 원칙으로 한다.

　－ 물건을 바닥에 놓을 때에나 바닥에서 들 때에는 앉아서 놓거나 든다.

　－ 칼이나 송곳 등 위험한 물건을 남에게 줄 때에는 상대편이 손잡이를 잡기
　　편하도록 집어준다. 신문이나 책 등을 건네 줄 때에는 상대편에서 바르게
　　보이도록 한다.

　－ 앉은 사람에게는 앉아서 주고, 선 사람에게는 서서 준다.

　－ 앉아서 주는 물건은 앉아서 받고, 서서 주는 물건은 서서 받는다.

　－ 남에게서 물건을 받을 때에는 두 손으로 공손히 받아서 조심스레 놓아둔다.

　－ 대접할 음식을 담은 그릇은 음식이나 그릇의 안쪽에 손이 닿지 않게 하
　　며, 상이나 쟁반으로 받친다.

　－ 바늘이나 핀 같이 작은 물건은 큰 종이나 천에 찔러서 보관하며, 작거나
　　흐트러지기 쉬운 물건은 그릇에 담아서 보관한다.

3) 단정한 옷차림

　옷차림은 사회생활의 대인관계에 있어 매우 중요하고 사람의 품위를 결정하
는 데 많은 영향을 준다. 옷차림은 또 하나의 얼굴이다. 그렇기 때문에 동서양
을 막론하고 예절교육에 있어 단정한 복장(服裝)을 강조하고 있다. 우리의 전통
예절에서 있어서 복장 예절은 강조된다. 특히 한복의 경우, 단정하게 입는다는
의미를 넘어서 우리의 명예와 품위를 스스로 지켜내게 한다. 따라서 단정한 옷
차림은 사회생활을 원만하고 부드럽게 해주고, 인품을 돋보이게 한다. 그리고
몸에 맞는 옷을 입는 것도 중요하지만 분수에 맞는 옷을 입는 것이 더욱 중요하

다. 뿐만 아니라 자기 신분이나 분위기에 맞는 옷을 차려 입는 것은 우리들이
갖추어야 할 기본예절이다. 옷차림은 바로 제2의 인품이기 때문이다.

(1) 바른 옷차림

- 자기의 체격에 잘 어우리는 옷을 선택한다.
- 옷은 격식을 갖추어 입는다.
- 옷은 용도에 맞게 입는다(속옷과 겉옷을 구별해서).
- 옷은 연령, 성별, 계절에 맞게 입는다.
- 유행보다 자기의 개성에 맞는 옷차림으로 남과 어울릴 것을 생각한다.
- 예식장이나 여러 사람이 모이는 장소에 갈 때는 정해진 옷이나 정장을
  한다.
- 몸이 지나치게 노출되는 옷이나 투시되는 옷은 삼간다.
- 옷은 깨끗한 것이 생명이며 단정하게 입는 것이 중요하다.

(2) 옷차림에서 유의할 점

- 잠옷을 입고 문밖을 출입하지 않는다.
- 손수건은 깨끗한 것을 잘 접어서 언제나 가지고 다닌다.
- 의복의 지퍼나 단추를 꼭 잠그도록 한다.
- 양말에 올이 풀어 줄이 간 것은 신지 않으며, 양말목이 흘러내리지 않도
  록 한다.
- 남이 보는 데서 양말을 갈아 신거나 허리를 굽혀 치켜 올리는 것은 보기
  에 좋지 않다.
- 다른 사람이 있는 곳에서 덥다고 바지나 치마를 걷어 올리거나 양말을
  발목까지 내리지 않는다.
- 손을 항상 주머니 속에 넣고 다니는 습관은 고쳐야 한다.
- 속옷이 밖으로 빠져 나오지 않도록 한다.

- 지나치게 사치한 차림새는 남이 부러워하기보다는 혐오하고 시기하니 조
  심한다.

(3) 한복을 입을 때

① 남성의 경우

- 평상복으로 바지, 저고리, 조끼, 마고자를 입으며, 여름철에는 고의적삼
  과 홑조끼를 입는다.
- 바지에는 허리띠와 대님을 맨다.
- 예를 갖추어 외출할 때는 바지에 대님을 바르게 매고, 저고리와 두루마기
  를 꼭 입어야 한다.
- 바지, 저고리 차림으로 외출이나 예식에 참여하는 것은 실례(失禮)이다.
- 실내에서 목도리, 외투, 모자는 벗지만 두루마기는 입는다.

② 여성의 경우

- 평상복은 치마, 저고리를 입는다.
- 겨울에는 외출복으로 마고자, 배자, 두루마기를 입는다.
- 두루마기는 실내나 의례 행사에는 입지 않는다.
- 예복으로 미혼녀는 노랑 반회장저고리에 다홍치마를 입고, 결혼한 경우
  에는 남치마에 옥색 반회장저고리를 입는다.
- 한복을 입었을 때는 자세를 바르게 가지며 침착하게 행동한다.
- 두 손은 마주 잡아 허리 높이에 두며 치맛자락을 잡지 않고 걸어간다.
- 발자국을 작게 떼어서 걸으며 바쁜 일에는 빠른 걸음으로 걷는다.
- 옥외에서 걸어갈 때나 버스를 탈 경우에는 왼손으로 치맛자락을 버선목
  이 드러나지 않을 정도로 추켜올려서 끌리지 않도록 한다.
- 앞치마나 두루마기를 입어야 할 경우에는 앞폭을 여며 잡고 뒷자락을 여
  민 다음 활동하기 좋게 허리띠를 맨다.

- 한복은 색깔과 디자인을 자기 몸매와 개성에 맞게 선택해서 입되 한복
  본래의 아름답고 기품 있는 모습을 잃지 않은 것이 중요하다.
- 부모의 경사 날에 어린 딸이나 며느리들은 노랑 저고리에 홍치마, 나이가
  든 딸이나 며느리는 노랑 저고리에 홍치마나 남치마를 입는다.
- 여성이 한복을 입을 경우 두루마기, 목도리, 장갑, 모자 등을 실내에서는
  벗는다.
- 상제는 소복을 하고 기제사 때는 옥색치마 저고리를 입는다.

(4) 남성의 양복차림

- 유행에 민감한 디자인을 피한다.
- 바지는 줄이 잘 서야 한다.
- 바지의 길이는 구두 위에 가볍게 닿을 정도로 한다.
- 와이셔츠는 깨끗하게 입고 손목이 양복소매로부터 1㎝ 정도 보이게 한다.
- 넥타이는 양복에 잘 어울리는 것으로 적당한 길이로 맨다.
- 구두는 의복에 맞게 선택하고 윤기가 나도록 닦는다.

(5) 여성의 양장차림

- 항상 청결하고 단정하게 입는다. 소매는 깨끗이 하고, 걷어붙이는 것은
  보기가 좋지 않다.
- 블라우스는 속이 들여다보이지 않게 한다.
- 속옷이 밖으로 나오지 않게 한다.
- 스타킹은 피부색에 가까운 것이 무난하며, 올이 빠지거나 늘어나는 것에
  주의한다.
- 속옷은 계절과 드레스의 모양에 따라 입는 순서가 다르다.
- 미니스커트를 입었을 경우에는 그에 맞는 속옷을 바르게 갖추어 입어서
  속옷이 보이지 않게 하여 실수하는 일이 없도록 한다.

- 장식품은 의복의 디자인과 색, 계절과 분위기에 맞는 것을 선택한다.
- 남성이 보는 앞에서 구두를 벗지 않는다.
- 이브닝드레스 따위를 입어서 팔이나 등을 노출하게 되는 경우에는 손끝 만은 장갑으로 가리는 것이 예의이다.
- 문상 때 양장은 검은색 복장이 좋다.
- 장례식에 참석할 때는 장식품을 하지 않는다.

(6) 경조사의 옷차림

- 예식장이나 경사스런 모임에 갈 때는 지나치게 초라하지 않도록 하며 너무 화사한 옷차림도 좋지 않다. 이런 곳의 옷차림은 조촐하면서도 고상한 품격을 지닐 수 있도록 신경을 써야 한다.
- 장례식장이나 슬픈 모임에 갈 때는 호사한 옷이나 무늬 있는 옷은 삼가고, 검은색이나 감색 또는 회색 옷이 무난하다. 한복을 입을 경우 여성은 엷은 옥색이나 회색 또는 백색 계통이 좋다. 그리고 살갗이 너무 드러나는 옷차림은 피한다.

4) 격식(格式)에 합당한 인사 예절

인사(人事)란 말 그대로 사람의 일이다. 사람이 마땅히 해야 할 일을 뜻한다. 따라서 인사란 사람이 해야 할 일의 시작이며 끝이요, 모든 사람의 일 중에서도 가장 으뜸이다. 또한 스스로 낮추고 남을 높이는 인사를 통하여 사람다운 사람이 될 수 있다. 그리고 인사는 가정교육의 기본이기도 하다. 그 집안의 가정교육 정도를 보려면 인사가 어떠한가를 관찰하면 된다. 그러므로 인사와 관련된 교육은 자녀의 예절교육에 있어 핵심을 차지하는 부분이다.

유교적인 전통을 간직하고 있는 우리나라에서는 인사예절이 특히 중요시되어 왔다. 우리의 예절이라는 것이 격식을 따지고 방법도 매우 까다로운 규칙이라고 생각하기 쉽다. 하지만 예절은 좀 더 인간답게 살기 위하여 우리 스스로가 우리의 착한 심성을 바탕으로 오랜 세월을 거쳐 자연스럽게 만들어 놓은 약속이다. 물론 우리의 전통 예절에는 형식을 지나치게 강조한 나머지 다소 복잡하고 난해한 부분도 있었다. 그러나 이를 외면하기에 앞서 그 근본정신을 알려고 노력하면 한결 쉽게 이해할 수 있다. 하지만 무엇보다 중요한 것은 전통 인사이든, 외국식 인사이든 항상 마음속에서 우러나오는 상대방을 향한 존경심과 반가움이 전제되어야 한다. 형식에만 얽매여서 무엇이 근본인지를 알지 못하는 인사법은 예의(禮儀)의 전정한 의미를 파악할 수 없다. 또한 마음만 있고, 표현하지 않은 것 역시 옳지 못하다. 인사 예절에는 절하는 배례(拜禮), 간단한 경례(敬禮) 및 악수(幄手)가 있다.

(1) 절하는 예절

절은 상대에 대한 공경을 동작으로 나타내는 가장 기초적이면서도 중요한 인간의 행동예절이다. 절은 아랫사람이 윗사람께 일방적으로 베풀기만 하는 예절이 아니다. 절을 예절 바르게 잘 함으로써 자신의 인품이 높아지고 더욱 사람다운 사림이 될 수 있다. 오늘날 우리의 생활이 다양하고 복잡해지고 있지만, 우리는 한국인으로서 전통적인 절하는 예법을 잘 익혀 예절바른 인간이 되어야 할 것이다.

① 공수(拱手)의 방법

공수란 두 손의 손가락을 가지런히 붙여서 편 다음, 앞으로 모아 포개는 것으로 차수(叉手)라고도 한다. 이는 사람들과의 관계에서 공손한 태도를 표현하는 방법이다. 우리가 어른을 모시거나 의식 행사에 참석하면 공손한 자세를 취해야 하는데 그것은 두 손을 앞으로 모아 잡고 다소곳하게 서거나 앉는다. 공수의 방법은 아래와 같다.

- 두 손을 앞으로 모아 잡고 다소곳하게 서거나 앉는다.
- 남성이 평상시 손을 모아 잡을 때에는 왼손이 위로 가게 두 손을 포개어 잡는다. 여성은 이와 반대로 오른손이 위로 가게 한다. 차례를 지낼 때에도 이와 같이 한다.
- 집안에 상을 당하였을 때나 문상을 갔을 때에는 남성은 오른손이 위로 가게 두 손을 포개어 잡으며, 여성은 왼 손이 위로 가게 한다.
- 두 손을 포개어 잡을 때의 손의 모습은 위로 가는 손바닥으로 아래 손의 등을 덮어서 포개어 잡는데, 이때 두 엄지손가락은 깍지 끼듯 교차시킨다.
- 소매가 넓은 예복을 입었을 때에는 포개어 잡은 손과 팔이 수평이 되게 올린다.
- 소매가 좁은 평상복을 입었을 때에는 포개어 잡은 손의 엄지가 배꼽 부위에 닿도록 자연스럽게 앞으로 내린다.
- 손을 포개어 잡고 앉을 때 손의 위치는, 남성은 두 다리의 중앙에 얹고 여성은 오른쪽 다리 위에 얹으며, 남녀 모두 한쪽 무릎을 세우고 앉을 때에는 세운 무릎 위에 얹는다.

② 절하는 요령과 횟수
- 살아 있는 사람에게 절을 할 때에 우리나라 전통 예절에서는 남성은 한 번, 여성은 두 번을 기본횟수로 하였으나 오늘날에는 똑같이 한 번만 한다.
- 차례나 혼례 등의 의식행사와 죽은 사람에게는 기본 횟수의 2배, 즉 남성은 두 번, 여성은 네 번을 한다.
- 절을 할 수 없는 장소에서 절할 대상을 만났을 때에는 절을 하지 않고 경례로 대신한다. 그러나 경례를 했더라도 절을 할 수 있는 장소로 옮겼으면 절을 한다.

- 절을 할 수 있는 장소에서 절할 대상을 만나면 지체 없이 절한다. '앉으세
  요', '절 받으세요'라고 말하는 것은 절을 받으실 어른에게 수고를 시키거
  나 명령하는 것이라 실례(失禮)이다.
- 맞절을 할 때에는 아랫사람이 아랫자리에서 먼저 시작해 늦게 일어나고,
  윗사람이 윗자리에서 늦게 시작해 먼저 일어난다.
- 윗사람이 아랫사람의 절에 답배할 때에는 아랫사람이 절을 시작해 무릎
  을 꿇는 것을 본 다음에 시작해 아랫사람이 일어나기 전에 끝낸다, 비록
  제자나 친구의 자녀 또는 자녀의 친구 및 16년 이하의 연하자라도 아랫사
  람이 성년이면 답배를 한다.

〈평상시 손 잡는 법〉

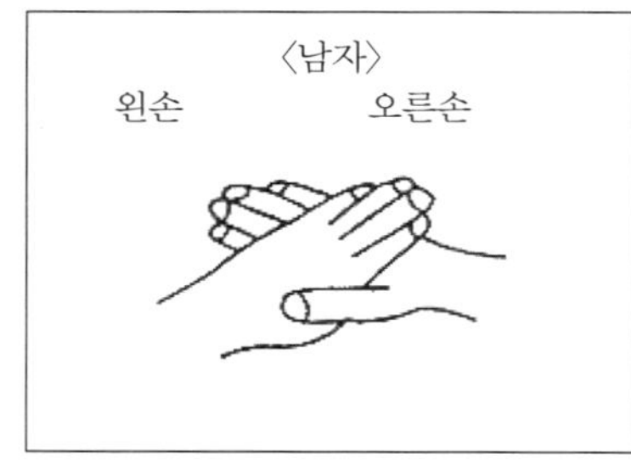

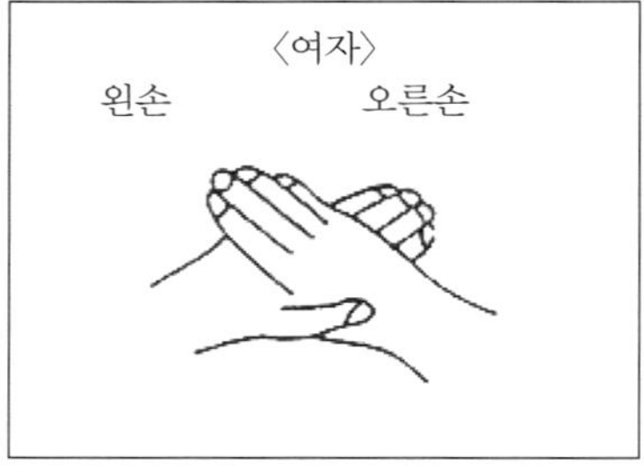

〈흉사시 손 잡는 법〉

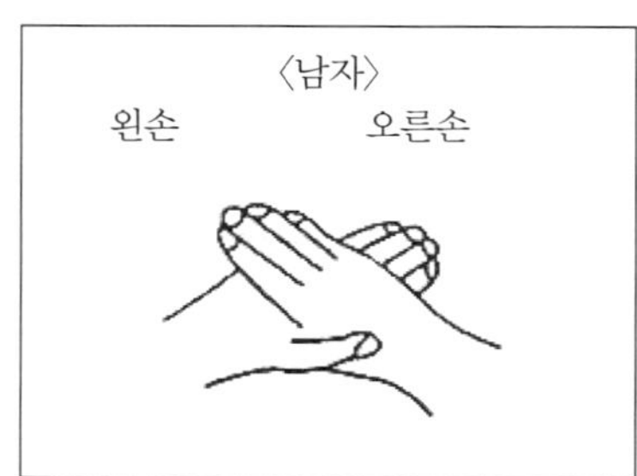

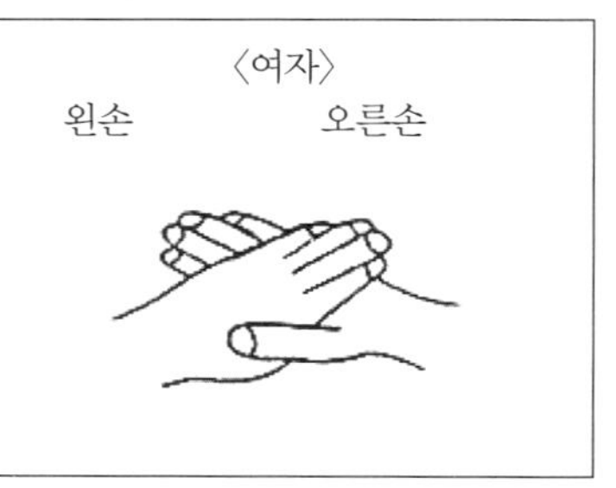

※ 손을 맞잡을 때 초상은 흉사(凶事), 제사나 차례는 길사(吉
事)의 방법으로 잡으며, 길사시와 평상시의 공수는 같게 한다.

(2) 남성의 절

① 큰 절 [계수배(稽首拜)]

계수배란 머리를 땅에 닿도록 숙이고 절하는 것이며, 계수배의 방법은 아래
와 같다.

- 손을 포개어 잡고[공수(拱手)]
  대상을 향해 선다.

- 허리를 굽혀 포개어 잡은 손을 바닥에
  짚는다(이때 손을 벌리지 않는다).

- 왼쪽 무릎을 먼저 꿇은 후 오른쪽
  무릎을 왼쪽 무릎과 가지런히 꿇는다.

– 왼쪽 발이 앞(아래)이 되게 발등을 포개며
  뒤꿈치를 벌리고 엉덩이를 내려 깊이
  앉는다.

– 팔꿈치를 바닥에 붙이며 이마를 손등에 댄다.
  이때 엉덩이가 들리지 않도록 한다.

– 잠시 머물러 있다가 머리를 들며 팔꿈치를
  바닥에서 뗀다.

– 오른쪽 무릎을 먼저 세운 뒤 포개어 잡은 손을
  바닥에서 떼어 그 위에 얹는다.

– 오른쪽 무릎에 힘을 주며 일어나서 왼쪽 발을
  오른쪽 발과 가지런히 모은다.

② 평절 [돈수배(頓首拜)]

돈수배란 머리를 내려서 땅에 이르도록 하는 절이다. 상대방이 답배를 해야
하는 대상과 서로 공경해 맞절을 하는 경우에 실시한다. 남자의 큰절과 같이
하되 손등에 머리가 닿으면 머물지 않고 즉시 일어난다. 주로 친척 어른, 선생

님, 연장자, 상급자, 배우자, 형님, 누님, 같은 또래에게 절하는 방법이다.

③ 반절 [공수배(控首拜)]

공수배는 평절을 받는 대상이 절을 하는 사람을 존중해 답배하는 절이다. 큰
절할 때의 앉은 자세에서 엉덩이부터 머리까지 수평이 되게만 엎드렸다가 일어
난다. 가까운 친족이 아닌 성년자의 절에는 보통 반절로 답배한다.

(3) 여성의 절

① 큰 절 [숙배(肅拜)]

숙배는 부모님, 친척 어른, 제례 등의 의식 행사에서 하는 절이다. 숙배하는
방법은 다음과 같다.

- 포개어 잡은 손을 어깨 높이로 수평이
  되게 올린다.
- 고개를 숙여 이마를 손등에 붙인다
  (엄지손가락 안쪽으로 바닥을 볼 수 있게 한다).

- 왼쪽 무릎을 먼저 꿇은 후 오른쪽 무릎을
  왼쪽 무릎과 가지런히 꿇는다.

- 오른쪽 발이 앞(아래)이 되게 발등을
  포개며 뒤꿈치를 벌리고 엉덩이를
  내려 깊이 앉는다.

- 윗몸을 반(45도)쯤 앞으로 굽힌다.
  이때 손등이 이마에서 떨어지지
  않도록 주의한다.

- 잠시 머물러 있다가 윗몸을 일으킨다.
- 오른쪽 무릎을 먼저 세운다.
- 일어나면서 왼쪽 발을 오른쪽 발과
  가지런히 모은다.
- 수평으로 올렸던 손을 원위치로 내리며
  고개를 반듯하게 세운다.

② 평절 [평배(平配)]

평배는 선생님, 연장자, 형님, 누님 또는 같은 또래와 인사하는 절이며, 평배
의 방법은 아래와 같다.

- 포개어 잡은 손을 풀어 양 옆으로
  자연스럽게 내린다.
- 왼쪽 무릎을 먼저 꿇은 후 오른쪽 무릎을
  왼쪽 무릎과 가지런히 꿇는다.
- 오른쪽 발이 앞(아래)이 되게 발등을
  포개며 뒤꿈치를 벌리고 엉덩이를
  내려 깊이 앉는다.

- 손가락을 가지런히 모여 모아서
  손끝이 밖(양 옆)을 향하게 무릎과
  가지런히 바닥에 댄다.

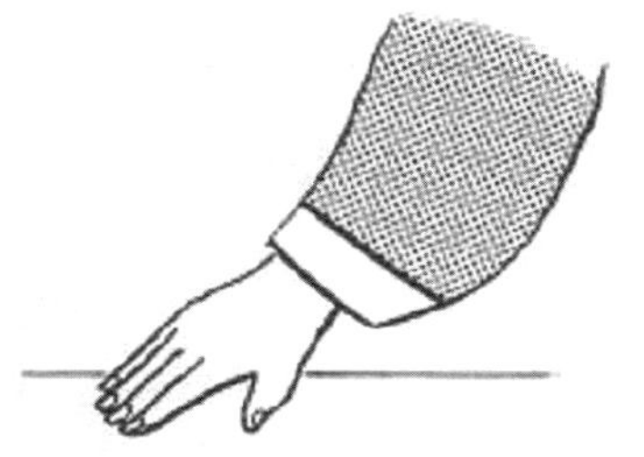

- 윗몸을 반(45도)쯤 앞으로 굽히며
  두 손바닥을 바닥에 댄다(이때 엉덩이가
  들리지 않도록 하며, 어깨가 치솟아 목이
  묻히지 않도록 팔을 약간 굽혀도 괜찮다).
- 잠시 머물러 있다가 윗몸을 일으키며
  두 손바닥을 바닥에서 뗀다.

- 오른쪽 무릎을 먼저 세우며 손끝을 바닥에서 뗀다.

- 일어나면서 왼쪽 발을 오른쪽 발과
  가지런히 모은다.
- 손을 다시 포개어 잡고 원래 자세를 취한다.

※ 영남지방 배례법

(1) 남자의 큰절

① 공수(拱手)한 자세로 선 다음 손을 팔(八)자 모양으로 바닥을 짚는다.

② 두 무릎을 동시에 바닥에 꿇은 다음 두 발을 모아 바닥을 딛고 발꿈치는 모아 세운다.

③ 엉덩이를 내려 발꿈치에 붙이고 두 팔꿈치는 바닥에 붙이지 않은 채 약간 구부린다.

④ 이마나 갓은 바닥과 주먹 하나 정도 간격이 되게 머리를 숙여 잠시 머문다.

⑤ 손을 바닥에 떼고 두 무릎을 일으키면서 두 발가락에 힘을 주어 바로 일어선다.

⑥ 한 발 물러나 꿇어앉는다. 재배할 때는 두 번 연속으로 절한다.

(2) 남자의 평절과 반절

① 평절은 큰절과 동작은 같으나 머리를 숙인 후 머무르지 않고 이마를 들면서 일어나는 점이 다르다.

② 반절은 두 손으로 바닥을 짚고 등만 약간 구부리는 정도로 가볍게 절한다.

(3) 여자의 큰절

① 공수한 손을 어깨 높이 정도로 올리고 바로 선다.

② 머리를 숙여 눈썹 위에 공수한 손이 닿게 한다.

③ 양쪽의 무릎을 꿇어앉는다(왼쪽 무릎, 오른쪽 무릎 차례로; 양쪽 무릎을 한쪽으로 쓸고 내려앉는 가문도 있다).

④ 주먹 2개 정도로 고개를 숙여 머물러 있다가 양쪽 무릎을 바로 세운다(오른쪽 무릎을 먼저 세우고, 왼쪽 무릎을 당겨 세운다).

⑤ 일어나 바로 서서 공수한 손을 배꼽부분에 내린다.

(4) 여자의 평절과 반절

① 공수하고 선 다음 공수를 풀면서 양쪽 옆으로 자연스럽게 늘어뜨린다.

② 두 무릎을 동시에 바닥에 붙이고 꿇어앉는다.

③ 엄지는 앞으로 향하고, 다른 4손가락은 모아서 양쪽 옆으로 향하게 하여 바닥을 짚는다.

④ 허리를 45도 정도 굽히고 머리는 조금 숙인다.

⑤ 머리와 상체를 일으킨 다음 두 무릎을 세우면서 일어나 양손을 공수하고 선다.

⑥ 반절은 앉은 자세에서 두 손으로 바닥을 짚고 약간 구부려 머리를 등과 나란히 한 다음 바로 앉는다.

(4) 거수경례(擧手敬禮)와 목례(目禮)

거수경례는 전통적인 인사법은 아니지만, 오늘날 우리사회의 제복 입은 집단에서 가장 일반적으로 행해지는 인사법이다. 특히 경찰이나 군인 등 주로 엄격한 규율을 강조하는 집단에서 인사하는 방법이다. 거수경례의 방법은 오른팔을 양 어깨와 직선이 되게 수평으로 올리고 팔꿈치를 머리 쪽으로 굽혀 다섯 손가락을 가지런히 붙여서 편 다음 검지와 중지의 끝이 오른쪽 눈썹이나 모자 차양에 닿도록 잠시 있다가 내린다. 아랫사람이 먼저 시작해서 늦게 내리고 윗사람은 늦게 시작해서 먼저 끝낸다. 윗사람에 대한 경례는 윗사람의 답배(答拜)가 끝난 다음에 고개와 눈길을 원래의 위치로 돌린다.

목례는 길 또는 실내나 복도에서 사람을 자주 대할 때 하는 인사법이다. 상체를 굽히지 않고 눈으로 경례의 표시를 한다. 서 있거나 걸어가는 자세에서 가볍게 머리만 숙여 미소 띤 얼굴로 부드러운 표정을 짓는다.

(5) 악수(幄手)

인사는 오직 말로 하는 인사만으로는 부족하므로 동양에는 배례(拜禮; 절)가 있고, 서양에는 악수 또는 접문(接吻; 입맞춤)이 있다. 그래서 우리의 전통적인 인사로 볼 때, 악수는 배례가 아니라고 할 수 있으나 반가운 인사의 표시이기 때문에 배례의 일종이라 생각할 수 있다.

악수는 만나거나 헤어질 때 정을 표시하는 인사 방법이다. 이는 손을 마주잡는 인사법으로, 상대방과의 사이에 일정한 거리를 유지하면서 신체적으로 접촉하는 결합의 표현으로서 형식적이며 의례적인 표현 동작이다. 따라서 악수는 존경, 친애, 우정, 애정 등을 나타낸다. 원래 동양에는 없었던 관습이나 서양 문물이 유입되면서 오늘날에는 일상적인 인사의 하나가 되었다. 절이라기보다는 정(情)의 표시이지만 절을 하는 대신 관례적으로 하기 때문에 인사 예절에 포함시킬 수 있다.

악수 또한 나름대로의 격식과 방법이 있다. 제대로 된 격식과 방법은 자신의 품격을 높여줄 뿐만 아니라 상대에 대한 존중과 호의의 표시로서 상호간의 정을 더욱 돈독하게 할 수 있다. 그러므로 사관학교 등 일부 기관에서 교육하는 악수법을 일반 예절교육의 하나로 가르칠 필요가 있다.

- 평절 혹은 반절을 하는 경우에 서로 오른손을 맞잡는 것으로 대신한다.
- 악수의 기본 동작은 오른손을 올려 엄지손가락을 교차해 서로 손바닥을 맞대어 잡았다가 놓는 것이다. 가볍게 아래위로 몇 번 흔들어 깊은 정을 표시하기도 한다.
- 악수는 윗사람이 먼저 청하고 아랫사람이 응한다.
- 같은 또래의 이성간에는 여자가 먼저 청해야 남자가 응한다.
- 아랫사람이 윗사람과 악수할 때는 윗몸을 약간 굽혀 경의를 표할 수도 있다.

- 장갑을 벗고, 반드시 오른손으로 악수한다.
- 손에 땀이 났다든지 손이 더러울 때는 양해를 구한다.
- 악수할 때는 바른 자세로 서서 상대방의 눈을 보면서 한다.
- 악수하면서 왼쪽 손으로 상대의 손등을 덮어 쥐거나 손가락으로 상대방
  의 손바닥을 간질이는 것은 실례(失禮)이다.

제3장

가정생활의 예절교육

전통사회에서 가정이란 가문 및 집안 등의
정신적으로 일관되어 내려오는 가족 전통이나 내력을 의미한다
이 정신적 전통을 기꺼이 나누어 가짐으로써
일체감과 소속감을 느끼게 한다

1.
전통사회의 가정생활

1) 가족형성의 특징

전통사회에서 가정이란 가문 및 집안 등의 정신적으로 일관되어 내려오는 가족 전통이나 내력을 의미한다. 물론 이 정신적 전통을 기꺼이 나누어 가짐으로써 일체감과 소속감을 느끼게 하는 종적·횡적으로 거의 무궁하게 확장·확대된 의미로 사용되었다.

(1) 우생학적 결혼 관행

① 동성동본불혼

동성동본금혼은 부계혈통이 지닐 수 있는 열성의 유전요인끼리의 결합을 예방함으로써 건강한 자손을 출산하려는 우생학적 결혼관행으로 볼 수 있다. 전통사회의 씨족은 일정한 지역에서 자리 잡아 집성촌을 형성하며 살았다. 이러한 집성촌에서 세력을 확장하려면 수세대의 세월이 필요했기 때문에 자연스럽게 그 지역의 지리적·풍토적 특성에서 유래되는 유전자의 형성도 고려될 수밖에 없었다. 그러므로 동성동본의 금혼이란 곧 부계혈연에서 기인될 수 있는 열성요인의 결합을 예방하는 동시에 지리적·풍토적 특성에서 유래되는 열성요인끼리의 결합도 예방할 수 있는 이중의 목적을 지녔다.

② 월삼성(越三姓)의 원칙

월삼성의 원칙이란 모계(母系)의 성씨를 적어도 3세대에 걸쳐 건너뛰어 결혼하는 관행을 의미한다. 예컨대, 조부가 김해 김씨 부인과 결혼하였다면, 아버지, 아들, 손자는 김해 김씨와 결혼을 피하고 다른 성씨와 결혼하는 것을 의미한다.

월삼성에서 3이란 가장 작은 길한 숫자 또는 완전수로 인식했고, 100이란 가장 큰 성숙과 완성의 수라고 믿었다. 이러한 생각에 비추어 본다면 월삼성의 원칙에서 3이란 숫자가 들어가는 이유를 알 수 있을 것이다. 적어도 3성을 건너뛰는 3세대의 혼례는 곧 백년이란 완전수나 성숙의 수에 가까워질 수 있다는 생각에서 비롯되었을 것이다.

③ 백리 밖의 결혼

백리 밖의 결혼 또는 백리 내의 금혼은 집성촌이 많은 한국 전통사회에서 지리적·풍토적 특성에서 기인될 수 있는 열성요인끼리의 결합을 예방하려는 우생학적 결혼관행이다. 그래서 전통사회에서는 이러한 관행의 합리성을 인식할 만큼 교육받은 계층과 이런 관행에 따를 수 있을 만한 중상류계층일수록 통혼권의 범위는 넓었고, 그렇지 못한 계층일수록 통혼권은 좁았다. 즉 가세(家勢)와 통혼권의 정비례관계를 짐작할 수 있다.

(2) 기자속신(祈子俗信)

기자속이란, 아들을 낳기 위하여 인간보다 힘이 있다고 생각되는 초인간적인 능력을 지닌 대상에게 기원하는 습속이다. 이런 습속은 인간 이외의 어떤 능력을 지니 대상을 감동시킴으로써 아들을 얻는 소원을 이룰 수 있다고 믿는 속신에 근거를 두고 생겨난 것이다.

출산력을 얻는 비방은 토속신앙이나 불교와 관련되어 적극적인 방법으로서 출산력을 얻는 비방과, 소극적인 방법으로 출산력을 방해하거나 감퇴시키는 것을 회피·기피하는 금기 등으로 전해지고 있다.

① 달힘 마시기

흡월정(吸月精)이라 하여 달의 정기를 마심으로써 출산력을 얻는다고 생각하였다. 상류층 부녀자들은 달이 뜰 때, 달이 하늘 중천에 이르렀을 때, 달이 질 때 중 1~3번 달의 힘을 마심으로써 출산력이 되는 음력을 보강한다고 믿었다. 달힘마시기는 궁중이나 중상류층 가정에서 발견되는 풍속인데 달과 풍요와 여성과 물의 밀접한 관련성을 알 만큼 교양 있는 계층이었다고 볼 수 있다.

② 달 모래찜질

제주도에서 달밤에 삼양 앞바다의 운모 성분이 많은 모래로 부녀자의 복부를 찜질하는 것이다. 거무스름한 이 흙모래는 달빛을 잘 흡수하기 때문에 달과 풍요와 물과 여성의 생산원리와의 관계에서 볼 때 부녀자에게 출산력을 강화해 준다고 생각했었다.

③ 다리 밟기와 탑돌이

서울지방의 답교놀이인 다리 밟기는 평소에 집안에 갇혀 생활하는 부녀자들이 달 밝은 정월 대보름날 광통교나 수표교 등에 나아가서 다리 위를 걸어 다니는 놀이였다. 달밤에 달 힘을 전신으로 받아들이도록 하여 출산력을 얻게 하는 목적이다. 다리(橋)는 다리(脚)와 동음이기 때문에 다리에 힘을 올려 주는 것도 여성의 하체를 보강시키는 것이라고 보았다.

불교행사의 하나인 탑돌이도 야밤에 부녀자들에게 이 놀이 겸 신앙 행사를 허용한 것은 여성의 외출이 규제되었던 전통사회에서 각별한 의미가 있었기 때문이라고 한다. 수없이 탑을 돌며 심신을 돈독히 하는 이 신앙행사는 결국 여성의 다리 힘을 올려 줌으로써 출산력을 보강시키고, 달의 힘도 받아 생식의 기능을 보강시키는 등 몇 가지의 중복된 의미를 지닌다.

④ 널뛰기와 그네뛰기

전통사회에서는 부녀자에게 놀이를 통하여 출산력을 강화하도록 했다. 즉 설날과 정월의 널뛰기, 단오의 그네뛰기가 그것이다. 그네뛰기나 널뛰기는 다리 밟기 놀이보다 더 적극적인 방법인데, 다리에 힘을 올려 줌으로써 하체를 튼튼히 할 수 있고, 그래야만 출산력이 강화된다는 생각에서 창안된 놀이다.

2) 전통가족의 기능

가족의 기능은 학자에 따라 여러 가지로 규정되어 있으나 이런 차이는 세분화 정도에 의한 차이에 불과할 뿐 대체로 비슷하다. 가족의 기능은 자녀의 출산, 자녀의 보호와 관리, 경제생활, 자녀의 사회화, 교육, 오락, 애정적 상호작용이다. 그리고 현대가족의 기능은 성적 기능, 경제적 기능, 보호의 기능, 오락의 기능, 종교적 기능 등이다.

가족의 기능은 그 가족이 생활해 가는 사회의 문화적 특징과 시대적 특성과 관련될 것이다. 각 시대는 그 시대를 살아가는 사회인들에게 그 시대의 삶에 적합한 가치와 행동규범을 요구하고, 사회도 그 사회 나름대로의 적절한 삶의 양식을 요구하기 때문이다. 따라서 그 시대의 그 사회에서 생활하는 가족도 그 사회문화가 요구하는 가치관, 행동규범에 적응을 할 수밖에 없다. 한국 전통가족의 기능은 가계의 계승, 자녀의 양육과 교육, 생산과 소비생활, 그리고 가족외 협동관계 등으로 논의할 수 있다.

(1) 가계(家系)의 계승

한국 전통사회의 대강령이었던 유교윤리는 부자(父子) 중심의 가족생활을 강조하였다. 뿐만 아니라 '집'이라는 초시간적 및 초공간적 가치로서 부계의 혈연이 부단히 지속될 것을 요구했다. 그러므로 가부장제의 계승은 단절될 수 없는 최고가치(最高價値)였다. 이러한 유교윤리에서 곧 남아선호의 사상이 거부감 없이 수용되었고, 여성을 남성에게 예속시키는 삼종지도(三從之道)나 칠거지악(七去之惡) 등의 도덕규범을 규정하였다.

가계의 계승은 장남에게 계승되는 가부장의 세습제도로서 가계계승자를 생산하는 것이 여성의 절대사명으로 규정하는 근거가 되었다. 전통사회에서 가계계승자를 확보하는 방법으로는 다음과 같은 여러 가지가 있었다.

가장 보편적인 방법은 혼인제도였다. 혼인은 가계계승자를 확보하는 가장 정당한 수단으로서 보편적으로 통용된 방법이었다. 구사(求嗣)란 말이 있는데, 이는 아내를 얻어 자식을 낳는다는 뜻이다. 그러므로 전통사회에서는 사람 사는 길이 자식을 낳기 위하여 시작되었다는 의미가 된다.

한국 전통사회에서 혼인은 건강한 가계계승자를 출산하기 위한 우생학적 결혼관행을 따랐다. 동성동본(同姓同本)의 불혼(不婚), 백리내의 불혼 및 월삼성(越三姓)의 혼인이 곧 그것이었다. 즉 같은 선조에서 확대된 후손끼리의 혼인을 막음으로써 혈통에서 기인되는 열성적 유전요인의 결합을 예방하려 했고, 지리적 특성에서 발생 가능한 열성요인의 결합도 예방하고자 한 것이다.

이 밖에도 전통사회의 혼인에는 여러 요인들이 영향을 끼쳤다. 한국 전통사회는 신분의 구별이 뚜렷한 계급사회였기 때문에 가문의 품격을 유지시키기 위해 신분내혼제(身分內婚制)가 실시되었다. 즉 동일 신분 내의 두 가족이 그 자녀를 성혼시키는 것을 원칙으로 하였다. 이런 원칙은 대단히 엄격히 준수되었는데, 그 이유는 전통사회에서의 혼인은 두 개인의 결합이 아니라 양가의 결연인 동시에 크게는 두 종가(宗家) 혹은 문중(門中)의 결연이었기 때문이다.

이처럼 원칙상의 신분내혼이었으나 간혹 양반이라도 천인과의 비정상적인 혼인관계가 있어서 남아를 출산하였을 때는 정당한 가계계승자가 되지 못했다. 이런 경우는 '서얼'이라 하여 부모 중 1인의 신분이 양반이라 해도 그 자식은 부모보다 낮은 신분에 소속될 수밖에 없었다. 그래서 서자로 가계를 계승하면 선조들이 이룩하여 유지해 온 가문의 품격이 하락되기 때문에 양자를 맞이하여 가계계승권을 전하기도 했다.

조선시대의 신분제도는 양반, 중인, 상민, 천민의 4구분이 보통이었다. 다만 양반과 중인 사이에 향반(鄕班)과 토반(土班)이 있었고, 중인과 상민 사이에 서얼이라는 특수한 신분집단이 있었다. 이렇게 분류한 것은 향반, 토반 또는 한계적 신분집단에 속한 사람들이 그 당시 사회에서 가장 불만을 갖기 쉬운 이들이었고, 전통사회가 붕괴되는 과정에서 붕괴에 중요한 역할을 했던 계층이었다는 점에서 당시 사회가 신분에 얼마나 민감하였는지를 알 수 있다. 특히 인륜대사인 혼사에서 신분을 얼마나 큰 비중으로 고려했는가를 짐작하게 한다.

다음은 정상적인 혼인에서 가계계승자를 얻지 못할 때 몇 가지 편법이 이용되었다. 이 편법에는 씨받이, 유처취처(有妻娶妻), 득첩(得妾), 양자(養子) 등이 있었다.

첫째, 씨받이는 그리 흔하게 이용된 편법은 아니었으나 불임의 원인이 정실부인에게 있다고 판단되었으나 명예를 지키기 위해서 또는 가정의 품격의 하락을 염려하여 첩을 얻을 수 없을 때, 또는 정실부인 친정의 세도에 눌려야 할 경우에 이용되었다. 이 편법은 반드시 정실부인의 양해나 합의에 의하여 정실부인을 대신하여 은밀히 자식을 낳아 줄 여인을 구하며, 자식을 얻은 후에는 약속한 대가를 지불하고, 타인에게는 정실부인이 생남(生男)한 것으로 위장하는 것이었다.

씨받이 여인을 선정할 때에는 몇 가지의 선천적 조건이 고려되었다. 씨받이 여인은 대개 천한 신분이거나, 가난한 과부로서 아들을 낳을 수 있는 미신적 체모를 갖추었거나, 또 다남의 실적이 있는 여자여야 했다. 씨받이 여인은 여상

법(女相法)에 의거하여 아들을 잘 낳는 상을 선천적으로 지녀야 하는데, 대개 눈초리가 갸름하되 그 눈이 끝이 젖어 있지 않고, 거위나 벼룩상으로 면상이 오뚝해야 하고, 손바닥의 핏기가 남달리 붉어야 한다. 또 어깨가 둥글고 옆 몸이 두터워야 하며, 유두가 검고 단단해야 하며, 배꼽이 깊고 눈썹이 낚시처럼 꺾이며, 봉황의 눈처럼 검은 동자가 눈꺼풀에 가리지 않을수록 좋다고 한다.

이런 여인을 찾아내어 약속이 이루어지면 먼저 씨받이 날을 택일했다. 즉 월경에 알맞은 날과 합방길일의 오행이 잘 맞는 날을 택하여 단자를 들었다. 택일이 이루어지면 씨받이로 정해진 여인은 소복재계하고 삼신[태(胎)]에게 기도한 다음 신방에 든다. 이때 본부인의 정성이 뒷받침되어야 한다고 하여 정실부인이 합방하는 장지문 밖에 지켜 앉아 기도를 드리거나 무당이 준 주문(主文)을 외우기도 하였다.

둘째, 유처취처(有妻娶妻)도 불임의 원인이 정실부인에게 있다고 판단될 때 합법적인 절차를 밟아 또 하나의 정실부인을 맞아 적자를 얻으려는 편법이었다. 가계계승자를 출산하지 못한 본부인은 무언중의 압력과 칠거지악이 되는 자식 낳지 못한 죄를 범한 죄책감에서 남편의 결혼을 허락해야 한다. 그러나 양가에서는 이런 혼처에 딸을 출가시키기를 꺼릴 뿐 아니라, 유처취처로 들어온 제2부인이 가계계승자를 낳는다 해도 통념상 제1부인의 자손보다 격하하였고, 서자보다는 우대하였다.

셋째, 득첩(得妾)의 방법으로 가계계승자를 얻었다. ≪경국대전≫에 의하면 나이 40세 이상으로서 자식이 없는 자는 첩을 얻어 가계계승자를 낳을 수 있었다. 그러나 득첩으로부터 얻은 가계계승자는 적서차별로 천대를 받아 관리등용에서도 한품서용(限品敍用)이란 제한이 있었다. 일상생활에서도 서자는 부모에 대한 호칭사용, 혼인, 제사 등에서 차별을 받았다. 즉, 적자가 있는 집의 서자는 조상의 제사 섬김에서도 정해진 위치를 넘어서지 못하였고, 부모 섬김에서도 제한이 많았다. ≪경국대전≫에 의하면 문무관 이품 이상의 양첩자손은 정삼품에까지, 천첩자손은 정오품에까지, 육품 이상의 양첩자손은 정사품에까지, 천첩자손도 정육품에까지 관리등용이 제한되었다. 이러한 적서차별의 인식 때문에 서자가 가계를 이어갈 때는 가문의 품격이 강하된다고 하여 꺼렸다. 그 대신 양자를 취하는 방법이 오히려 일반적인 추세였다.

넷째, 양자는 자식이 없는 집안에서 가까운 촌수의 같은 항렬 친척 중에서 얻었다. 그래서 일반적으로는 형제의 아들 중에서 양자를 들이는 것이 상례였다. 즉 큰형이 자식이 없으면 동생의 장자를 형에게 양자로 올렸고, 형은 마땅히 이를 요구할 권리가 있었다. 동생 역시 자신의 장자를 형에게 양자로 바치는 것을 영광으로 여겼는데, 이것은 자식이 형의 장자가 됨으로써 혼인이나 기타 사회적 대우가 상승되었기 때문이다. 만약 자기의 장자일 때보다 형의 양자로 들이면 상혼(上婚), 즉 턱걸이 혼인이라 하며 보다 나은 혼처를 구할 수 있는 혼인을 할 수 있고, 이런 혼인관계로 큰집 주인이 되어 문중사회에서 보다 우대를 받았다.

그러나 동생이 자식 없을 때는 형의 차남들 중에서 양자를 구걸하여 얻었다. 더욱이 큰형이 아들이 없을 때는 동생에게 비록 외아들만 있다 해도, 그 외아들을 형에게 양자로 바치고, 자신은 다른 집에서 양자를 찾아야 할 의무가 있었다. 이것은 조선사회가 장자를 우대하는 사회였기 때문이다.

양자를 얻을 때 가까운 형제들의 자식이 없으면 '원촌양자(遠寸養子) 빌기'를 해야 했다. 즉 소정의 재물을 주고 그 집의 문전에 거적을 깔고 앉아 며칠씩 빌어서 양자를 얻는 수모를 당해야 했다. 가난한 집에서는 이런 양자 빌기에 의존할 수가 없었다. 그래서 문중이나 친족회의에 의뢰하였고, 문중에서는 의논 끝에 압력을 넣어서 양자를 주도록 주선하기도 했다.

양자의 입양은 대개 이유(離乳) 후에 데려와 양모가 키웠다. 어려서부터 "손 때 묻혀 키워야 정이 든다"는 생각 때문이었다. 그러나 양자를 구하는 나이에 이른 양부모는 가계계승자를 낳으려고, 온갖 노력을 기울인 다음에 최후의 방법으로 입양을 원하기 때문에 나이가 들대로 든 중년이거나 그 이상이 되었다. 그래서 어린 양자를 구하면 '솔(松)심어 정자 짓기'가 될 수밖에 없으므로 장성한 양자를 택하기도 했다.

　양자는 예조에 등록하는 것이 원칙이었으나 친족회의에서 공포하여 문중의 승인만 얻으면 실자와 동등한 권리·의무를 부여받았다.

(2) 자녀의 양육 및 교육

　전통가족의 첫째의 기능이 가계의 계승이라면, 둘째의 기능도 이와 관련된 것이 될 수밖에 없었다. 즉 출산 또는 입양한 자녀를 가통이나 가풍에 따라 양육하고 교육하여 전통사회의 규범이 요구하는 바에 따르도록 하는 것이었다. 그러므로 필요조건으로서 첫째 기능이 요구된 것이라면, 전통가족의 둘째 기능은 충분조건이 되었다고 본다. 어쩌면 자녀의 출산보다는 교육을 더 강조해 온 사회가 곧 전통사회였으니, 출산하지 않아도 입양된 양자를 자기 집 적장자로 교육하며 곧 전 재산과 문중에서의 해당권한까지 즉 모든 것을 그에게 물려주었다. 전통사회의 가치관에 준하여 자녀를 사회화한다는 것은 정신적인 차원에서 가계를 계승하는 것이 되기 때문이다.

　자녀의 양육은 가족 중에서도 여성가족의 역할과 임무였다. 태아기부터 태교를 지키면서 태중 아기의 성장과 발달을 위하여 영양, 정서, 행동, 언어, 건강 등을 각별히 관리하는 것에서 시작되었다. 그러나 태교의 준수에는 남성인 태아의 부친과 기타 가족의 협력이 또한 요구되었다.

　수유기에도 양육과 사회화의 담당자는 주로 모친이었다. 수유방식과 태도에 있어서 시부모의 간섭을 받았을 정도로 자녀의 초기 사회화는 전통가족에서 대단히 엄격했다. 또한 이유는 동생이 생길 때까지 연기되었다.

　이유에는 조모가 대리모의 역할을 했다. 따라서 대리모로서 조모의 공헌은 이유에서 겪을 수 있는 충격을 최대한 감소시켜 주었다. 조모는 이 유아를 음식상으로 안내하면서 점차 성인의 음식에 익숙해 가도록 했으며, 배변훈련까지

도맡았다.

이유와 배변훈련의 과업이 완성되면 아동은 '고운 세 살'이라는 한국식 아동발달단계에 이른다. 이 발달용어의 표현처럼 유아는 귀여운 짓거리를 보여주게 되는데, 이 시기의 남아의 사회화에는 부친이나 조부의 참여가 시작되었다. 또한 여아에게는 조모 및 모친 등 집안의 성인 여성이 여아의 사회화를 담당하게 되었다. 이들 사회화 담당자들은 주로 놀이, 수수께끼 등으로 유아와 함께 시간을 보내며, 기본습관의 형성을 돕고 가족호칭을 비롯한 대인관계에서 언어 및 인지의 발달을 촉진시키도록 도왔다. 특히 명절, 제사 등을 중심으로 한 가족행사에서 인사법, 촌수, 호칭 등을 사용하도록 가르치고 잘못을 교정해 주었다.

대체로 5~6세가 되면 교육이 시작되었다. 남아는 조부나 부친과 함께 사랑에서 생활하도록 생활의 장이 바뀌었다. 그래서 미래의 성인 남성으로서, 특히 가부장으로서 필요한 지식과 기능과 태도교육을 받았다. 선대조상의 이름자, 조부모의 함자 부르는 법, 초보적인 문자 교육, 아동 자신의 신상정보 등을 배웠다. 가풍, 가도에 대한 초보적 교육이 이 시기부터 시작되어, 7세 정도에 이르면 본격적으로 성별에 따라 남성의 역할교육을 받게 되었다.

여아는 계속 안채가 생활의 장이었고 교육의 장소였다. 성인 여성과 공동의 생활 장소에서 함께 생활하며 4~5세까지는 남아와 비슷한 내용의 사회화 과정을 거쳤다. 그러다가 남녀유별이 시작되는 7세가 되면, 성인 여성에게 요구되는 가족 및 사회적 역할에 대한 지식, 태도, 기능을 여성 가족들로부터 배워 나갔다.

전통사회의 아동의 사회화 기제는 '엄부자모(嚴父慈母)'라는 표현에서 발견될 수 있다. 이 표현은 부모의 전통적 역할분담이 상보적이었음을 나타내고 있다. 또한 자녀의 사화화의 책임이 있어서도 부모가 일차적 책임을 지고, 그 다음이 조부모, 경우에 따라서는 부모 부재(不在) 시에는 백숙부모, 또 촌수의 근원에 따라 연대책임이 부여되었다.

(3) 생산과 소비

자급자족의 농업을 본업으로 삼았던 전통사회의 가족경제는 생산과 소비가 자족생활의 주축이 되었다. 가족경제는 가족단위의 노동력에 의존하였는데 노동력은 자연히 가족들에게 의존되었다.

전통사회의 가족경제는 주로 식생활이나 의복생활의 충당을 위해서 농사에 의존했다. 농사는 성격상 인간의 노동력을 요구하게 되어 결국은 가족의 노동력이 무한정 필요했다. 이러한 전통사회의 경제구조는 가족의 형태와 구조에 영향을 주어 가족 수가 증가하는 것은 곧 노동력의 증가로 인정되었다. 그러므로 다산과 다남은 가치 있을 수밖에 없었고, 상류사대부계층에서도 다산과 다남이 곧 가세의 번창이었다.

상류계층이나 기술직의 중인을 제외한 토반(향반 또는 토반은 상민과 구별 없이 농사에 종사했고, 상민보다 높은 신분인 경우에도 농사철에는 농사일을 맡아 했다)이나 대다수의 농민들도 식생활과 의생활을 충당하기 위해 노동력을 제공했다.

남성은 주로 농사기술이나 농사지식을 익하며 노동력을 공급하는 생산 활동을 했고, 여성은 요리, 길쌈, 침선 등의 의·식생활에서 소비부분을 담당했다.

농기구와 농사기술 및 의·식·주 등과 관련된 기술이 발달되지 못하였기 때문에 무한정 요구되는 인력을 가족노동만으로 충당할 수는 없었다. 그래서 친척 또는 타 성씨의 공동협력 작업이 필요하였다. 마을 또는 동(洞)이란 사실상 단순한 행정단위가 아니라 사회적 통일체로서 생태적 취락인 동시에 공동체적 사회생활단위였으며, 그 자체가 형성된 주민의 생활권이기 때문에 수답(水畓) 작물을 위주로 생계농업의 성격을 띤 농업생활방식은 마을주민의 협력이 없이는 생산 활동이 불가능했다고 한다. 특히 관개 수리에서 그러했는데, 이런 상황에 대처하기 위해 '품앗이', '두레'라는 협력 작업이 남성의 농사에서부터 땔감준비와 여성의 길쌈에까지 두루 사용되었다. '두레명잣기', '두레삼 심기'는 길쌈에서의 협력 작업이며, 흉년에 '장리쌀 놓기' 등은 공동체적 구호대책이었다. 특히 관혼상제를 위한 바느질, 음식준비에도 이런 협력이 필수적이었으며, 농한기에 멍석 짜기, 가마니와 삼대기 짜기 등 생산기구 제작과 겨울철 땔감준비에도 두레와 품앗이가 있었다.

전통가족의 경제생활은 가족단위가 주축이 되기는 하였지만, 이처럼 공동협력이 불가피하였기 때문에 생산과 소비에서 타 가족 및 타 성씨들과도 협력하게 되었다. 이것을 공동체의식을 강화하게 되었는데 소위 신앙과 의례로써 풍년과 평안을 기원하는 동제(洞祭)의 형식으로 나타났다.

(4) 가족 외 협동관계

전통사회의 가족은 가족 외의 집단과 어떤 유형의 대외관계를 맺고 이를 유지하며 존속할 수 있었다. 이러한 대외관계는 친족과의 협력관계, 동일당파와의 협력관계, 동일마을 공동체와의 협력관계로 나누어 볼 수 있다. 이런 관계는 마치 개인이 홀로 생존할 수 없듯이 가족도 타 가족과의 관계 속에서 살아갈 수 있기 때문이었다.

먼저 전통사회의 각 단위가족은 개인이 그러하듯 그의 친족문중에서 어떤 생득적인 지위를 부여받게 되는데, 이른바 '모씨 문중의 종택', '작은 종택', '큰집', '작은집'과 같이 씨족의 분파와 확대에 따라 부여받은 명칭이자, 곧 생득적 지위이다. 전통사회의 단위가족은 문중내의 생득적 지위가 맺어 주는 의례적이거나 관습적인 관계를 문중 즉 친족집단과 유지해야 하며, 필요한 경우에는 공조로 집결되는 혈연의식을 갖고 협력해야 했다.

친족과의 이러한 관계유지는 공조의 혈연의식을 강화하여 소속감을 갖고, 집단세력을 조직하여 여러 가지 이해관계에 집단적으로 대처하는 데 도움이 되었다. 예컨대 수리사업과 같이 동족취락의 공동이해에 관련되는 일에는 친족이 협력하여 공동으로 대처함으로써 유리하게 해결할 수가 있다. 뿐만 아니라 문중 내 가장이 없는 집의 자녀교육이나, 혼사, 양자입적 등에 공동으로 관심을 가지고 논의하여 대책을 마련해 주며, 심지어는 병역과 납세에까지도 연대책임을 지게 되었다. 문중의 최고령 어른 또는 종손에게 문중을 통솔하는 책임과 권한을 부여하였는데, 종가는 문중의 뿌리이며 구심점을 상징하는 가족으로서 존중되었고, 특히 문중의 전통과 영광을 해치지 않도록 요구하는 동시에 물질적 지원을 베풀어, 소위 양반사회의 협동관계를 총괄하도록 했다. 문중내의 단위가족은 길흉사에 의논 대상이 되고, 허가를 얻으며, 결과를 보고하는 등 친족집단과 밀접한 협력관계를 유지해야 했다.

둘째는, 친족 간의 관계유지 이상으로 필요했던 협력관계가 있었으니, 조선조 중기 이후에 나타났던 당파와 관련된 것이다. 사색(四色) 당파라는 정치적 관계가 가족생활에도 깊이 영향을 미쳐 적대 당파와 관계를 맺는다는 것은 소속당파에 대한 배신이며 반역행위로 간주되었다. 이러한 의식은 혼사를 비롯한 거의 모든 생활사에까지 관여되어 심지어는 같은 우물물을 먹지도 않았고, 반대파가 다니는 길로 다니지도 않았다. 예컨대 장성한 아들이 남인이 아닌 당파와 상종했다하여 그의 모친은 친자관계를 단절하고 사위집에서 종신했을 정도로 강한 것이었다.

동일당파와의 협력관계는 대개 단위가족 자체의 관계이기보다는 친족관계에 의해서 자신의 의사와 무관하게 타의에 의해 어떤 당파에 소속되어 구속력의 제재를 받아 자율적으로 탈당 또는 타당과의 관계맺음이 불가능했다. 단위가족의 자율성을 구속하는 이러한 대외협력관계기능은 조상의 숙원관계가 자손들에게 물려져, 후손들 개인 또는 단위가족의 인간관계와는 무관하게 '불혼', '절교' 또는 '조면(阻面; 절교)' 등이 강요되었는데, 만약 이를 위반하였을 때는 당회 또는 문중회의에서 결정된 처벌을 받았다.

친족과의 협력관계유지기능은 이렇게 단위가족의 의사를 완전 무시하고 문중회의의 결정에 의해 양자, 혼인, 생산, 지출, 제사 등 중대사에 복종할 것을 요구하는 힘을 가졌기 때문에 단위가족은 이러한 대외적 협력관계를 적절히 유지해야 했다. 물론 친족과의 관계유지나 동일당파와의 협력관계는 주로 양반계층에 해당되었다.

마지막으로는 동족부락을 형성하고 사는 양반이 아닌 다양한 성씨 부락의 상민(常民)인 경우에도 단위가족 외의 협력관계가 요구되었다. 동족결합이 불가능했던 소수 상민들은 동일 신분으로서 상부상조의 필요에 의해 요구되었다. 이런 특수신분에 속하는 가족들은 질병·가뭄·홍수·병충해 등의 재난에 대비하여 관이나 양반 및 상전(上典)들로부터의 부당한 요구에 대응하고 각종 생산활동을 위해 협력했다. 그리고 상례·혼례·회갑 등의 인륜대사(人倫大事)를 상부상조하기 위해 협력했는데, 협력 방법으로 계(契)를 조직하였다. 이러한 협력관계는 혈연보다는 신분, 직업, 지연에 의존되었다.

2.

현대사회의 가정생활

1) 화목한 가정

(1) 효도의 의미

사람은 사람과의 관계 속에서 태어나고 살아간다고 하였다. 우리의 삶이 시작된 처음을 돌이켜 보면 가장 처음 관계가 맺어지는 사람은 두말 할 것도 없이 부모님이다. 우리가 맨 처음 접하는 사회도 '가족'이라는 공동체이다. 이처럼 가족은 우리에게 있어서 사회의 최소단위고, 부모님은 그 시작이 된다.

우리의 삶은 부모님으로부터 물려받아 시작된 것이다. 태어나는 순간부터 우리는 어엿하게 독립된 인격체임에는 틀림이 없지만, 그 근본은 부모님에게 있는 것이다. 부모님은 마찬가지로 그분들의 부모님에게 근본을 두고 있다. 이렇게 해서 거슬러 올라가면 우리의 조상에게로, 나아가 인류의 조상에게로, 더욱 나아가 생명의 근원에게로 우리의 생명은 잇닿아 있다. 미래를 생각해 보자. 우리의 삶은 곧 우리 자손에게로 끝없이 이어진다. 그렇게 본다면 우리는 한 개인으로서 뿐만 아니라 인류의 무한한 과거와 미래를 이어나가는 소중한 삶을 살아가고 있는 것이다.

이처럼 가족은 사회의 가장 작은 단위이며, 우리의 삶을 시작하는 출발점이다. 예절은 또한 모든 관계의 기본 질서라고 하였으므로 가정에서의 예절은 모든 예절의 출발이 된다. 이러한 의미에서 우리 전통사회에서는 가정예절을 크게 중요시하였다. 그러면 인생의 출발점인 가정에서는 어떠한 예절을 지킬 것인가. 그것은 간단히 다음과 같은 말로 요약 할 수 있다. 곧 "부모는 자식을 사랑하고, 자식은 부모에게 효도하며, 형은 아우와 우애 있게 지내며, 아우는 형에게 공손해야 한다"는 것이다. 이것이 가정 질서의 기본이다.

부모는 자식을 사랑하고 자식은 부모에게 효도한다. 이것은 결코 어려운 일이 아니다. 왜냐하면 부모가 자식을 사랑하고 자식이 부모를 사랑하는 것은 지극히 자연스럽고 당연한 감정의 표현이기 때문이다. 그렇게 해야 당연하다는 생각이 절실하다면, 행동은 자연스럽게 따르기 마련이다. 언제나 질서와 예절이란 그렇게 쉽고 친근한 것에서부터 시작하는 것이지 사람이 하기 어려운 복잡한 것에서 시작하는 것은 아니다.

"효는 모든 행위의 근본이다"라는 말이 있다. 이 말은 모든 예절의 시초가 '효'에서 시작함을 가리키는 말이다. 내가 어머니의 뱃속에 잉태되는 순간부터, 또는 그 이전부터 이미 우리 어머니·아버지는 온 마음을 바쳐 나를 아끼고 사랑하신다. 그것이 나를 향한 우리 부모님의 자연스러운 질서라면, 내 질서는 그분들께 내 사랑을 드리는 것이 된다. 그것은 무엇인가. 두말 할 것도 없이 그것은 효도이다. 효도란 결국 부모님에 대한 사랑의 표현인 것이다.

효성이 지극한 사람은 우선 바탕이 '된 사람'임에 틀림없다고 하였다. 이는 옛날이나 지금이나 마찬가지의 진리이다.『논어』에는 다음과 같은 말이 있다.

그 사람됨이 효성스럽고 공손하면서도 윗사람을 범하기 좋아하는 사람은 드물다. 윗사람을 범하기 좋아하지 않으면서도 혼란을 일으키기 좋아하는 사람은 여태껏 없었다. 군자는 근본에 힘써야만 하는 것이니, 근본이 확립되면 올바른 길이 생겨난다. 효성스러움과 공손함은 인을 행하는 근본인 것이다.

이처럼 효를 실천하는 것은 곧 자신의 인격을 수양하는 좋은 방법이 된다.

그런 까닭에 효성스럽다는 것은 그 사람의 인격이 그만큼 훌륭하다는 의미이다. 그렇다면 효도를 행동에 옮기기 위해서는 무엇부터 해야 하는가. 이것 역시 망설일 필요가 없는 일이다. 왜냐하면 부모가 자식을 사랑하는 것이 지극히 자연스러운 본성이듯이 자식도 부모를 사랑하는 것이 당연한 본성이기 때문이다. 그저 마음이 가는 대로 그렇게 정성만 들이면 누구나 효성스럽다는 소리를 듣게 될 것이다.

효도란 억지로 할 수 있는 것이 아니며, 억지로 해서도 안 된다. 우리 부모가 우리를 사랑하는 것을 생각해 보자. 그분들이 억지로 그렇게 하는 것인가? 그렇지 않다. 부모는 자연히 사랑이 배어나오는데, 자식은 왜 사랑이 어렵게 나오는가. 사람은 종종 받는 것만 좋아하고 주는 것에는 인색하다.

단지 부모만이 예외이다. 그래서 우리도 부모에게서 받는 것은 당연하게 여기면서도 되갚는 일에는 게으른 것이다. 조선시대 전통 유교사회에서는 부모가 돌아가셨을 때에는 누구나 삼년상을 치렀다. 그 이유를 맹자는 사람이 태어났을 때 누구나 제 부모의 품에서 3년 이상씩을 보듬어 안기고 키워졌기 때문이라고 하였다. 그 은혜를 생각하면 사람은 3년 이상씩은 정성으로 부모의 무덤을 지키고 죽음을 서러워해야 한다는 것이다.

그 마음을 생각하지 않고 그저 남들이 모두 그렇게 하고 있으니까 나도 삼년상을 모신다고 생각해 보자. 자식 된 마음으로 처음에야 정성껏 모시겠으나, 그 마음이 한결같이 3년을 가는 것이 어려운 사람도 있을 것이다. 이는 모두 그 마음을 생각하는 것이 아니라 규정에만 얽매이기 때문에 생기는 잘못이다. 효도는 '사랑'의 표현이지 주고받는 계약관계가 아니다. 내가 내 존재를 귀하게 여기고 내 삶의 의미를 제대로 찾아나가려면 우선 내가 생겨난 근본을 사랑하고 아껴야 할 일이다.

어렵고 힘들수록 내 마음을 바르게 다그치고 두 배 세 배 정성을 들이는 것이 바르고 현명한 태도이다.

(2) 효도의 종류

우리가 실생활에서 효도를 실천할 때 효도에는 여러 가지 종류가 있다는 것을 알게 된다. 유교에서는 양지(養志)의 효도와 양구체(養口體)의 효도를 말한다. '양지'란 부모님의 뜻을 받들어 드린다는 말이다. 그래서 양지의 효도는 곧 부모님을 정신적으로 편안하고 기쁘게 해드리는 효도이다. 양구체란 부모님의 입과 몸을 봉양(奉養)한다는 말이다. 그래서 양구체의 효도는 곧 부모님을 육체적·물질적으로 편안하게 해드리는 효도이다.

물론 효도에는 양지의 효도와 양구체의 효도를 모두 중요시한다. 부모의 마음을 편안하게 해드리는 것 못지않게 물질적으로도 부모를 잘 모시는 것이 중요하다. 그러나 굳이 어느 것을 우선으로 삼아야 하느냐고 묻는다면 두말 할 것도 없이 양지의 효도이다.

좋은 음식으로 구미(口味)를 맞추어 드리고, 값진 의복과 풍족한 생활환경을 만들어 드리면서 겉으로만 화려하게 효도를 하는 것보다는 자식이 부모의 뜻을 잘 받들어 정신적으로 편안하고 즐겁게 해드리는 것이 더욱 소중한 효도라는 것이다. 부모가 바라는 것은 비록 몸은 어려워도 마음 깊은 곳에서 우러나오는 따스한 얼굴과 말씨, 그리고 정성이 담긴 손길인 것이다. 진정으로 부모를 가난하고 쓸쓸하게 만드는 것은 초라한 집이나 남루한 옷이 아니다. 그것은 바로 마음이 담겨 있지 않은 물질적인 봉양이다.

어렸을 때를 생각해 보자. 우리가 초등학교에 들어가 미술시간에 처음으로 어머니·아버지의 얼굴을 그려서 보여 드렸을 때, 또 공작시간에 서툴게나마 카네이션을 만들어 가슴에 달아 드렸을 때 우리 부모님은 얼마나 기뻐하셨는가. 그림이 훌륭해서 혹은 꽃이 값진 것이어서 기뻐하신 것은 분명히 아니다. 온 정성을 다 들여서 만든 것이기에 감격하신 것이다.

효도란 이와 같이 부모의 마음을 즐겁고 편안하게 해드리는 '양지'의 효도가 최상의 것이다. 그러면 어떻게 해야 부모의 마음이 즐겁고 편안할 것인가. 부모는 모두 당신의 자식들이 신체적으로 건강하고, 인간으로서의 바른 심성을 지니고 올바른 자세로 세상을 살아가기를 무엇보다도 바라고 계신다. 돈을 많이 벌어 큰 부자가 되는 것도 좋고, 뛰어난 능력을 발휘하여 크게 출세하는 것도 물론 좋지만, 어떤 경우이건 간에 자식이 정신적으로나 신체적으로 건강함을 잃는다면 어느 부모라도 편안하지 않을 것이다.

(3) 효도의 실천 원칙

① 몸을 소중히 보호한다.

"내 몸은 부모로부터 물려받은 것이니, 감히 다치거나 상하게 하지 않는 것이 효도의 시작이다"라는 말이 있다. 자식을 잉태하고 낳았을 때부터 부모의 기본적인 소망은 오직 내 자식이 건강하게 자라주기만을 바라는 것이다. 그래서 어린아이가 몸이 불편해 울고 보챌 때 부모는 당황하고 안타까워하며 심지어는 자식 대신 아프기를 빈다. 더구나 자식이 큰 병을 앓거나 사고를 당해 몸을 다쳤을 때 부모의 마음은 오죽하겠는가.

그래서 우리 선조들은 절대로 신체를 위협할 만한 위험한 장소에는 함부로 나가지 않을 것을 강조하였다. 그것은 내 몸을 내가 아껴서이기도 하지만, 행여 다쳐서 부모의 마음을 아프게 해드릴까 걱정해서 이다. 오늘날 간혹 위험한 장난을 즐기거나 괜한 시비로 싸움을 하는 경우가 있다. 오직 자식의 안전만을 근심하는 부모 마음을 안다면, 그런 일은 절대로 해서는 안 된다는 것쯤은 쉽게 알 수 있을 것이다.

② 마음을 바르게 유지한다.

모든 부모는 비록 부모가 도둑일지라도 자식만은 도둑으로 키우고 싶어 하지 않는다. 부모의 바람은 자식이 올바른 마음으로 성장하여 사회에서 당당하게 한 몫을 담당하여 살아주는 데 있다.

태교는 아이가 잉태되는 순간부터 어버이가 모든 행동과 말씨 그리고 마음가짐을 조심하면서 올바르고 건강한 아이로 태어나기를 바라는 일이다. 그래서 어머니뿐 아니라 아버지까지도 깨끗하고 바르고 영양이 풍부한 음식을 가려 먹고, 앉거나 누울 때에도 바른 자리에 바른 자세로 있으며, 좋은 음악을 듣고, 좋은 책을 읽으며, 좋은 그림을 본다. 아름다운 마음으로 아름다운 생각을 하고자 애쓴다. 태교의 목적은 부모의 건강하고 아름다운 심성이 그대로 자식에게 이어지게 한다는데 있다.

부모가 자식에게 매를 드는 이유는 올바른 행실을 하는 바른 인간을 만들기 위해서이다. 우리 부모는 자신의 마음은 무척 아프지만 호되게 매로 다스림으로써 자식이 밖에 나가서는 남의 손가락질 받는 인간이 되지 않게 하려고 애쓴다. 그런 까닭에 마음을 바르게 가져 훌륭한 인격체로 성장하는 것 역시 부모에 대한 큰 효도인 것이다.

③ 명예로운 사회의 구성원이 된다.

앞서 몸을 건강하게 보호하는 것이 효도의 시작이라고 하였다. 그렇다면 효도의 마침은 무엇인가. 그것은 곧 '몸을 세워 세상에 이름을 떨치는 일'[입신양명(立身揚名)]이다. 사회에 꼭 필요한 사람이 되어 그 사회를 이끌어 가는 주체적인 사람이 되는 것이다.

무엇인가 사회에서 명예롭게 이름을 드높이는 것은 자신의 이름뿐만 아니라 곧 그 부모의 명예까지 드높이는 일이 된다. 그러나 지금 당장 사회를 위해 큰 일을 하여야 한다는 것은 물론 아니다. 거대한 피라미드는 꼭대기의 꼭짓점부터 세워진 것이 아니다. 커다란 돌을 날라 똑바르고 탄탄하게 밑받침을 세우는 일, 그것이 우리가 지금 해야 할 일이다. 그러다 보면 우리는 저절로 명예로운 인간이 될 것이고, 우리의 부모와 형제는 우리를 자랑스러워하게 될 것이다.

(4) 효도의 실천 조목

- 부모님의 연세, 고향, 일가친척, 건강상태, 좋아하시는 것 등에 대해 자세히 알고 있다.
- 잠자리에 들거나 일어난 뒤에는 반드시 '안녕히 주무세요', '밤새 편히 주무셨습니까' 등의 인사를 드린다.
- 외출을 할 때에는 반드시 행선지와 귀가 예정시간을 말씀드리고, 돌아와서는 인사를 드린다.
- 외출 시 예정보다 귀가가 늦어질 경우에는 반드시 부모님께 연락을 드린다.
- 부모님께서 출입하실 때에는 반드시 일어나서 문밖에까지 나가 배웅하고 맞이한다.
- 식사할 때에는 부모님보다 먼저 시작하지 않으며, 부모님께서 식사를 마칠 때까지 자리를 뜨지 않는다.
- 중요한 일은 항상 부모님과 의논하여 결정하도록 하며, 늘 함께 대화하는 생활습관을 기른다.
- 부모님 앞에서는 항상 얼굴빛을 온화하게 하며, 결코 형제간에 다투는 일이 없도록 한다.
- 늘 부모님 곁에 있도록 노력하며, 떠나 있게 될 경우에도 자주 소식을 전하고 찾아뵙도록 한다.
- 작더라도 부모님께 늘 감사의 마음을 표시하도록 노력하며, 부모님의 일을 거들어 드린다.
- 부모님의 의견을 존중하고 따르되, 의견이 서로 다를 때에는 부드럽고 간곡하게 자신의 의견을 말씀드리도록 한다.
- 부모님께서 부르시면 즉시 큰소리로 대답하면서 달려가 뵙도록 한다.
- 부모님께서 편찮으시면 혼자 계시지 않도록 늘 옆에서 모시고 정성껏 간호하도록 한다.

2) 가족 관계의 예절

(1) 가족 예절

가족은 한 가정을 구성하는 기본적인 단위이기 때문에 허물없고 다정한 사이이지만 그럴수록 더욱 조심하는 자세로 예절을 지켜야 한다. 누구에게나 사람을 대할 때 제일 원칙이 되는 것은 역시 다정하되 절도에 맞는 태도를 지니는 것이다. 집안사람에게 대할 때 다정한 것만을 생각하다보면 버릇없어지기 쉽고, 절도에 맞을 것만을 생각하다보면 너무 딱딱해지기 쉽다. 그 사이에서 균형을 잘 취하는 것이 바른 예절이다.

① 형제자매(兄弟姉妹)의 예절
- 형제자매는 우애를 가장 기본적인 행동지침으로 한다. 부모가 같은 혈육지친(血肉之親)이므로 너와 나의 구별이 없다. 가장 가깝고, 인위적으로 떼거나 아니라고 부정할 수도 없다. 숙명인 동기간(同氣間)에는 서로 내 몸같이 아끼고 위해야 한다.
- 부모를 위하는 마음과 행동과 물질의 부담 등을 미루지 않는다. 내가 이만큼 했으니까 너도 이만큼 해야 한다고 서로 미루거나 떠넘기지 않는다. 앞을 다투어 자기가 다 할 것이라고 생각하고 그렇게 행한다.
- 부모를 모시는 일을 서로 자기에게 당한 것이라고 생각하고 그렇게 행한다. 나는 큰 자손이지만 형편이 넉넉지 못하다거나, 나는 형편이야 여하간 어른을 모실 의무가 없다고 하면 안 된다. 그러므로 어른을 다른 동기간이 모시더라도 자기가 모시듯 마음을 써야 한다.
- 동기간의 일을 자기의 일같이 어려움을 나누고 힘을 보탠다. 집안의 일을 상의해 협력함은 말할 것도 없고, 각자의 일이라도 서로 자기가 당하듯이 힘을 합치고 근심과 아픔을 함께 나누며 즐거움도 같이 한다.
- 자주 왕래하며 자기들과 자손들이 일체감을 갖도록 한다. 형제자매가 혼

인해서 각기 살림을 차리면 각자의 일에 골몰하고 자녀를 두면 더욱 바빠져서 소홀해지기 쉽다. 기회가 있는 대로 왕래하며 아이들이 만날 기회도 자주 만든다. 이것이 가정의 화목(和睦)과 상부상조(相扶相助)의 틀이 된다.

- 부모와 조상에 관한 일에는 공동참여, 공동부담, 서로 앞서는 정신으로 임한다. "내가 아니라도 잘 하겠지", "나는 경제가 넉넉지 못하니까"라면서 뒤로 빠지지 말고 앞장서고 감당해야 한다.

- 조카(姪) 즉 형제자매의 자녀들을 자기의 자식같이 아끼고 사랑하고 위한다. 옛날부터 숙질(叔姪)을 아버지와 아들 같다고 했다. 차별을 두지 말고 자기 자식과 같이 한다.

- 형님과 누님은 비록 나이 차이가 많지 않더라도 아버지와 어머니의 대신이다. 끔찍하고 깍듯하게 모신다. 극진한 존대 말씨와 보일 때마다 절을 하며, 들어가고 나가는 예절에 빈틈이 없어야 한다.

- 동생은 남녀 간에 자기의 분신(分身)이다. 사랑하고 보살피기를 아버지나 어머니께서 하시듯이 해야 한다.

② 형제의 예절

- 형제는 남자동기간이다. 자기보다 나이가 많으면 형이고 늦게 태어났으면 동생이다. 형제는 조상으로부터 종통(宗統)을 이은 동기간임을 명심해야 한다.

- 맏이는 가통(家統)을 잇고 조상의 봉제사(奉祭祀)를 하는 끔찍한 어른이다. 마땅히 아버지 모시듯 해야 한다.

- 둘째 이하의 형제들은 가통을 보위(保衛)하는 동기간이다. 형과 아우의 서열(序列)을 지켜 공손하고 공경하며 보살피고 사랑해야 한다.

③ 자매의 예절

- 자매는 여자동기간이다. 자라면 시집가서 남의 아내가 되는 것 이므로 더

욱 끔찍하게 사랑해야 한다.

- 자매가 시집가서 남의 아내가 되더라도 친정(親庭)의 형제나 자매에 대한 사랑이 식어서는 안 된다. 더욱 간절히 정성을 다할 것이다.
- 친정 부모의 생신이나 제사, 동기간의 혼사에는 시댁의 승낙을 받아 참석하도록 한다.
- 자매는 시댁보다 친정에 더 정성을 쏟아서는 안 된다. 시댁에 깍듯해야 친정이 칭찬받는다는 것을 잊지 말아라.
- 시집간 자매라고 친정의 일에 등한해서는 안 되며, 소외시켜도 안 된다. 서로 의논해서 간격 없이 행한다.

④ 남매의 예절
- 남매는 남자동기간과 여자동기간이므로 성(性)이 다른 동기이다. 때문에 더욱 각별한 예절이 요구된다.
- 남매는 어렸을 때부터 서로 섞이지 않으며 엄격한 분별이 있어야 한다.
- 남매간에는 한 방을 쓰거나 서로 속살을 보이거나 몸을 부딪치지 않도록 단속한다.
- 남매간에 이성의 예를 차리지 못하면 남과의 이성교제(異性交際)가 또한 무례하게 된다.
- 남매간에는 누워 있는 방에 들어가지 않으며, 몸이 닿도록 가까이 위치하지 않으며, 허물없이 말을 섞지 않는다.
- 남매간에는 서로 은밀한 소지품을 뒤지지 않으며, 밝히려고도 않아야 한다.

⑤ 형제자매의 배우자와 예절
- 형제자매의 배우자란 형제의 아내와 자매의 남편을 말한다.
- 형수(兄嫂) · 제수(弟嫂)와 자형(姉兄) · 매부(妹夫)는 바로 형제자매와 한 몸이므로 형제자매를 대하듯 깍듯한 예로 모신다.

- 형수 대하기를 어머니 모시듯 하고, 제수 대하기를 항상 처음 보는 여성
  처럼 조심한다.
- 누님의 남편을 누님 모시듯 하고, 누이동생의 남편을 누이 사랑하듯 사랑
  한다.
- 형제자매 배우자의 절은 서로 맞절로 공경한다.
- 형제 배우자의 서열은 형제의 서열과 같다. 자기들의 나이에 관계없이 남
  편의 서열로 위계를 정한다. 즉 형수는 나이가 적더라도 윗사람이며, 남
  편의 형이 나이가 적더라도 윗사람이다.
- 누님의 남편은 나이가 적더라도 누님 모시듯 공경하고, 누이동생의 남편
  은 나이가 많더라도 친구와 같이 우애한다.
- 자매의 남편 사이는 자매의 서열에 관계도 있으나 나이를 고려한다.

⑥ 동서(同壻)의 예절
- 동서란 형제의 배우자들 간의 호칭이며, 그 서열은 남편의 형제간 서열에
  따른다.
- 동서간의 우애는 가족의 화목과 직결되므로 상호간항시 공경(恭敬)하고,
  사랑해야 한다.
- 동서 관계는 형제관계와 같으니 그 정(情)이 도탑기가 남과 같을 수 없으
  므로 먼저 베풀고 그 갚음을 구하지 말아야 한다.
- 돈이나 재산 등 조그마한 이익(利益) 때문에 동서 간의 지정(至情)을 상하
  게 해서는 안 된다.
- 동서 사이에 서로 시기(猜忌)하고 업신여긴다면 남보다도 못한 원수가 되
  니 올바르지 못한 말과 행동을 삼가야 한다.
- 친척간의 돈목(敦睦)은 여자들에게 달려 있으니 시가(媤家)의 친척관계에
  유의하여 친화(親和)를 도모해야 한다.

(2) 촌수(寸數)와 친척(親戚)

① 촌수 따지는 법계촌법(計寸法)

- 친척간의 멀고 가까운 친소(親疎)는 촌수로 따지며, 상대와 자기와의 관계를 말할 때는 친척 관계로 한다.
- 직계 가족과의 촌수는 자기와 대상까지의 대수(代數)가 촌수이다. 즉 아버지와 아들은 1대이니까 1촌이고, 할아버지와 손자는 2대이나까 2촌이다.
- 방계 가족과의 촌수는 자기와 대상이 어떤 조상에게서 갈렸는지를 먼저 알고 자기와 그 조상의 대수를 합해서 촌수로 한다. 즉 형제자매는 아버지에게서 갈렸는데 자기와 아버지는 1대이고 아버지와 형제자매는 1대이니까 합해서 2촌이고, 백숙부와 자기[나]는 할아버지에서 갈렸는데 할아버지와 백숙부는 1대이고 할아버지와 자기[나]는 2대니까 합해서 3촌이 된다. 이렇게 볼 때 직계는 1촌씩 더해지며, 방계는 2촌씩 더해진다.

② 친척

- 친척은 친족(親族)과 인척(姻戚)이 결합된 말이다.
- 민법에 의하면, 친족의 범위를 8촌 이내의 혈족·4촌 이내의 인척·배우자로 규정하고 있다.
  - 혈족은 본인의 직계존속과 직계비속인 직계혈족과 본인의 형제자매와 형제자매의 직계비속, 직계존속의 형제자매 및 그 형제자매의 직계비속인 방계혈족으로 나눌 수 있다.
  - 배우자는 혼인으로 인해 결합된 남녀를 말한다.
  - 인척은 혼인에 의해 발생하는 신분관계로서 혈족의 배우자(자매·고모의 남편 등), 배우자의 혈족(배우자의 부모·조부모·형제자매 등), 배우자 혈족의 배우자(배우자의 백숙부 또는 형제의 처 등)다.

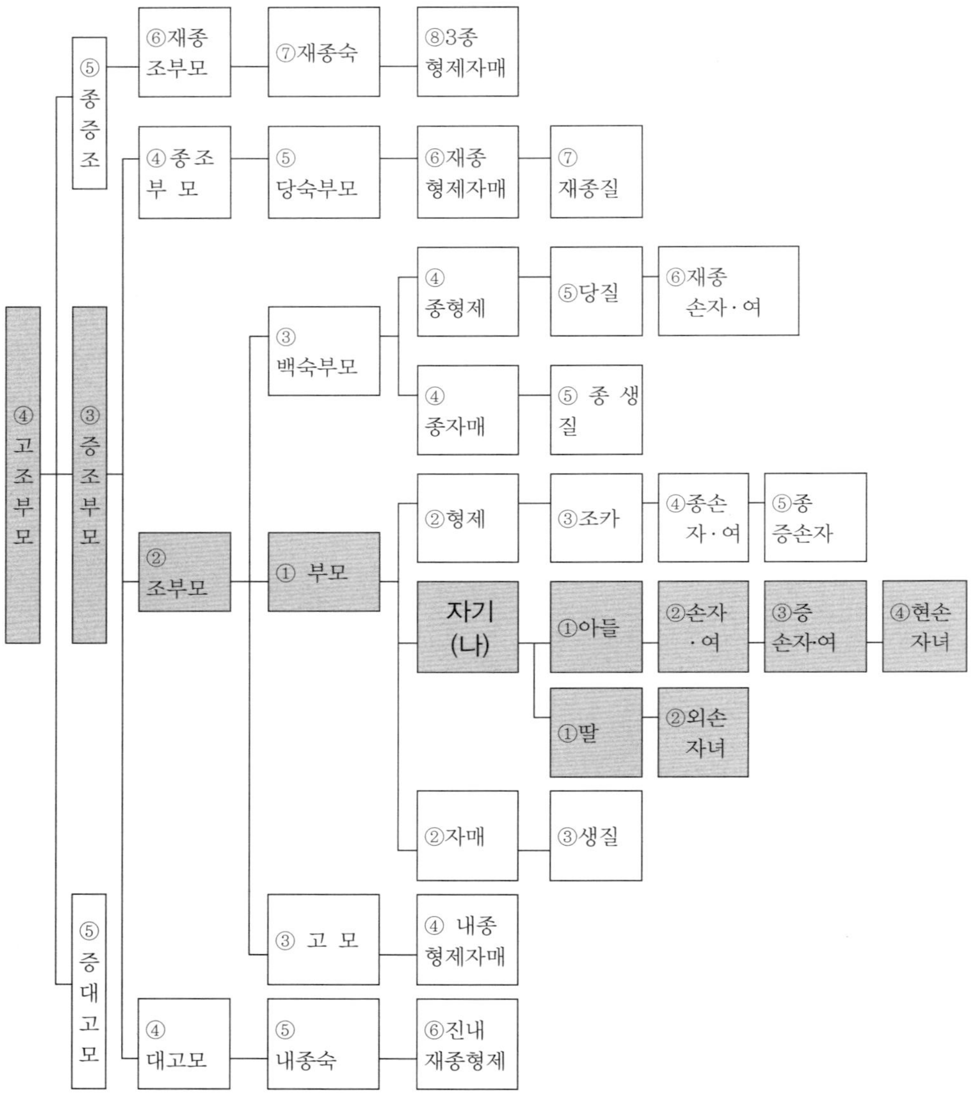

＊ ○ 안의 숫자는 촌수

＊＊ 4촌·5촌은 종(從)이라 하고, 6촌·7촌 재종(再從), 8촌·9촌은 삼종(三從)이라 한다.

– 외가(外家) 친족

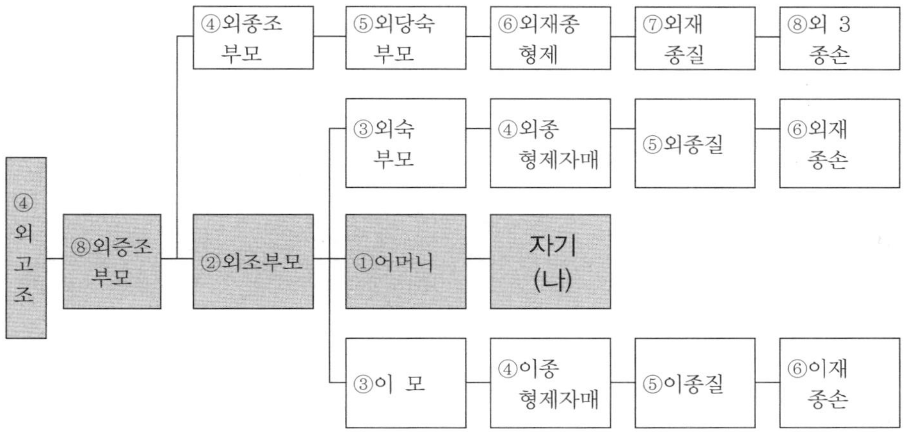

※ 호칭에 대한 참고 사항

– 장조카, 장손은 하대하지 않는다.

– 대상자가 많을 때는 백(白), 중(仲), 제(弟), 계(季) 자를 붙이거나 지역 이름을 붙여준다,

– 여자는 손윗동서의 나이가 적어도 남편의 서열에 따라 형님이라고 하며, 남자는 아내의 직계 종손(장인, 장모)만 인척으로 위계가 있으므로 처남은 사회적 관례에 따라 10살 이상 차이나면 '형님', 기타는 '처남'이라고 한다,

– 성인이 되어서도 부모를 엄마, 아빠라고 부르거나 아버님, 어머님으로 부르면 안 된다.

– 남편을 아빠, 오빠로 호칭하거나 남편의 동생을 삼촌, 고모라 부르면 안 된다.

④ 친척간에 지킬 예정

- 친척간에 화목하여야 한다.
  • 친척간에 어른을 찾아뵙고 문안을 드리며, 서로 왕래하여 정을 두텁게
    한다.
  • 남이 아니라는 안이한 태도나 아이들 앞에서 친척의 욕을 한다든지, 불
    평이나 불만을 하지 않는다.
  • 집안 일에 간섭하지 말며, 다른 사람에게 좋지 않은 말을 옮기는 일이
    없도록 한다.
- 친척간에는 서로 도와주고 아껴준다.
- 친척간이라도 의지하려 한다거나 도움을 바라는 마음을 가져서는 안 된다.
- 친척간의 관계를 알아 두어야 한다.
  • 친척간의 촌수를 알아 둔다.
  • 친척간에 호칭을 바르게 쓴다.
  • 조상의 훌륭한 행적을 교훈으로 삼아 자손들이 올바르게 살고자 노력
    한다.

(3) 호칭(呼稱)과 지칭(指稱)

호칭이란 자신이 어떤 사람을 직접 부를 때 쓰는 말이고, 지칭이란 자신이
어떤 사람을 다른 사람에게 말할 때 쓰는 말인데, 이 두 가지 모두를 말할 때는
칭호(稱號)라 한다.

① 자기에 대한 호칭

- 저·제 : 윗사람이나 여러 사람에게 말할 때
- 나 : 같은 또래나 아랫사람에게 말할 때

- 우리 · 저희 : 자기 쪽을 남에게 말할 때

② 부모에 대한 호칭
- 아버지 · 어머니 : 자기의 부모를 직접 부르고 지칭하거나 남에게 말할 때
- 아버님 · 어머님 : 남편의 부모를 직접 부르고 지칭하거나 남에게 말할 때
  또는 남에게 그 부모를 말할 때
- 애비 · 에미, 아범 · 어멈 : 부모의 어른에게 자기의 부모를 말할 때, 부모
  가 자녀에게 자기를 지칭할 때, 또는 할아버지나 할머니가 손자 · 손녀에
  게 그 부모를 말할 때
- 아빠 · 엄마 : 말 배우는 아이가 자기의 부 · 모를 부르거나 말할 때
- 가친 · 자친 : 자기의 부 · 모를 남에게 말할 때의 한문식 지칭
- 춘부장 · 자당님 : 상대방의 부 · 모를 한문식으로 말할 때
- 부친 · 모친 : 남에게 다른 사람의 부 · 모를 말할 때
- 현고 · 현비 : 축문이나 지방에 돌아가신 부 · 모를 쓸 때
- 선친 · 선비 : 남에게 자기의 돌아가신 부 · 모를 말할 때
- 선고장 · 대부인 : 남에게 그 돌아가신 부 · 모를 말할 때

③ 형제자매간의 호칭
- 언니 : 미혼의 동생이 형을 부를 때 또는 여동생이 여자형을 부를 때
- 형님 : 기혼의 동생이 형을 부를 때
- 형 : 집안의 어른에게 형을 말할 때
- 백씨 · 중씨 · 사형 : 자기의 형을 남에게 말할 때
- 애 · 이름 · 너 : 미혼이나 10년 이상 연하인 동생을 부를 때
- 동생 · 자네 · 이름 : 기혼이나 10년 이내 연하인 동생을 부를 때
- 아우 : 동생의 배우자나 남에게 자기의 동생을 말할 때
- 아우님 · 제씨 : 남에게 그 동생을 말할 때

- 에미 : 집안의 어른에게 자녀를 둔 여동생을 말할 때
- 오빠 : 미혼 여동생이 남자 형을 부를 때
- 오라버님 : 기혼 여동생이 남자 형을 부를 때
- 오라비 : 여동생이 집안 어른에게 남자 형을 말할 때
- 누나 : 미혼 남동생이 손위 누이를 부를 때
- 동생·자네·○○아버지 : 손위 누이가 기혼인 남동생을 부를 때

④ 형제자매의 배우자 호칭
- 아주머니·형수님 : 시동생이 형의 아내를 부를 때
- 아주미·아지미·형수 : 집안 어른에게 형수를 말할 때
- 형수씨 : 남에게 자기의 형수를 말할 때
- 제수씨 : 동생의 아내를 직접 부를 때
- 제수 : 집안 어른에게 동생의 아내를 말할 때
- 언니 : 시누이가 오라비의 아내를 부를 때
- 올케·새댁·자네 : 시누이가 남동생의 아내를 부를 때
- 댁 : 집안 어른에게 남동생의 아내를 말할 때
- 매부 : 누님의 남편을 부를 때와 자매의 남편을 남에게 말할 때
- 자형 : 누님의 남편을 부를 때와 남에게 말할 때
- 서방·자네 : 누이동생의 남편을 부를 때
- 매제 : 누이동생의 남편을 남에게 말할 때
- 형부 : 여동생이 여자형의 남편을 부를 때와 말할 때
- 서방 : 여자 형이 여동생의 남편을 부를 때

⑤ 기타 친척간의 호칭
- 할아버지·할머니 : 조부모를 직접 부르거나 남에게 말할 때
- 할아버님·할머님 : 남에게 그 조부모를 말할 때와 남편의 조부모를 부를 때

- 대부 · 대모 : 자기의 직계 존속과 8촌이 넘는 할아버지와 할머니를 부를 때

- 큰아버지 · 큰어머니, 몇째 아버지 · 몇째 어머니, 작은아버지 · 작은어머
  니 : 아버지의 형제와 그 배우자를 부르거나 말할 때. 이때 맏이는 큰,
  막내는 작은, 기타 중간은 몇째를 붙인다. 이것은 형제자매나 차례가 있
  는 친족의 칭호에 공통으로 쓰인다.

- 아저씨 · 아주머니 : 아버지와 4촌 이상인 아버지 세대의 어른과 그 배우
  자를 부를 때

- 고모 · 고모부 : 아버지의 자매와 그 배우자를 부를 때

- 외숙 · 외숙모 : 어머니의 형제와 그 배우자를 부를 때

- 이모 · 이모부 : 어머니의 자매와 그 배우자를 부를 때

⑥ 사돈간의 칭호

- 사장(査丈) 어른 : 윗세대 사돈 남녀에 대한 칭호이다. 윗세대 사돈이란
  며느리의 친정 조부모, 딸의 시조부모 등과 같이 자기보다 윗세대인 사돈
  을 말한다.

- 사돈(査頓) : 같은 세대의 동성(同性) 사이의 사돈으로서 연령이 10년 이
  내 연상까지를 말한다. 어떤 여자의 친정과 시댁의 아버지끼리 혹은 어머
  니끼리 서로를 말할 때 사용한다.

- 사돈어른 : 같은 세대의 이성(異性) 간의 사돈이나 동성이라도 자기보다
  10년 이상 연상일 때를 말한다.

- 사돈도령 · 사돈총각 : 미혼 남자인 사돈

- 사돈처녀 · 사돈아가씨 : 미혼 여성 사돈

- 사돈아가씨 : 어린 사돈에 대한 칭호

3) 가정의례(家庭儀禮)

가정의례는 가정에서 일정한 절차와 격식을 갖추고 행해지는 예절이다. 그런 까닭에 넓은 의미에서 보면 가정의례는 생활예절의 한 부분에 속하는 것이라 할 수 있다. 그러나 이것이 각각의 가족과 가정을 중심으로 이루어지고 있기 때문에 예전에는 가례(家禮)라 하여 생활 예절과 따로 구분하였으며, 또한 사람은 누구나 가정을 이루고 살아가게 마련이므로 한 평생을 살아가면서 반드시 거쳐야 하는 행사라는 점에서 '통과의례(通過儀禮)'라고도 하였다.

가정은 단지 부모와 자식이 함께 모여 사는 곳만을 뜻하지는 않는다. 가정은 위로는 조상과 아래로는 후손을 연결시켜 우리의 삶이 대대로 이어질 수 있도록 하여 주는 곳이다. 그뿐만이 아니다. 작은 냇물이 모여 넓은 바다를 이루듯 하나하나의 가정이 모여 이웃을 이루고, 사회를 이루며, 나아가서는 국가를 이루게 된다. 그런 의미에서 본다면 가정은 국가의 근본을 이루고 동시에 국가를 지탱하는 하나의 작은 사회인 것이다.

일찍이 우리의 선조들은 가정이 지니고 있는 중요성을 깊이 깨달아 나라가 잘 다스려지려면 무엇보다도 먼저 가정이 화목하고 그런 가운데 가족 구성원간의 질서가 잡혀 있어야 한다고 강조하였다. 바로 이와 같은 필요성에서 생겨난 것이 가정의례인 것이다. 우리의 가정의례는 조선시대에 들어서면서 크게 발달하여 유교문화권에 속하는 모든 국가 가운데 가장 풍부한 내용과 정비된 체계를 갖추었다.

전통적인 가정의례는 상당히 넓은 범위에 걸쳐 다양한 내용이 있으나 그 가운데에서도 사례(四禮)라 하여 관례(冠禮)와 혼례(婚禮), 그리고 상례(喪禮)와 제례(祭禮)가 기본을 이루었다. 물론 이들 의식이 우리나라에서만 있어 왔던 것은 아니다. 이런 의식들은 동서고금을 막론하고 인간이 가정을 이루고 사는 한 어느 곳에서나 공통적으로 존재하여 왔던 것들이다. 그러나 그 절차와 격식에 차이가 있는 것은 서로의 지역적·문화적 특성이 다르기 때문이다.

따라서 우리가 가정의례를 배우는 이유는 단순히 절차와 격식을 배우는 데에 있는 것이 아니다. 절차와 격식을 아는 데 그치지 않고, 그 속에 들어 있는 깊은 뜻과 우리 문화의 숨결을 찾고, 이를 바탕으로 올바른 가정생활을 영위하는 데에 진정한 목적이 있다.

(1) 관례(冠禮)와 계례(笄禮)

남자들에게 실시되었던 전통사회의 성인의식(成人儀式)이다. 상투를 틀어 갓을 씌우는 의식으로 여러 가지 절차가 있다. 남자 아이가 15세가 넘으면 관례를 행하고, 성인으로 대우하였다. 그러나 여자는 쪽을 찌고 비녀를 꽂아 주는 의식으로 계례(笄禮)를 행하였다.

이와 같은 관례 의식은 ≪가례≫의 유입과 더불어 우리나라에 정착한 것으로 보인다. 그러나 ≪가례≫의 유입 이전인 고려시대에도 관례의 기록이 나타난다. ≪고려사≫에는 광종·예종·의종 때에 왕태자의 관례를 행한 기록이 보인다. 이로 보아 고려왕실에서도 유교식 관례를 행하였음을 알 수 있다. 조선시대 사대부 집안에서는 예서에 따라 관례를 행하였음을 알 수 있다. 조선시대 사대부 집안에서는 예서에 따라 관례를 행하였지만, 대부분의 경우 예서보다 간소하게 행하였다. 그리고 근래에 들어와서는 1894년 갑오경장 이후 단발령이 내려 머리를 깎았기 때문에 전통적 의미의 관례는 사라지게 되었다. 다만, 여자들의 계례만 남아 오늘날 구식 혼례식에 흡수되어 있는 정도이다.

① 택일

≪가례≫나 ≪사례편람≫에 의하면, 남자는 15세에서 20세 사이에 관례를 행하였다. 이는 15세 이상이 되어야 예를 알 수 있을 정도로 성숙하였다고 생각하였기 때문이다. 조건은 부모가 기년(朞年) 이상의 상중(喪中)이 아니어야 된다고 하였다. 즉 조부모나 백숙부의 상은 기년상이기 때문에 이런 친족의 상중에는 관례를 행할 수 없었다. 또한 대공복(大功服)을 입는 상을 당해서 아직 장

사를 지내지 않았으면 관례를 할 수 없다고 하였다. 택일에 대하여는 좋은 날짜를 가려서 예를 행하되 여의치 않으면 정월에 날을 정하라고 되어 있다. 그때를 놓치면 4월이나 7월 초하루에 하도록 되어 있다. 그 이유는 관을 쓰는 것이 인도(人道)의 출발이기 때문이라는 것이다.

② 준비

관례일 3일 전에 주인은 사당에 고하는데, 이때 축문을 읽는다. 다음은 관례일 전에 빈객(賓客)을 청하는 절차이다. 관례에서 의식을 주관하는 사람은 빈객이다. 예서에는 종손의 친구 가운데 어질고 예법을 잘 아는 사람을 골라 빈객으로 삼도록 되어 있다. 그리고 관례일 하루 전에는 대청의 동북쪽에 휘장(揮帳)을 쳐서 관례를 올릴 장소를 마련한다. 관례일이 되면 진설(陳設)을 하며, 아침 일찍 관복을 꺼내어 준비한다. 그 뒤 주인 이하 차례대로 서서 빈객을 기다린다. 빈객이 찬자(贊者)와 함께 도착하면 주인은 그를 맞이하여 방으로 안내한다.

③ 시가례(始加禮)

처음 행하는 예를 시가례라고 한다. 시가례는 빈객이 관례자에게 읍을 하면서 시작된다. 관례자는 쌍계(雙紒, 쌍상투)를 하고 예복인 사규삼(四揆衫)에 늑백(勒帛)이라는 띠를 두르고, 채리(彩履, 무늬 있는 신)를 신고 자리에 나와 꿇어앉는다. 옆에 시중을 하는 찬자가 관례자의 머리를 빗겨 상투를 틀고 망건을 씌우면 주례가 치관(緇冠)을 들고 나와 관례자 앞에서 축사를 읽은 뒤, 치관과 계를 꽂고 건을 씌운다. 이어 찬자가 관례자에게 띠를 둘러주면 관례자는 방으로 들어가 사규삼을 벗고 심의(深衣)를 입으며, 큰 띠를 두른 다음 그 위에 수(綬, 실로 된 흰 띠)를 더하고 검은 신을 신고 방에서 나와 남쪽을 보고 앉는다.

④ 재가례(再加禮)

관례자가 정해진 장소에 앉아 있으면 빈객이 관례자 앞에 나아가 축사를 한다. 찬자는 건을 벗기고 빈객이 초립(草笠)을 씌운다. 이어 관례자는 방으로 들어가 심의를 벗고 조삼과 혁대를 두르고 혜(鞋, 신발)를 신고 나온다.

⑤ 삼가례(三加禮)

관례자가 정해진 자리에 꿇어 앉아 있으면 빈객이 나아가 축사를 하고, 찬자가 초립을 벗기면 빈객이 초립(草笠)을 씌워 준다. 관례자는 다시 방으로 들어가 조삼을 벗고 난삼을 입으며, 혁대를 두르고 신을 신고 나온다.

⑥ 초례(醮禮)

술을 마시는 의례이다. 관례자가 정해진 자리에 남향을 하고 앉아 있으면, 빈객이 관례자 앞에 나아가 축사를 한다. 관례자가 두 번 절하고 술잔을 받으면, 빈객이 답례를 한다. 관례자가 상 앞으로 나아가 잔을 상 위에 놓았다가 이것을 다시 들고 물러나 맛을 본 다음, 찬자에게 주고 빈객에게 두 번 절하면 빈객이 답례한다.

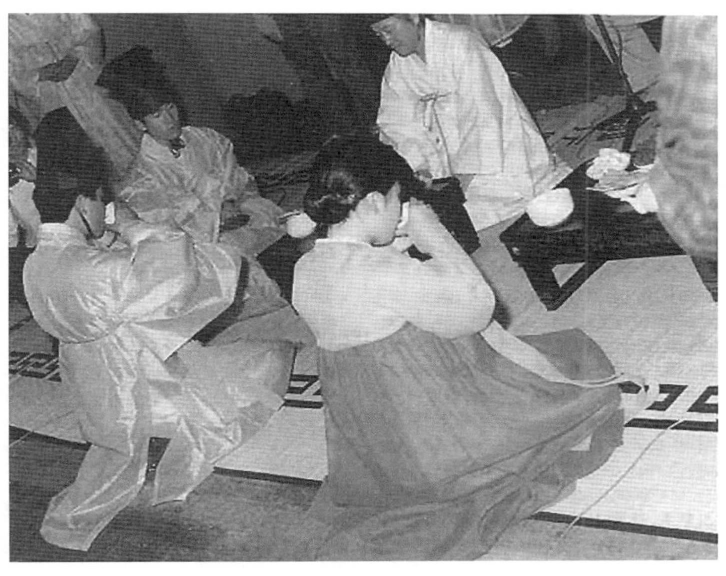

⑦ 자관자례(字冠者禮)

관례자에게 자(字)를 지어주는 의례이다. 빈객과 관례자가 마당으로 내려가서 빈객이 관례자에게 자를 지어주고, 이어 자를 부를 때 축사를 한다. 관례자가 간단한 답사를 하고 절을 하면, 빈객은 절을 받되 답례는 하지 않는다. 이상으로 관례는 모두 끝났으나 예서에 의하면, 주인이 관례자를 데리고 사당에 가서 조상에게 알리면서 고사(告辭)를 읽으면 관례자는 두 번 절한다. 그런 다음 친척과 빈객에게 두 번 절한 뒤, 밖으로 나와 선생과 아버지의 친구들을 찾아다니며 절을 한다.

농촌에 있는 70세 이상의 노인 중에서 가끔 관례를 하였다는 노인을 볼 수 있다. 이들 촌로들의 관례 경험을 보면 반드시 예서에 따른 것은 아니었다.

그리고 계례는 혼례 때 여자가 쪽을 찌어 올리고 비녀를 꽂는 의례이다. 관례가 남자의 머리를 빗어 올려 상투를 틀고 관모를 쓰는 의식임에 대하여 계례는 여자의 의례로 모두가 성인이 되었음을 뜻하는 의례이다. 『사례편람(四禮便覽)』에 여자가 혼인을 정하면 계례를 행한다 하였고, 혼인을 정하지 않았어도 여자가 15세가 되면 계례를 행한다고 하였다. 계례에는 어머니가 중심이 되고, 친척 중에서 어질고 예법을 아는 부인을 주례로 삼아 사흘 전에 청한다. 당일이 되면 날이 밝는 대로 의복을 준비하고 차례대로 서서 기다리고 있다가 주례가 도착하면 주부가 나아가 맞아들인다. 주례가 계례자에게 비녀를 꽂아주면 방으로 가서 배자(褙子, 저고리 위에 덧입는 조끼 모양의 덧옷)를 입는다. 이어 간단한 예를 올리고, 주례가 계례자에게 자를 지어준다. 주인은 계례자를 데리고 사당에 가서 조상에 고한 다음 손님을 대접하는 잔치를 베푼다.

(2) 혼례(婚禮)

일정한 나이에 이른 남녀가 서로 짝을 이뤄 부부가 되는 것을 혼인(婚姻)이라 한다. 혼(婚)은 남자가 장가를 든다는 뜻이며, 인(姻)은 여자가 시집을 간다는 뜻이므로 혼인은 이 두 가지를 결합한 말이다. 그런 의미에서 본다면 요사이 우리가 흔히 사용하고 있는 결혼이라는 말에는 남자가 장가를 든다는 의미만 들어 있기 때문에 올바른 표현이라고는 할 수 없다. 우리나라의 헌법 등에서도 결혼 대신 혼인이라는 말을 사용하고 있는 이유도 이 때문이다.

혼인은 한 남자와 한 여자가 짝을 지어 하나의 가정을 이루는 새로운 탄생을 의미하며, 여기에는 가정을 화목하고 평안하게 이끌어 할 공동의 노력과 책임이 뒤따른다. 뿐만 아니라 혼인은 남녀가 각각 속해 있는 두 가정의 결합을 의미하기도 한다.

유교의 경전 가운데 하나인 『중용(中庸)』에는 "군자의 도리는 부부에서부터 시작된다"는 말이 있다. 우리가 평소에 높고도 멀게만 느껴왔던 완성된 인격으로서의 군자의 도리라는 것도 사실은 알고 보면 지극히 평범하기만 한 부부관계에서 비롯된다는 말이다. 이 말은 결국 혼인을 하여 부부가 되고 한 가정을 이루어 유지해 나가는 데 얼마나 많은 노력과 책임이 필요한가를 잘 나타내 주고 있다.

우리나라의 전통 혼례는 혼인이 갖는 중요성 때문에 의식과 절차가 매우 조심스럽고 경건하게 이루어졌다. 혼례는 인간에게 있어 가장 중요하고 또한 큰 의례라는 의미로 대례(大禮)라고도 하였다. 혼례의 절차는 예서에서 말하는 것과 실제의 관행에서 차이가 있다. 예서에서는 의혼·납채·납폐·친영으로 나누어지는 데 반하여 실제의 관행에서는 의혼·대례·후례 등으로 나누어진다. 실제적인 관행을 중심으로 전통 혼례의 절차를 보기로 한다.

● 의혼(議婚)

양가(兩家)에서 중매인을 통해 상호의사를 조절할 때부터 대례(大禮; 혼인 예식)를 거행하기 이전까지의 절차를 의혼이라 한다. 예서(禮書)에서 말하는 친영(親迎) 이전의 절차가 여기에 포함된다. 여기에 납채(納采)·연길(涓吉)·송복(送服)·납폐(納幣) 등이 포함된다.

① **납채(納采)** : 예서에 의하면 양가가 중매인으로 하여금 내왕하게 하여 말을 통하도록 하고 여자 쪽의 허락을 기다린 다음, 처음으로 신랑 측 혼주가 예서에 있는 서식에 따라 신부 집에 편지를 보내는 것을 말한다. 서식은 주소·관직·성명을 적고 간단한 문구로 혼인을 하게 되어 기쁘다는 것은 전하는 것이다. 신랑 집에서는 납채서를 써서 아침 일찍 사당에 고한다.

납채서가 신부 집으로 보내지면 신부 집 혼주가 대문 밖에 나와서 안으로 맞아들여 납채서를 받아 북향하여 재배한다. 다음에는 사당에 고하고, 답서를 전달한다. 신랑 집에서는 답서를 받으면 또 다시 사당에 고한다. 예서의 이러한 절차에 해당하는 실제의 관행은 중매인을 통하여 사주를 보내는 것이다. 사주는 사성(四星)·주단(柱單)·단자(單子)라고도 한다. 양가에서 중매인을 통하여 의사를 고환한 뒤 선을 보아 혼인하기로 결심하면, 처음 보내는 서신이 사주이다. 사주에는 신랑의 생년월일을 간지로 적고, 그것을 다섯 번 접어 봉투에 넣는다. 봉투의 전면에는 '사주' 또는 '사성'이라고 쓰고, 후면에는 '근봉(謹封)' 이라고 쓴다. 이것을 싸릿대를 쪼개어 끼우고 양끝을 청홍실로 묶은 다음 홍보에 싸서 신부 집에 보낸다. 격식을 갖추는 집에서는 사주 외에 청혼서를 같이 보내는데 주혼자의 명의로 된 서신이다. 앞에서 기술한 납채 서식을 청혼서의 내용으로 하는 집도 있고, 한문에 능한 사람은 장황한 문장으로 청혼서를 쓰기도 한다.

〈사주의 서식〉

	앞면	뒷면
庚子 六月 初六日 子時生	李生員宅下執事入納	謹封 四星(柱)

간지는 5등분 또는 7등분 하며 중앙에 쓴다.

신부 집에서는 상 위에 홍보를 덮고, 혼주가 정중하게 사주를 받아서 놓는다. 사주를 받는 것은 현대로 말하면 약혼(約婚)을 의미하는 것이 된다. 따라서 혼인을 거절하려면 사주를 받지 않아야 하며, 사주를 받은 뒤에 혼인을 거절하면 이혼이 되는 것이다. 여유가 있는 집은 사주를 받는 날떡을 해서 잔치를 한다.

② **연길(涓吉)** : 사주를 받은 신부 집에서는 신랑 집에 택일단자를 보낸다. 이것을 연길이라고 하는데, 속칭 날받이라고 한다. 택일단자는 전안(奠雁; 신랑이 신부 집에 가서 기러기를 전하는 것으로 이러한 의례를 전안의례라고 하며, 흔히 나무로 만든 기러기를 사용한다) 할 연월일시와 납폐할 연월일시를 기입한 단자로서 따로따로 기입한다. 하지만 전안일시만 쓰고, 납폐일시는 동일선행(同一善行)이라고만 쓰는 경우도 있다.

격식을 따지는 집에서는 전안·납폐일시 외에 신랑·신부가 보아서는 안 될 사람의 간지, 그리고 앉아서는 안 될 방위 등을 기입하기도 한다. 택일단자는 봉투에 넣어 봉투 겉의 전면에 '연길'이라고 쓴 다음 중매인 또는 복 많은 사람 편으로 신랑 집에 보낸다. 택일단자에 허혼서(許婚書)를 동봉하기도 한다. 허혼서의 서식은 납채 때의 답례서와 동일하게 하거나 별도의 문장을 만들기도 한다. 연길을 받은 신랑 집에서는 잔치를 하기도 한다. 택일단자를 신랑 집에서 신부 집으로 보내는 지방도 있다. 이러한 택일을 '맞택일'이라고 한다.

③ **송복(送服)** : 송복이란 신랑 집에서 신부 집에 예물을 보내는 것은 말한다. 이것을 '봉치[봉채(封采)가 원말임]' 또는 '짐보내기'라고도 한다. 예서에는 이에 대한 언급이 전혀 없으며, 모든 지방에서 다 행하는 것은 아니고 일부지방에서 행한다. 전라도 지방의 예를 보면, 날을 정하여 신부옷감·이불·솜·명주·광목·패물·술·떡을 싸서 한 짐을 만들고, 이것을 모두 물목기(物目記)에 적어 신부 집에 보낸다. 이날 신부 집과 신랑 집에서는 친척이 모여 잔치를 한다.

④ **납폐(納幣)** : 예서에 의하면 납폐란 납폐서와 폐백을 신부 집에 보내는 의식을 말한다. 함 두 개에 각각 납폐서와 납폐를 넣어 신부 집에 보내면, 신부 집에서는 상 위에 받고 북향 재배한다. 그리고 답서를 신랑 집에 보낸다. 납폐

서의 서식은 납채와 유사하고, 폐백으로는 청단과 홍단의 채단을 보낸다. 실제의 관행에서는 납폐라하면 함 보내는 것으로 행하고 있다. 함에 넣는 물건은 지방과 사회계층·빈부에 따라 다르지만, 반드시 넣는 것은 신부의 상하의 두 벌과 패물·혼서지이다. 혼서지란 위에서 말한 납폐로서 예장지(禮裝紙)라고도 하며 일종의 혼인문서이다.

〈혼서지 쓰는 법〉

한글 읽기	한문
시유	時維 ○○
존체백복복지장자 년기장성미유항려복몽	尊體百福僕之長子○○年旣長成未有伉儷伏蒙
존자허이 황실자유선인지예	尊慈許以○○貺室兹惟先人之禮
근행납폐지의부비복유	謹行納幣之儀不備伏惟
존조근배상장	尊照謹拜上狀
모년 모월 모일	某年 某月 某日
후인 이 ○○ 재배	○○後人 李○○ 再拜

時維○○ …… 時後를 쓴다.

	春	夏	秋	冬
初	孟春	孟夏	孟秋	孟冬
仲	仲春	仲夏	仲秋	仲冬
末	季春	季夏	季秋	季冬

그 외 嚴冬·晚秋·初夏 등

僕之○○
　長子·次子·長孫·弟 등
○○·室
　令愛·令孫女·令妹
① ○○後人, ② ○○○ 拜
　①은 本貫을 쓴다. 全州, 慶州
　②는 姓名을 쓴다. 李東植

송복이라는 절차가 없는 지방에서는 많은 예물을 함에 넣기도 한다. 예컨대 비단·이불감·솜·돈을 넣고, 부귀다남을 상징하는 곡물이나 목화씨·숯·고추 등을 넣기도 한다. 함은 흔히 '함진 애비'라 하여 하인에게 짊어지게 하여 초행 전날에 보내거나 초행의 전안의례를 올리기 전에 전하기도 한다. 지방에 따라 서는 첫아들을 낳은 복 많은 사람이 함진 애비가 되기도 한다. 함을 받을 때는 마루에 상을 놓고 그 위에 홍보를 덮은 뒤 받기도 하며, 상 위에 시루를 놓고 그 위에 받아 얹기도 한다. 함을 받는 사람은 신부의 어머니나 또는 복 많은 여자가 받는다. 함을 받은 뒤 바로 안방으로 가져가 끌고 앉으면서 "복 많은 들었네" 하면서 함에 손을 넣어 손에 잡히는 옷감이 무슨 색이냐에 따라 부부의 길흉을 점치기도 한다. 그리고 함진 애비를 후하게 대접하여 보낸다. 오늘날에 와서는 신랑 친구가 함진 애비가 되어 혼인 전날 신부 집에 전하고 후한 대접과 함값을 받는 풍속이 행하여지고 있다.

● 대례(大禮)

의혼의 절차를 거쳐 신랑이 신부 집에 가서 행하는 모든 의례를 말한다. 즉 초행과 전안지례 · 교배지례 · 합근지례 · 신방 · 동상례가 여기에 포함된다. 대례 를 좁게 해석하면 전안지례와 교배지례 · 합근지례 중에서 전안지례를 소례라 하고, 교배지례와 합근지례를 대례라 한다. 예서에는 친영이라 하여 신랑이 신 부를 맞이하여 오는 모든 절차를 포함시키고 있다.

예서의 친영에 포함된 절차는 신랑 집의 주혼이 사당에 고사를 하고, 다음에 는 초례(醮禮; 주인이 그 아들을 시켜 술을 맛보게 한 뒤 신부를 맞아 오라고 명하는 의례)를 행한다. 신랑이 신부 집에 도착하여 기다리면 신부 집에서도 신부와 그 주인이 사당에 고하고 초례를 행한다. 그 다음에는 신랑이 신부의 주인에게 기러기를 전하고 신부와 함께 집에 돌아온다. 신랑 집에 도착한 신랑 과 신부는 교배지례 및 합근지례와 유사한 의례를 행하고 신방을 차린다. 이튿 날 아침에 신부는 시부모 시조부모의 순서로 폐백을 드리고, 집안 친척들에게 인사를 올린다. 3일 만에 신부는 주혼의 안내로 사당에 참배한다. 이튿날 신랑 이 신부의 부모를 찾아가 폐백을 드리고, 신부 아버지의 안내로 사당에 고사를 한다. 실제의 관행에서 찾아 볼 수 있는 넓은 의미의 대례는 다음과 같다.

① **초행(醮行)** : 신랑과 그 일행이 신부 집에 가는 것으로서 초행걸음이라고도 한다. 신랑 외의 신랑 일행에는 상객·후행이 포함되며, 때로는 소동(小童)이라 하여 어린이 2명이 끼기도 한다. 여기서 상객(上客)은 조부가 계시면 조부가 되나 여의치 않으면 아버지나 백부·자형이 되기도 한다. 후행(後行)은 근친 중 2~3명이 된다. 신랑 일행이 신부 집에 마을에 도착하면 신부 집에서는 인접(人接) 또는 대반(對盤)이라 하여 안내인을 보내 일행을 정방(停房)에서 맞이한다. 정방은 지방에 따라서 노점·주점·사초방이라고 하는데, 신랑이 온 방향에서 신부 집을 지나지 않는 집의 방이어야 한다. 신랑 일행이 정방에 들면 요기상이 나온다. 간단한 요기가 끝나면 신랑은 사모관대(紗帽冠帶)를 하고, 때에 맞추어 예를 행할 신부 집으로 향한다. 신부 집에 들어설 때 부정을 퇴치하는 뜻에서 짚불을 놓아 신랑이 그것을 넘어가도록 한다.

② **전안지례(奠雁之禮)** : 신랑이 신부의 혼주에게 기러기를 전하는 의례를 말한다. 신랑이 신부 집에 들어가서 처음 행하는 의례이다. 이때부터 의식의

절차가 복잡하고 까다롭기 때문에 예절과 한문에 능한 노인으로 하여금 홀기(笏記; 혼례나 제례의식의 절차를 적은 글)를 불러달라고 부탁하여 의례를 진행한다. 전안지례를 위해서 신부 집에서는 미리 대문 안 적당한 곳에 멍석을 깔고 병풍을 두른 앞에 작은 상을 놓고, 상 위에 홍보를 덮어 놓는다. 이 상을 전안상이라 하며, 이것을 포함한 모든 시설을 준비해 놓은 곳을 전안청이라 한다.

　신랑이 신부 집에 들어오면 전안청에 안내된다. 홀기의 부름에 따라 신랑이 전안상 앞에 무릎을 꿇고 앉으면 하인이 나무로 만든 기러기, 즉 목안(木雁)을 신랑 손에 쥐어준다. 신랑은 이것을 받아 상 위에 놓고 읍을 한 다음 일어서서 사배(四配)를 한다. 신랑이 절을 하는 사이에 신부의 어머니가 목안을 치마로 받아들고 신부가 있는 안방에 던진다. 이 때 목안이 누우면 첫 딸을 낳고, 일어서면 첫 아들을 낳는 다고 전한다. 이와 같은 전안지례는 기러기와 같이 의리를 지키겠다는 서약의 뜻을 지닌다.

　③ **교배지례(交拜之禮) :** 교배지례란 신랑과 신부가 마주보고 교배하는 의례이다. 전안지례가 끝나면 신랑은 대례 상 앞으로 안내되어 동쪽에 선다. 신부가 원삼(圓衫)을 입고 손을 가린 한삼으로 얼굴을 가린 채 수모의 부축을 받아 마주선다. 신랑이 대례 상 앞에 나온 뒤 신부가 마주서기까지는 오랜 시간이 걸린다. 왜냐하면, 신랑이 신부 집에 들어오는 것을 보고 비로소 머리를 얹기 때문이다. 신랑·신부가 대례 상을 사이에 두고 마주한 뒤 먼저 수모의 도움으로 신부가 재배하고 신랑은 답으로 일배(一拜)한다. 다시 신부가 재배하면 신랑은 답으로 일배한다. 이렇게 하면 교배지례는 끝난다. 교배지례에는 대례상 또는 교배상이라고 하는 상을 준비한다. 상 위에는 촛대 · 송죽 · 장닭 · 쌀 · 밤 · 대추 · 술잔 등을 놓는다. 지방에 따라 송죽 대신 꽃을 놓고 시루에 기름 종지를 얹고 불을 피우거나 '용떡'이라 하여 가래떡을 둘둘 말아 놓기도 하며, 봉황이라 하여 문어포를 오려 봉황을 만들어 얹기도 한다.

④ **합근지례(合巹之禮)** : 신랑과 신부가 서로 술잔을 나누는 의식을 합근지례라 한다. 교배지례가 끝나면 수모가 상에 있는 표주박 잔에 술을 따라 신부에게 주어 약간 입에 대었다가 다시 받아서 신랑의 대반, 즉 신랑의 곁에서 시중을 드는 사람에게 준다. 신랑에게 주면 받아서 마신다. 답례로 대반이 다른 표주박에 술을 따라 신랑에게 주면 신랑이 입에 대었다가 대반을 통하여 수모에게 건네준다. 신부에게 주면 신부는 입에 대었다가 내려놓는다. 이렇게 두 번 반복한 뒤 셋째 잔은 서로 교환하여 마신다. 그리고 안주를 들고 합근지례를 마친다.

합근지례도 대례상을 마주보고 행하며, 이때 사용하는 표주박은 두 개를 준비한다. 표주박이 없으면 술잔을 사용하기도 한다. 합근지례는 술을 교환하여 하나가 된다는 의식이다. 즉 지금까지 속해 있던 사회적 관계에서 새로운 관계를 맺게 되었다는 것은 상징적으로 표현하는 행위이다.

⑤ **신방(新房)** : 합근지례가 끝나면 신랑과 신부는 각각 다른 방으로 들어간다. 신랑은 사모관대를 벗고 신부 집에서 새로 만든 도포 또는 두루마기로 바꿔 입는다. 이것을 '관대벗김' 또는 '관대벅금' 이라 한다. 그리고 나서 신랑과 상객이 큰상을 받는다. 큰상을 받으면 손을 대는 시늉만 하고 물린다. 큰상의 음식은 그대로 광주리에 담아서 신랑 집에 보낸다. 신랑 집에서는 이 음식을 보고 신부 집의 음식 솜씨를 알 수 있는 것이다. 상객은 큰상을 물린 다음 사랑방에서 신부 집 어른들과 인사를 나눈다.

옛날에는 상객이 신랑의 신방지내는 것을 보기 위하여 하룻밤을 묵고 갔으나, 근년에는 당일 귀가한다. 상객이 떠날 때 신부가 나와 절을 하는 지방도 있고, 서로 보지 않고 귀가하는 지방도 있다. 지방에 따라서는 다음날 동상례에 쓸 비용이라 하여 상객이 얼마간의 돈을 내고 오기도 한다. 저녁때가 되면 신방을 꾸민다. 신부 집 안방을 신방으로 하거나 더 나은 방이 있으면 그곳을 신방으로 한다. 신랑이 먼저 들어가 있으면 혼례복을 입은 신부가 들어온다. 이어 주안상이 들어오는데, 이 상에는 술과 간단한 안주를 놓는다. 주안상의 술을 나눈 다음, 신랑은 신부의 족두리와 예복을 벗긴다.

족두리는 반드시 신랑이 풀어주어야 한다. 이 때 '신방 지킨다' 또는 '신방 엿보기'라 하여 가까운 친척들이 신방의 창호지를 뚫어 엿본다. 촛불을 끄면 모두 물러난다. 촛불을 끌 때는 반드시 신랑이 옷깃으로 바람을 내어 꺼야 한다. 입으로 불어 끄면 복이 나간다고 전한다. 첫날밤을 지낸 이튿날 아침이면 신방에 잣죽이나, 대례상에 얹어 놓았던 용떡으로 끓인 떡국을 가져온다. 그리고 나서 처음으로 장인과 장모에게 절하며, 가까운 친척들에게도 인사한다.

⑥ **동상례(東床禮)** : 점심때를 전후하여 신부 집의 젊은이들이 모여앉아 '신랑다루기'를 하는데, 이것을 동상례라고 한다. 신랑에게 답하기 어려운 질문을 해서 그 답이 신통하지 않으면, 신랑의 다리를 끈으로 묶어 힘센 사람이 일어서서 짊어지거나 대들보에 매어 발바닥을 방망이나 몽둥이로 친다. 신랑이 소리를 지르면 장모가 나와 말리고 음식대접을 한다. 양반 집에서는 신랑에게 시를 읊게 하거나 화(話, 말)를 맞추도록 하여 신랑의 학식과 지혜를 떠보기도 한다.

● **후례(後禮)**

혼례의 중심인 대례가 끝나면 신부가 신랑 집으로 오는 의식과 신랑 집에 와서 행하는 의례가 남는다. 이러한 의례를 후례한다. 후례는 신부가 신랑 집에 와서 행하는 의례가 주가 된다. 실제의 관행에서 후례의 절차는 우귀 · 현구례 · 근친 등이 있다.

① **우귀(于歸)** : 신부가 시집으로 오는 것을 우귀 또는 신행(新行)이라고 한다. 또는 신부가 시집으로 오는 의례라 하여 우례라고도 한다. 예서에는 당일에 우귀하는 것으로 되어 있지만, 실제의 구식 혼례에서는 당일 우귀도 있고, 3일 후에 시집에 가는 3일 우귀도 있다. 또는 달을 넘겨서 우귀하는 것은 '달묵이'라고 하며, 해를 넘겨서 우귀하는 것을 '해묵이'라고 한다.

옛날에는 '해묵이'를 많이 하였던 것으로 보인다. '해묵이'의 관습은 오래된 것으로 옛날로 소급할수록 해묵이가 길었고, 현재도 농촌에 가면 해묵이한 노인을 볼 수 있다. 율곡 이이의 사례에서도 이러한 풍속을 볼 수 있다. 외손자가 외가에 오래 있다가 성숙한 뒤에 우귀하기 때문에 우리나라는 중국보다 외조부모와 외속에 대한 상복기간이 긴 것이다. 또한 ≪삼국지≫ 〈위지동이전〉의 고구려조의 기록에 "서옥을 짓고 남자가 와서 동숙하기를 원하면 이를 허락하며, 여자는 자녀를 출산하고 성장 한 뒤에 남가로 간다"는 것도 해묵이를 말하는 것이다. 해묵이나 달묵이를 할 경우 신랑이 몇 차례 신부 집에 다니러 간다. 이것을 재행(再行) 혹은 재행걸음이라 한다.

그러나 3일 우귀가 생기면서 재행 갈 시간이 없어졌다. 그래서 3일내에 재행의 형식을 갖추기 위해서 생긴 것이 인재행(引再行)이다. 이것은 첫날 신부 집에서 자고, 다음날 밤을 신부 집의 이웃마을에서 자고, 3일째 다시 신부 집에 와서 신부와 함께 우귀 하는 것을 말한다. 신부가 우귀 할 때는 신부를 비롯하여 상객·하님·짐꾼이 행렬을 이룬다. 신부가 가마를 타고 갈 때는 가마 위에 호피를 얹고, 신부의 방석 밑에는 목화씨와 숯을 깐다. 길이 먼 경우에는 종이쪽지를 몇 개 가져가면서 개울을 건너거나 서낭당 등을 지날 때마다 하나씩 던진다. 이렇게 하면 잡귀를 피할 수 있다고 한다. 신부 가마가 신랑 집 가까이 오면 사람들이 나아가 목화씨·소금·콩·팥 등을 뿌려 잡귀를 쫓는다. 또는 대문에 짚불을 피워 넘어오도록 하여 잡귀를 쫓는다. 신부 가마가 대문을 들어서면 대청 앞에 가마를 세우고 신랑이 가마의 문을 열고 신부를 맞는다. 이어 가마 위에 얹었던 호피를 지붕에 던져 올려 신부가 도착하였다는 것을 표시한다.

② **현구례(見舅禮)** : 신부가 시부모와 시가의 사람들에게 절을 하는 것으로 폐백(幣帛)이 라고도 한다. 신부 집에서 장만해 온 닭찜·안주·밤·대추·과일 등을 상 위에 차려놓고 술을 따라 올리며 절을 한다. 절을 받는 순서는 시조부모가 계셔도 시부모가 먼저 받고, 그 다음에 시조부모가 받는다. 다음에는 세대순으로 백숙부모·고모내외·외숙내외·이모 내외가 절을 받고, 같은 항렬의 형제자매는 맞절을 한다. 어른들은 절을 받으면서 예물을 주거나 대추나 밤을 치마 밑에 넣어주면서 축원을 한다. 양반가에서는 현구례 때 술을 올리지 않지만, 일반적으로 술잔을 올리는 것이 관례이다. 현구례가 끝나면 신부와 신부상객은 신랑 집으로 보낸다.

다음날 아침 신부는 일찍 일어나 단장을 하고 시부모에게 문안인사를 올린다. 문안인사는 시부모가 그만하라는 말을 할 때까지 계속되지만, 대개 3일 만에 시부모가 그치라고 한다. 시집에 온지 3일간은 시어머니가 며느리를 데리고 가까운 친척의 집에 다니면서 인사를 시킨다. 친척은 신부에게 식사를 대접한다. 3일이 지나면 부엌에 들어가 일을 시작한다.

③ **근친(覲親)** : 신부가 시집에 와서 생활하다가 처음으로 친정에 가는 것을 말한다. 요즈음에 와서는 구식혼례에서도 우귀한지 1주일 만에 근친을 가지만 옛날에는 신부가 시가에서 첫 농사를 짓고 직접 수확한 것으로 떡과 술을 만들어가지고 근친을 갔다. 근친 때는 많은 예물을 가져가며, 친정에서 쉰 다음 돌아올 때도 많은 예물을 가져온다. 근친 때는 신랑이 동행을 하며, 이때 장모가 사위를 데리고 친척집을 다니며 인사를 시키고, 친척들은 식사대접을 한다. 신부가 근친을 다녀와야 비로소 혼례가 완전히 끝난 것이 된다.

● **현대식 결혼**

현대식 결혼은 혼담, 사주, 택일, 납폐, 결혼식의 순으로 진행된다. 현대식의 결혼 순서는 개식사, 주례 임석, 양가 혼주 화촉 점화, 신랑 입장, 신부 입장, 신랑 신부 맞절, 혼인 서약, 성혼 선언, 혼인 신고서 날인, 주례사, 신랑 신부

내빈께 인사, 신랑 신부 행진, 폐식사 등이다.

※ 결혼 서식문 예시

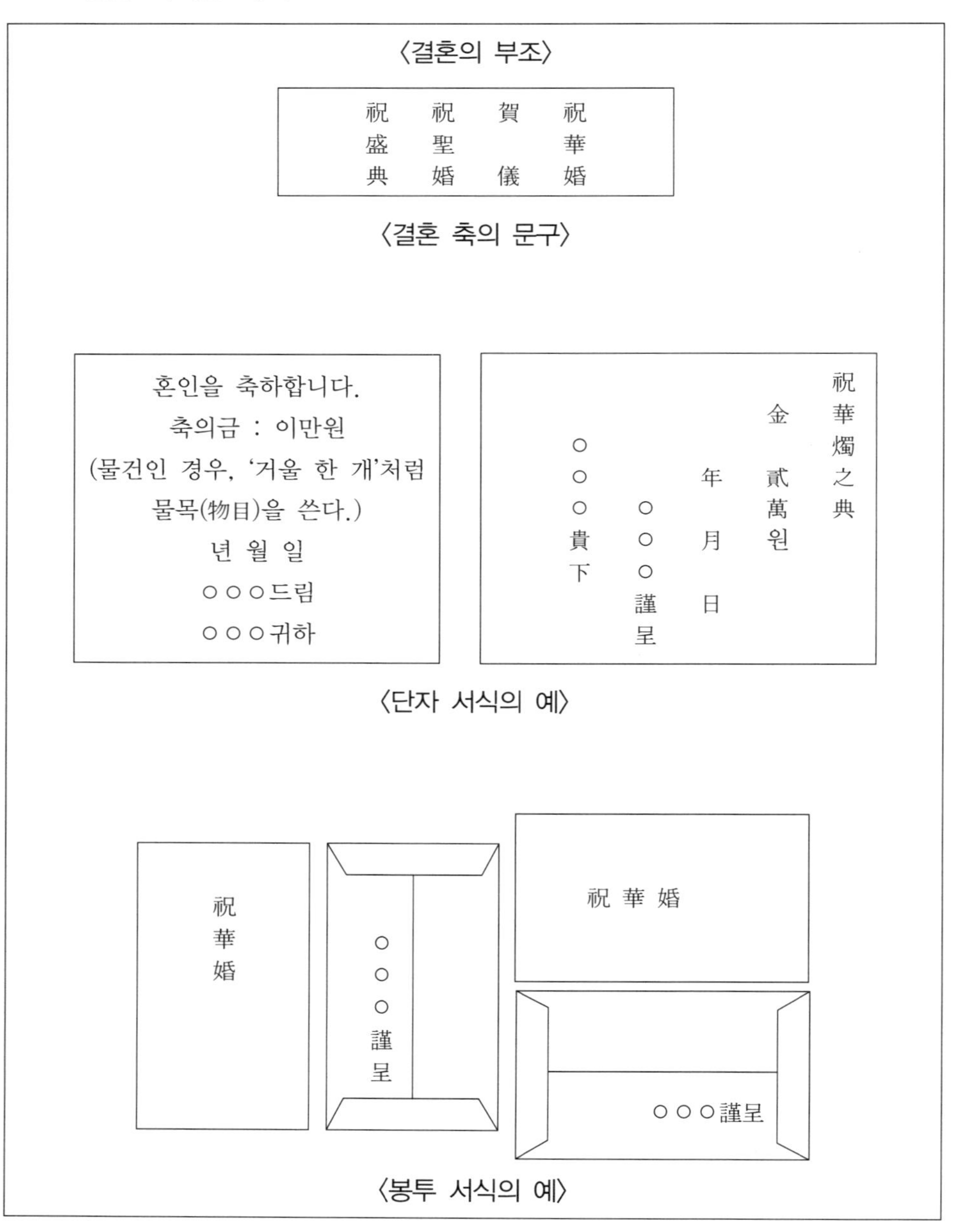

(3) 상례(喪禮)와 장례(葬禮)

인간이라면 자기 자신이나 가족·주위의 가까웠던 사람 등 누구나 예외 없이 죽음을 맞이하게 마련이다. 상례와 장례는 사람의 죽음을 맞이하고, 그 주검을 잘 수습하여 장사지내고, 가족이나 친척 또는 평소에 가까이 지내던 사람들이 슬픔을 당해 죽은 이를 기리는 의식절차이다.

죽은 이를 마지막으로 떠나보내는 의식이니만큼 상례와 장례는 사람의 죽음을 맞이하는 순간부터 극진한 슬픔 속에서 그 어느 의식보다도 엄숙하고 경건한 가운데 치러져야 한다. 이 때문에 일찍이 孔子도 사람의 죽음을 맞이해서는 가슴 깊은 곳에서 우러나오는 극진한 슬픔의 표현이 어떤 예절이나 절차보다도 가장 중요함을 강조하였다.

특히 요즈음 부모의 상을 당했을 때 분에 넘치게 비싼 수의(囚衣)나 관(棺) 등을 사용하고, 묘소(墓所)를 호화롭게 가꾸는 것으로 부모에 대한 자신의 효성을 나타내려는 경우가 종종 있는데 이는 올바른 예절이라 할 수 없다. 공자(孔子)는 자식처럼 아끼고 사랑하던 제자 안회(顔回)가 죽었을 때 그의 친구들이 돈을 모아 장사를 호화롭게 치러 주자 오히려 그것이 예에 맞지 않는 행동이었음을 지적하고 제자들을 꾸짖었다. 올바른 예절이란 표현 형식만을 정확히 알고 지킨다고 해서 되는 것은 아니다. 그 예절에 들어 있는 근본정신을 잘 이해하고 이를 바탕으로 자연스럽게 표현하는 것이 올바른 예절인 것이다.

전통사회에서 거행된 상례와 장례는 현재는 대부분 장례식장(葬禮式場)에서 이루어지기 때문에 일반인들이 상세하게 인식할 필요가 없다. 그러나 상례와 장례의 기본적인 예절을 알고 있어야만 엄숙하고 경건해야 할 장례식장에서 실례(失禮)를 줄일 수 있다.

① 상례(喪禮)

【임종(臨終)과 초혼(招魂)】

－ 임종은 운명(殞命)할 때 마지막으로 지켜보는 것으로 병이 위독하면 직계

존비속과 특별한 친족에게 알려 모이게 한다. 유언은 자필이나 녹음하여
보존한다.

- 초혼(招魂)은 죽은 이의 직계자손이 아닌 한 사람이 죽은 이의 윗옷을 들
고 지붕에 올라가서 북쪽을 향해 옷을 흔들며 죽은 이의 평소의 칭호를
세 번 부르고 내려와 그 윗옷을 죽은 이의 가슴에 덮는 것을 말한다. 초혼
을 고복(皐復)이라고도 한다.

【수시(收屍)】

- 죽은 이의 눈을 쓸어내려 잠자듯이 감긴 후 머리가 북쪽으로 가도록 방의
한쪽에 반듯하게 눕힌다.
- 주검의 발바닥을 벽에 닿도록 하여 반듯한 모습으로 유지시키고, 무릎을
곧게 펴서 붕대나 백지 등으로 묶는다.
- 두 손은 배 위로 모아 오른손이 위로 가도록(여자의 경우는 왼손이 위로
가도록 함) 포갠 뒤 역시 붕대나 백지 등으로 묶는다.
- 주검의 머리를 반듯하게 유지시키고 입에는 나무젓가락 등에 솜을 말라
물려서 오므려지지 않도록 한 후 솜으로 귀를 막고, 가제 등으로 코와
입을 덮어 벌레나 곤충 따위가 들어가지 못하도록 한다.
- 홑이불로 얼굴을 포함한 몸 전체를 덮는다.
- 주검 앞을 병풍이나 장막으로 잘 가리고, 그 앞에 향상(香床)을 차려 향을
피우며 두 개의 촛대를 좌우에 세워 촛불을 켜 빈소(殯所)를 차린다.

【발상(發喪)】

- 초상을 알리며 상제로서의 모습을 갖추는 상례의 시작이다.
- 수시(收屍)가 끝나면 가족은 검소한 옷으로 갈아입고 근신하며 애도한다.
- 상중(喪中)이나 상가(喪家), 또는 기중(忌中)이라 써서 대문에 붙이고, 오
는 길목에 상가입구(喪家入口)라고 표시한다.

<부고의 예시>

```
○○大人海州吳公○○ 以宿患 ○年○月○日
午後○時 ○年 ○月 ○日
發靷日時 ○年 ○月 ○日
發靷場所
永訣式
葬地

嗣子     ○○○
子婦     ○○
兄       ○○
姪       ○○
親族代表  ○○○
友人代表  ○○○
護喪     ○○○
連絡處(전화번호)
```

【호상소(護喪所) 설치】

- 친족이나 친지 중에 상례에 밝고 덕망이 있는 사람을 호상(護喪)을 선정
한다.
- 호상소에는 조객록(弔客錄) 또는 조위록(弔慰錄), 부의록(賻儀錄) 등을 비
치한다.
- 호상소에서 하는 일을 정리하면 아래와 같다.
  - 초상을 전화, 전보, 부고(訃告)의 발송
  - 장의사(葬儀社)를 선정
  - 묘지 및 화장 장소
  - 수의(壽衣)와 관(棺)의 재질 및 종류

- 상복(喪服)과 상장(喪葬)의 종류 및 수량
- 산역(山役) 계획과 접객(接客) 방법

【성복(成服)】

- 성복이란 입관 후 상제(喪制)와 복인(服人)들이 정해진 상복을 갖추어 입는 것을 말한다.
- 남자는 흰 옷과 흰 두루마기를 입고, 마포 두건을 쓰며, 가슴에 상장(喪章)을 단다. 양복인 경우 검은색 양복에 검은색 넥타이를 매고 상장을 단다. 여자는 흰 치마저고리에 흰 고무신을 신고, 가슴이나 머리에 상장을 단다. 복인은 화려하지 않은 평상복에 검은 상장을 달거나 마포(麻布) 완장을 두른다.

② 장례(葬禮)

【영결식(永訣式)의 절차 및 운구(運柩)】

- 개식 : 주상 및 상제의 분향
- 고인의 약력 소개
- 조사(弔辭), 조가(弔歌) 및 조시(弔詩)(생략할 수도 있음)
- 조객 분향
- 호상 인사
- 폐식
- 운구는 영구차를 사용하거나 상여(喪輿)를 이용한다. 지나친 치장이나 장식은 하지 않는다. 운구 행렬은 사진, 명정(銘旌), 영구(靈柩), 상제, 조객의 순서로 행한다.

【하관(下官)】

- 하관하기 전 상주와 복인들은 곡을 한다.

- 하관포(下棺布)로 관(棺)을 반듯하게 광중(壙中)에 내려놓는다.
- 하관이 끝난 다음 하관포를 빼내고 관을 바르게 놓고, 공포(功布)로 먼지를 털고 구의(柩衣)와 명정(銘旌)을 덮는다.

【성분(成墳)】

- 하관이 끝난 후 흙을 덮는 것을 성분 또는 봉분(封墳)이라 한다.
- 상주가 먼저 깨끗한 흙을 관의 상하좌우로 뿌린다. 이를 취토(取土)라 한다.
- 흙을 덮고 단단히 발로 밟아 다진다. 이를 평토(平土)라 한다.
- 지석(誌石)을 묻은 다음 흙을 쌓아 무덤을 만들고[성분(成墳)], 사초(莎草, 잔디)를 심는다.

③ 조상(弔喪)과 문상(問喪)

조상(弔喪)은 죽음을 슬퍼한다는 말이어서 죽은 이에게 그 죽음을 슬퍼해 인사하는 것이고, 문상(問喪)은 죽음을 묻는다는 뜻이어서 상주에게 상을 당한 것에 대한 위문의 인사를 하는 것이다. 고례(古禮)에 의한 조상과 문상을 하는 법은 죽은 이를 생전에 알았으면 죽은 이에게 조상하고 상주에게도 문상하지만, 죽은 이를 알지 못하고 상주만 알면 죽은 이에게는 조상하지 않고 상주에게만 문상했다. 이는 남녀 내외(內外)법이 엄격해서 죽은 이가 남자인 외간상(外艱喪)에는 빈소에 조상하고 상주에게도 문상을 하며, 이때 손님의 방명록을 조객록(弔客錄)이라고 한다. 그러나 죽은 이가 여자인 내간상(內艱喪)의 경우에는 상주에게만 문상을 하며, 이때 쓰는 손님의 방명록을 조위록(弔慰錄)이라 한다. 그러나 현대는 내외간상을 가리지 않고 영좌에 조상하고 이어서 상주에게 문상하는 것이 상례화(常例化) 되고 있다.

【조상(弔喪)과 문상(問喪)하는 시기(時期)】

고례(古禮)에는 상주가 성복하기 전에는 호상소에 인사하는 것으로 족했고 성복 후에 빈소 즉 죽은 이에게 조상하고 상주에게 문상한다. 성복전이라도 부득이 문상을 해야 할 경우 친척이면 영위 앞에 꿇어앉아 곡을 하고 배례는 안한다.

【조문(弔問)시의 주의사항(注意事項)】
- 상가 흉사 시의 공수(拱手) 즉 남자는 오른손, 여자는 왼손이 위로 가게 두 손을 앞으로 모아 맞잡아야 한다.
- 상가에서는 근엄 애도하는 마음과 표정을 갖고 잡담은 삼가는 것이 예의라 할 수 있다.
- 조문 시에는 백색 흑색, 옥색, 아니면 현란하지 않은 단일 색 복장으로 소탈한 차림새를 해야 한다. 짙은 화장이나 지나친 액세서리도 피하는 것이 옳다. 남자의 복장은 검정색 양복이나 아니면 감색이나 회색도 실례가 되지 않는다. 이때 와이셔츠는 흰색, 넥타이 양말 구두는 검정색으로 통일하는 것이 좋을 것 같다.

【상가(喪家)와 상주(喪主)의 주의사항】
- 호상소에서는 손님을 맞이하여 안내한다.
- 초상은 분명 흉사이므로 상주가 슬픔으로 삼가 근신하지 않고 손님을 마중하거나 전송하기 위하여 영좌를 떠나 일일이 배웅하지 않는 것이 도리이며, 상주의 처지에서 이곳저곳을 찾아다니면서 조문객에게 술대접이나 인사하는 것은 비례(非禮)이므로 삼가 하고 조심해야한다.
- 조문객을 맞이할 때 남자조문객은 남자상주가 있는 상차(喪次)로 안내하고 여자조문객은 여자 상주가 있는 상차로 안내해 서로가 불편하지 않게 한다.
- 상주는 상복을 입는 것이 원칙이다. 아무리 현대식이라 하더라도 상주나 복인의 복장이 양복 위에 두루마기를 걸치거나 잠바차림은 삼가는 것이

예의라고 본다.

【조문(弔問)하는 법】

- 조문객은 안내받아 빈소로 들어가 공수하고 서서 잠시 곡하고 묵념을 한 다음 영좌 앞에 꿇어 앉아 두 번(여자는 4번) 절한다. 이때 상주들이 영좌 앞에서 일어나서 극진히 곡한다.
- 죽은 이가 아랫사람이면 곡만 하고 절을 하지 않는다. 곡이불배(哭而不拜)라고 하나 이는 죽은 이가 조카나 종손 등 평소 아랫사람으로써 맞절을 하지 않는 처지라면 절은 하지 않는 것이 도리이다. 그러나 족친간으로서 평소 인사시 상배례(맞절)를 하는 위치라면 형제간이나 숙질간이라도 절을 하는 것이 옳다고 본다.
- 내간상(內艱喪 : 타성의 부인이 별세한 초상을 말함)일 경우 친척이 아니면 영위에 곡이나 재배하지 않고 상주를 향해 부복(俯伏)하여 상향곡(相向哭)을 한 후 절을 하고 위로한다. 다만 내간상이라도 친구의 어머니 상이나 연세가 많은 어르신 영위에는 시속에 따라 배례하는 것이 도리일 것이다.
- 또한 내간상이라도 남편이 주상일 때는 망령의 부군(夫君)에게 먼저 인사하고 그 다음 상주(喪主 :子)와 상향곡을 하고 서로 배례한다. 이때도 영위에는 곡이나 배례하지 아니한다.
- 문상 시 상주가 먼저 조문객에게 절을 하나 다만 조문객이 맞절을 하지 않을 정도의 아랫사람이면 상주는 절하지 않는 것이 도리이며, 이에 반하여 상주가 아랫사람으로서 평소 맞절을 하지 않을 정도라면 조문객은 답배하지 않는다.
- 부의(賻儀)는 오래 전부터 전해 내려오는 상부상조의 한 방식이다. 돈을 넣어 백지에 싼 뒤 흰 겹봉투에 넣어 호상소에 내거나 분향하기 전에 영전(靈前)에 놓는다.

<부의 단자의 서식>

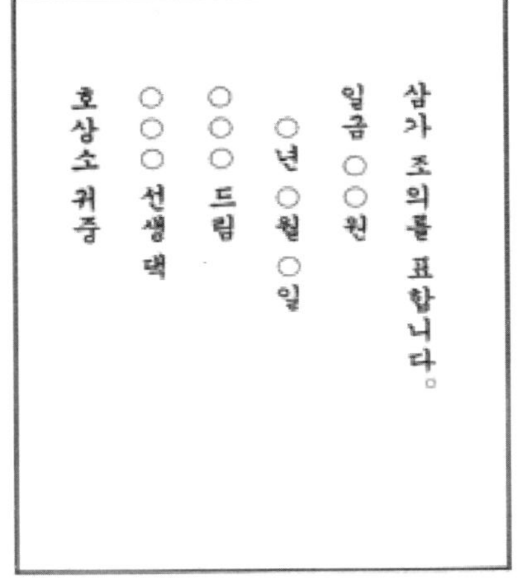

(서식 1)

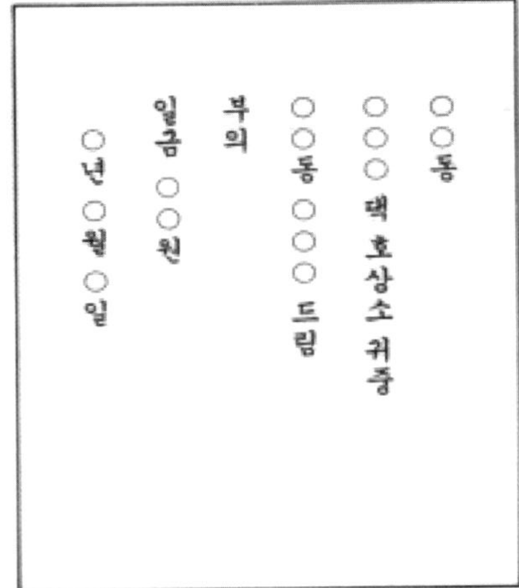

(서식 2)

<부의 봉투 쓰는 법>

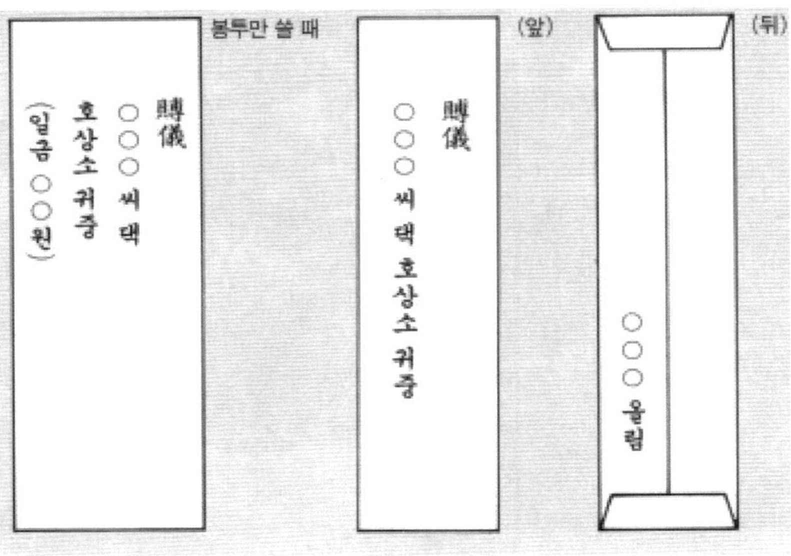

※ 참고 : 조문(弔問) 인사하는 법

부모의 상(인사요령)

조객 : ① 얼마나 망극(그지없이 큰 슬픔) 하십니까.

② 대고(어버이의 상사) 말씀 할 말이 없습니다.

③ 상사에 얼마나 애통 하십니까.

④ 인사드릴 말씀 없습니다.

상주 : ① 그냥 고개를 숙여도 된다.

② 오직 망극(罔極)할 따름입니다.

③ 송구한 마음 금할 길이 없습니다.

④ 상주는 고개를 숙이고 저의 죄가 많은 탓인가 합니다.

남편의 상

조객 : ① 상사에 여쭐 말이 없습니다.

② 얼마나 애통 하십니까.

상주 : ① 꿈만 같습니다.

② 눈앞에 캄캄합니다.

③ 살아 있는 것이 죄스럽기만 합니다.

아내의 상

조객 : ① 무슨 말로 위안을 드려야 할지 모르겠습니다.

② 위로할 말씀이 없습니다.

③ 상배에 여쭐 말씀이 없습니다.

④ 얼마나 비도(悲悼 : 사람의 죽음을 슬퍼함)하십니까.

상주 : ① 그저 땅이 꺼진 듯 합니다.

② 오직 한탄만 나올 뿐입니다.

③ 앞날이 막막하옵니다.

아들의 상

조객 : ① 얼마나 상심이 크시겠습니까.

② 얼마나 비통 하시겠습니까.

③ 이런 참변이 어디 있습니까.

주인(상주) : ① 가운이 불행한 탓입니다.

② 내 죄가 많아서 그렇습니다.

③ 그저 제가 박복한 소치입니다.

④ 인사 받기가 부끄럽습니다.

형제의 상

조객 : ① 얼마나 비감(悲感: 슬픈느낌)하시겠습니까.

② 복제 말씀 무엇이라 드릴 말씀 없습니다.

③ 얼마나 마음이 아프시겠습니까.

복인 : ① 비감하기 한이 없습니다.

② 오직 슬플 따름입니다.

③ 무엇이라 여쭐 말씀 없습니다.

※ 참고(參考)

아랫사람의 상을 당한 어른에게

조객(손님)이 '얼마나 가슴 아프시겠습니까' 또는 '얼마나 놀라셨습니까'라고 하면 '위문의 말씀 여쭐 길이 없습니다', 또는 '내 죄가 많은가 봅니다'라고 답하면 된다.

부모상이나 자상(子喪)을 당한 경우에

상주가 조객의 인사말에 답할 때 '위문하여 주시니' 또는 '조문하여 주시니 감사(感謝)합니다'라고 하는 것은 삼가야 할 것이다. 감사하다는 것은 고맙게 여김 또는 고맙게 여겨 사의를 표하는 뜻이 되나 이는 길사(吉事 : 혼인이나 환갑 같은 좋은 일)때 답례의 말이고, 상사(喪事)에는 죄송(罪悚)하고 송구(悚懼)스러운 처지라 초상에 감사하다는 말은 적절치 않고, 초상 후 인사장을 보낼 때는 감사하다는 인사말은 무방하다고 본다.

※ 현재 일반적으로 문상할 때 주로 사용하는 말은 조객(손님)은 '삼가조의를 표합니다' 또는 '뭐라 드릴 말씀이 없습니다'라고 하고, 상주는 '드릴 말씀 없습니다' 또는 '오직 슬플 따름입니다'라고 하면 된다.

(4) 제례(祭禮)

① 제례의 의미와 변천 과정

고례(古禮)에 의하면 "제왕은 하늘을 제사지내고, 제후는 산천을 제사지내며, 사대부(士大夫)는 조상을 제사 지낸다"고 했다. 그러므로 제례는 조상에게 제사 지내는 의식절차이다.

제례는 조상에게 제사를 지내는 의식으로서 우리 생명의 근원에 대한 감사의 표현이라 할 수 있다. 그런 까닭에 제례를 받드는 것은 효도의 한 방법이기도 한 것이다. 우리의 부모뿐만 아니라 그 부모를 있게 해주신 조상에 대해서도 늘 고마움을 잊지 않고 극진한 정성과 공경(恭敬)으로 모시며 그 분들의 뜻을 가리는 것 역시 효도이기 때문이다.

제례의 역사는 매우 오래된 것으로서 우리가 문자를 사용하기 이전으로 거슬러 올라간다. 우리나라에서는 조선시대까지는 사회적 신분의 차이에 따라 제사를 지내는 범위에도 차이가 있었다. 즉 3품관 이상은 고조부모까지 4대를 제사 지냈고, 서민들은 부모에게만 제사를 지냈다. 그러나 1895년 갑오경장(甲午更張)으로 신분제도가 철폐된 이후 신분에 관계없이 누구나 고조부모까지 제사를 지낼 수 있게 되었다.

오늘날에 와서는 1969년에 제정된 가정의례준칙(家庭儀禮準則)에 의해 조부모까지만 제사 지낼 것을 권장하고 있으나 일반적으로는 증조부모까지 지내고 있다. 제사의 범위가 이와 같이 정해지는 이유는, 인간의 수명으로 보아 제사를 지내는 당사자가 직접적으로 사랑을 받았던 분에게까지 거슬러 올라가기 때문이다.

② 제사(祭祀)의 종류

제사는 계절에 따라 지내는 사시제(四時祭), 명절에 지내는 절사(節祀), 묘에 지내는 묘사(墓祀), 기일(忌日)에 지내는 기제(忌祭), 국가나 향교 및 서원 등에서 지내는 대제(大祭), 일이 있을 때 사당(祠堂)이나 묘에 알리는 고유제(告由祭) 등으로 구분한다.

- 사시제(四時祭) : 사계절(四季節)에 따라 봄, 여름, 가을, 겨울에 지낸다. 봄에는 춘분(春分)에, 여름에는 하지(下地)에, 가을에는 추분(秋分)에, 겨울에는 동지(冬至)에 지낸다.
- 절사(節祀) : 차례(茶禮), 차사(茶祀), 차천(茶薦) 등이라고도 하며, 명절인 설, 단오(端午), 칠석(七夕), 추석(秋夕), 동지(冬至), 중구(重九) 등에 지낸다. 무축(無祝)이며 단헌(單獻; 술잔을 한 번만 올림)이다.
- 묘사(墓祀) : 묘제(墓祭)라고도 하며 십월(十月) 상순(上旬) 무덤에 가서 제사를 지낸다. 기제와 절차는 같으나 첨작(添酌)하고 합문(闔門)하는 것이 없고, 묘 앞에 잠시 동안 부복(俯伏)한다. 재사(齋舍)에 설단(設壇)하여 행사(行事)할 수 있다. 음력 팔월 초에 묘를 벌초(伐草)를 하고, 봄이나 가을에 성묘(省墓)한다.
- 기제(忌祭) : 돌아가신 날 새벽에 집에서 지낸다.
- 대제(大祭) : 국가에서 종묘(宗廟)에 지내는 제사이다. 성균관(成均館)에서 문묘(文廟)에 지내는 석전(釋奠), 지방 향교에서 봄이나 가을에 지내는

석전(釋奠), 지방 유림에서 서원에 지내는 향사(享祀) 등이 있다.
- 고유제(告由祭) : 특별한 일이 있을 때 조상에게 아뢰는 것이다. 사당(祠
堂)에는 관례(冠禮), 혼례(婚禮), 상례(喪禮), 수관(受官), 추증(追贈) 등을
알리며, 묘전(墓前)에는 묘도(墓道), 수갈(竪碣), 이장(移葬), 가토(加土),
재사신축(齋舍新築) 등을 알린다.

한편, 오늘날 일반 가정에서 지내는 제사의 종류는 크게 기일제(忌日祭)와
차례(茶禮)의 두 가지로 나누어진다. 기일제는 조상이 돌아가신 날에 지내는 제
사로서 이때에는 당일 돌아가셨던 조상과 그 배우자를 함께 제사지낸다. 그리
고 차례는 설날·한식·한가위 등의 명절에 지내는 제사로서 자기 집에서 기일
제를 받들고 있는 모든 조상들을 대상으로 한다. 대체로 설날의 경우는 가정에
서 차례를 지내며, 한식과 한가위 때에는 각 조상의 묘지를 찾아가 성묘와 함께
지내게 된다.

제례에 있어서는 돌아가신 조상을 마치 살아계신 분을 모시는 것과 같은 정
성과 마음가짐이 필요하다. 오래 전부터 조상을 상징하는 상징물, 즉 위패(位
牌)를 가정에 만들어 놓고 모셔왔다. 조상들의 위패를 모셔 놓은 곳을 '가묘(家
廟)'라 하는데, 요즈음에 와서는 생활여건의 변화로 인해 가묘를 짓고 위패를
모시는 가정은 거의 찾아 볼 수 없게 되었다. 이 때문에 오늘날에는 제사 때마
다 임시로 위패를 만들어 사용하거나 돌아가신 분의 사진을 모시는 방법으로
변화하고 있다.

③ 제수(祭需)의 진설(陳設)

제수진설법(祭需陳設法)이 다양한 것은 각종 예서(禮書)에 나타난 진설법이
각각 다르기 때문이다. 조선시대에 널리 통용되었던 율곡 이이의 『제의초』, 사
계 김장생의 『가례집람』, 도암 이재의 『사례편람』 그리고 『주가가례』 등 각종
예서에 보이는 상차림의 순차나 격식이 통일되지 못하고 세부적인 측면에서 다

양하게 나타나고 있다.

제수의 진설은 각 지방의 관습이나 각 가문에 전래(傳來)된 가례(家禮)에 따라 시행되고 있으므로 가가례(家家禮)라는 말까지 생겨났다. 그러나 상차림의 기본원칙은 공통적이며 관행적으로 지켜지고 있는 격식이 있다. 상기 예서의 공통점을 약술하면 아래와 같다.

- 고비각설(考妣各設) : 내외분이라고 상을 따로 차림이 도리이나 지금은 고비합설이 옳을 것이고 그대로 시행하고 있다
- 시접거중(匙楪居中) : 수저를 담은 그릇은 신위의 앞 중앙에 놓는 것이 예의이나 가문에 따라 신위 앞 서편에 진설하는 예가 있으며, 이것은 전래된 가례일 뿐이다.
- 잔서초동(盞西醋東) : 술잔은 서쪽에 초첩[식초 담은 종지]은 동쪽에 놓는다.
- 적접거중(炙楪居中) : 적[구이]은 중앙에 놓는다.
- 반서갱동(飯西羹東) : 밥은 서쪽에 국은 동쪽에 놓는다.
- 면서병동(麵西餠東) : 국수는 서쪽에 떡은 동쪽에 놓는다.
- 어동육서(魚東肉西) : 생선은 동쪽에 고기는 서쪽에 놓는다.
- 좌포우혜(左脯右醯) : 포는 서쪽에 식혜는 동쪽에 놓는다.
- 생동숙서(生東熟西) : 익힌 나물은 서쪽에 생김치는 동쪽에 놓는다.
- 배복방향(背復方向) : 계적[닭], 조기, 생선 등과 같이 등과 배가 있는 제수는 등이 바깥[위], 배가 안쪽[아래]이 되게 담는다.
- 삽시정저(揷匙正箸) : 시접(匙楪; 숟가락을 담아 놓는 놋그릇)의 숟가락은 고위(考位) 메에 숟가락 앞이 동쪽을 향하게 꽂고, 젓가락은 손잡이가 서쪽이 되게 가지런히 해서 시접 위에 걸쳐 놓거나 또는 고기나 생선 위에 걸쳐 놓는다.
- 고기 적을 담을 때는 위에 닭고기 종류[우적(羽炙)], 다음 쇠고기{모적(毛炙)], 밑에 비늘 있는 바다고기[인적(鱗炙)] 등의 순으로 차린다.

- 제수를 마련할 때는 고춧가루, 파, 마늘, 후추 등은 쓰지 않는다.
- 적(炙)은 구이다. 적은 여러 음식 중에서 중심이 되는 특별 음식이므로 세 가지 적을 준비하여 직사각형의 접시에 담고 술잔을 올릴 때마다 바꾸어 올린다. 첫째, 육적(肉炙)으로 소고기구이다. 손바닥 너비의 소고기에 칼집을 내고 소금이나 간장만으로 양념해 익힌다. 둘째, 어적(魚炙)으로 생선구이다. 생선 2~3마리를 입과 꼬리를 잘라내고, 칼집을 내어 소금 간장으로 양념해 익혀 머리가 동쪽으로 배가 신위 쪽으로 가게 담는다. 셋째, 계적(鷄炙)으로 닭구이다. 머리와 두 발을 잘라낸다.

※ 참고 : 전적(奠炙; 적을 올리는 것)은 초헌(初獻) 때 집사가 육적과 소금을 올리고, 아헌(亞獻) 때 집사가 육적을 내리고 어적을 올리고, 종헌(終獻) 때 집사가 어적을 내리고 계적을 올린다. 지금은 대개 미리 진설하여 둔다.

- 침채(沈菜) : 희게 담는 나박김치는 고춧가루를 쓰지 않은 것으로 한다.
- 생선 : 생선 중에서 치자가 들어있는 갈치, 꽁치, 삼치, 멸치와 같이 비늘이 없는 생선은 쓰지 않는다. 그러나 예서(禮書)에 이런 내용이 없어 신선한 생선이면 올려도 무방하다고 본다.
- 제수로서 금기시하여 제상에 올리지 않는 것이 있다. 소와 돼지의 족(足) 부분은 불경하다고 쓰지 않고, 홍어는 홍어 모양새가 음(陰)을 상징한다 하여 쓰지 않고, 광어는 눈이 한쪽으로 몰렸다고 불효의 고기라 쓰지 않았다. 개는 고대에는 희생의 제물로 썼는데 정든 개를 잡아먹지 않았다 하여 제사에 쓰이지 않는다.
- 고춧가루와 마늘을 양념으로 쓰지 않는 것은 고춧가루[붉은색은 잡귀를 쫓는데 쓰임]와 마늘[냄새]은 조상의 강신을 방해하기 때문에 쓰지 않는다.

▶ 제수진설도(祭需陳設圖) 예시(例示)

• 일반적인 진설도

〈단위진설도〉

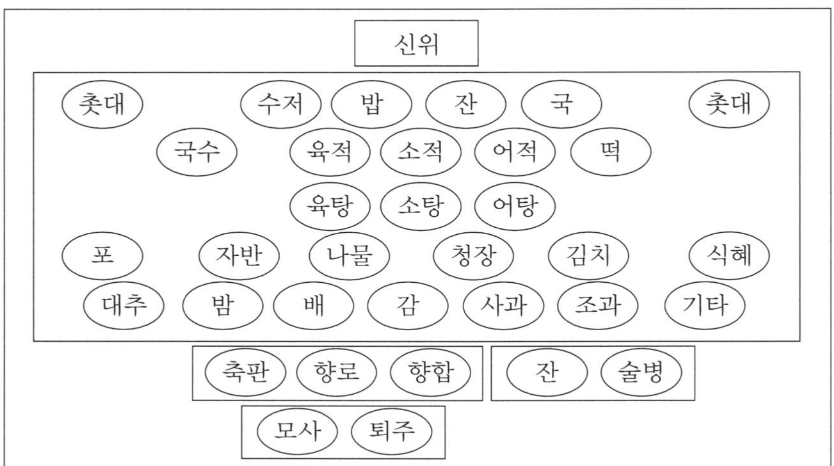

※ 첫째 줄 : 과일
　둘째 줄 : 포, 나물, 간장, 김치, 식혜
　셋째 줄 : 탕
　넷째 줄 : 적(炙), 전(煎), 어물, 떡
　다섯째 줄 : 메와 갱

〈양위진설도〉

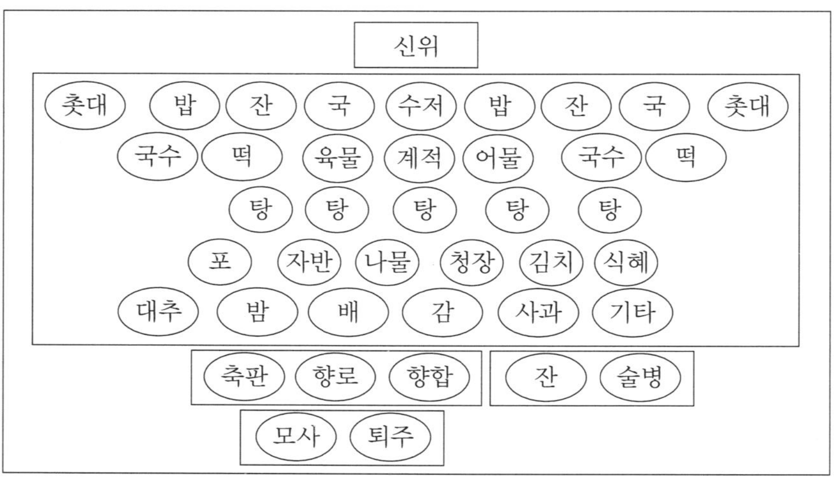

〈전통적인 제수 진설법에 따라 차례진 제상〉

④ 제사 지내는 절차

- 강신(降神) : 조상신을 모시는 절차이다. 제주를 비롯한 참사자(參祀者)가
  차례로 선 다음 제주가 신위 앞에 나아가 꿇어앉아서 분향(焚香)한다. 좌
  집사(左執事)가 제상(祭床)에 있는 강신 술잔을 내려 제주의 왼편에 꿇어
  앉아 술잔을 제주에게 올리면, 제주는 술잔을 받아 우집사(右執事)에게
  준다. 우집사는 술잔에 술을 조금 따라 다시 제주에게 주면, 제주는 받아
  서 모사(茅沙) 그릇이나 퇴주기에 세 번 나누어 붓고 빈잔[잔과 잔대]은
  좌집사에게 다시 주어 술잔을 신위(神位) 전에 올려놓는다. 이때 제주는
  부복(俯伏)하였다가 일어나 한 발 뒤로 물러나 읍을 한 후 재배하고 정해

진 자리로 돌아간다. 여기서 향을 피우는 것은 천상(天上)에 계신 신을
모시고자 함이요, 술을 따르는 것은 아래 계신 신을 모시고자 함이라 한
다. 강신할 때 분향하고 재배(再拜)하는 가문도 있다.

– 참신(參神) : 강신을 마친 뒤 제주 이하 모든 참사자가 두 번 절하나 주부
  는 큰절로 사배(四拜)한다. 신주(神主)인 경우에는 참신을 먼저하고 지방
  (紙榜)인 경우에는 강신을 먼저 한다.

– 초헌(初獻) : 제주가 신위 앞에 나아가 꿇어앉으면 좌집사가 술잔을 내려
  제주에게 올린다. 제주는 그 잔반을 받아들고 우집사가 술을 따르면, 제
  주는 좌집사에게 건네주어 신위에 올린다. 제주가 꿇어앉아 있는 왼편에
  서 축관(祝官)이 축을 읽는다. 독축(讀祝)이 끝나면 제주가 일어나서 재배
  하고 제자리에 돌아가 선다. 이때 집사자는 신위 앞에 있는 술잔을 내려
  퇴주기(退酒器)에 붓고 빈 잔을 다시 신위 앞에 갖다 놓는다. 가례(家禮)
  에 따라 제주가 재배하고 꿇어앉으면 집사가 술잔을 내려 제주에게 주면
  제주는 이를 받아 퇴주기에 잔을 비우고 빈 잔을 집사에게 준다. 집사는
  이를 받아 신위 앞에 갖다 놓는다.

※ 참고(參考) : 계반삽시(啓飯揷匙)의 순차는 가례에 따라 초헌(初獻) 때에
  헌작(獻酌; 술잔을 올림)한 후 계반개(啓飯盖; 밥뚜껑을 여는 것)하고 첨작
  (添酌)후 삽시정저(揷匙正箸)하는 가문도 있다.

– 아헌(亞獻) : 두 번째 잔을 올리는 것이다. 아헌은 주부가 하는 것이 예의
  이나 주부가 올리기 어려울 때에는 제주의 다음 가는 근친자가 초헌례와
  같이 한다(주부는 헌작하고 사배(四拜)한다). 아헌례가 끝나면 집사자는
  술잔을 다시 퇴주기에 붓고 잔반을 다시 신위 앞에 갖다 놓는다.
– 종헌(終獻) : 마지막 잔을 올리는 것이다. 종헌은 아헌자의 다음 가는 근
  친자(近親者)가 아헌례와 같이 잔을 올리고 재배한다. 종헌의 술잔은 7부

쯤만 채워 올린 후 술잔을 비우지 않고 그냥 놓아둔다.

- 첨작(添酌) : 첨작을 유식(侑食)이라고도 한다. 첨작은 초헌자가 다시 신위 앞에 나아가 꿇어앉은 뒤 우집사가 다른 술잔에 술을 조금 따라 초헌자에게 주면 이것을 좌집사가 잔을 받아 종헌자가 올릴 때에 채우지 않는 잔에 세 번으로 나누어 첨작한다. 그리고 제주는 재배한다.

- 계반삽시(啓飯揷匙) 또는 삽시정저(揷匙正箸) : 계반삽시란 메 그릇의 뚜껑을 열어놓고 숟가락 자루가 서쪽으로, 바닥은 동쪽으로 향하게 밥그릇에 꽂은 후 젓가락을 시접 위에 바르게 놓는다. 가문에 따라 고기나 생선 위에 올려놓는다.

- 합문(闔門) : 참사자 일동이 방에서 나와 문을 닫는 것을 말한다. 대청일 경우에는 뜰아래로 내려가고, 단칸방일 경우에는 병풍으로 제상을 가리거나 문이 없는 곳에서는 발을 내리는 것이 좋을 것이다. 이때 참사자는 전원 부복하여 식사가 끝날 때까지[밥 9술 먹는 시간; 2~3분간] 기다린다. 단칸방이나 부득이한 경우에는 제자리에 조용히 엎드려 있다가 몇 분 후에 세 번 기침하고 일어선다.

- 계문(啓門) : 문을 여는 것이다. 축관이 헛기침을 세 번하고 문을 열면 제주 이하 모두 일어나 평신(平身)한다.

- 헌다(獻茶) : 집사가 국그릇(갱)을 내리고 숭늉을 올린 뒤 메를 조금씩 세 번 떠서 숭늉에 말아놓고 숟가락 손잡이가 서(西)로 가게 걸쳐 놓는다. 참사자는 공수하고 잠시(2~3분간) 고개를 숙여 읍(揖)하고 기다린다.

- 철시복반(徹匙覆飯) : 집사는 숭늉그릇에 놓인 숟가락을 거두고 저(箸)를 내리며, 메 그릇의 뚜껑을 덮은 후 모든 집사는 배위(拜位)로 돌아온다.

- 사신(辭神) : 신을 전송하는 절차이다. 제주 이하 남자는 재배(再拜)하고, 주부 이하 여자는 사배(四拜)한다.

- 분축(焚祝) : 사신이 끝나면 촛불을 손으로 잡아끈다. 신주를 모셨으면 신주는 출주할 때와 반대로 사당에 모신다. 지방을 모시고 축문을 읽었으

면, 독축자가 지방과 축문을 태워 재를 향로에 담는다.

- 철상(撤床) : 모든 제수를 물리는 것으로 퇴잔(退盞)을 먼저 한 후 제수는 뒤에서부터 차례로 물린다
- 음복(飮福) : 조상께서 주시는 복된 음식이란 뜻으로 제사가 끝나면 참사자(參祀者)와 가족이 한자리에 앉아 제주와 제수를 나누어 먹으며 조상의 음덕을 추모한다.

⑤ 제사 지낼 때의 마음가짐

- 복장은 한복이나 양복 정장을 입거나 평상복일 경우에는 화려하지 않게 단정한 옷차림을 한다.
- 제사 전날에는 몸을 깨끗이 닦고 경건한 마음가짐을 갖는다.
- 제사 준비는 모든 가족이 힘을 모아야 하므로 반드시 부모님을 도와 제사에 함께 참여 할 수 있도록 한다.
- 제사를 지낼 때에는 왼손이 위로 가도록(여자의 경우는 오른손이 위로 가도록) 손을 포개어 잡고 다소곳하게 선다.
- 절을 할 때에는 전통의식에 따라 두 번 절한다.
- 술잔을 올릴 때에는 무릎을 꿇고 단정히 앉아 두 손으로 술을 따른 다음 역시 두 손으로 잔을 받들어 올린다.
- 제사의 진행 절차는 부모님의 지시를 받아 그대로 따른다.
- 제사가 진행 중일 때에는 옆 사람과 잡담을 하거나 불필요하게 움직이는 일이 없도록 주의한다.

⑥ 신주(神主)의 봉안(奉安)과 지방(紙榜) 쓰는 법

신주란 절이나 서원, 사당 외에 죽은 이의 위(位 ; 이름 외)를 적어서 모시는 나무 패(牌)인데 지금은 대개 가정에서 신주를 모시고 제사지내는 예가 극히 드물다. 『가례』의 제사에는 사당에서 신주를 모셔 내어 제상의 교의(交椅)에 봉

안하는 과정이 있는데 이를 출주(出主)라고 한다. 오늘날에는 지방을 써서 봉안한다.

지방은 신주가 없을 때 신주 대신에 종이로 만든 것이다. 전통적으로 지방은 깨끗한 한지를 폭 6센티미터, 길이 22센티미터 정도의 직사각형으로 절단하여 위쪽을 둥글게 오려서 만들었다. 위를 둥글게 하고 아래쪽을 평평하게 하는 까닭은 천원지방(天圓地方; 둥근 하늘과 평평한 땅)을 상징한 것이다.

지방은 붓을 사용하여 한자로 쓰는 것이 좋다. 이것은 매우 오랜 전통을 가진 것으로 정성을 기울여야 한다. 부득이한 경우에는 적당한 필기구로 쓰는 것도 무방하며, 한글로 쓰는 것도 가능하다. 가능하면 한자로 쓰는 것이 좋다. 한글로 쓰면 깊은 뜻은 담을 수 없어 신을 향사하는 문자로서 적절하지 않다고 본다.

한 장의 지방에 한 분의 신위만 쓸 때는 중앙을 적당한 간격으로 종서(縱書)한다. 한 장의 지방에 고비(考妣) 두 분의 신위를 쓸 때는 중앙을 기준으로 왼쪽에 남자 조상인 고위(考位)를 쓰고, 오른쪽에 여자 조상인 비위(妣位)를 쓴다. 만일 비위가 여러 분이면 고위의 바로 오른쪽부터 차례로 쓴다.

문안은 일반적으로 벼슬이 없었던 분의 경우에는 학생(學生)이나 처사(處士)라고 쓴다. 그러나 공직에 있었던 분들의 지방에는 당연히 관직을 써야 하고, 다만 관직을 쓸 때는 대표적인 직함 하나만을 간략하게 쓰는 것이 좋다. 관직 외에 사회직함이나 학위인 박사, 석사 등을 사용하여도 무방하다.

여성의 경우에는 유인(孺人)이라고 쓰고 현재의 관직이나 사회적 직한 또는 학위를 쓰는 것은 무방하다고 본다. 고위는 성씨를 쓰지 않지만 비위는 성씨를 쓴다. 이는 아버지는 두 분 일수 없지만, 어머니는 아버지가 재취(再娶)하거나 삼취(三娶) 했을 경우 두 분 이상일 수 있기 때문이다. 어머니가 한 분이라도 의례의 통일성을 위해서 성씨를 쓴다.

〈벼슬이 없는 경우〉

顯高祖妣孺人全州李氏神位
顯高祖考學生府君神位
고조부모

顯曾祖妣孺人全州李氏神位
顯曾祖考學生府君神位
증조부모

顯祖妣孺人文化柳氏神位
顯祖考學生府君神位
조부모

顯妣孺人坡平尹氏神位
顯考學生府君神位
부모

顯伯(叔)母孺人光山金氏神位
顯伯(叔)父學生府君神位
백(숙)부모

顯辟學生府君神位
남편

亡室孺人海州吳氏神位
조부모

顯兄嫂孺人全州李氏神位
顯兄學生府君神位
형

〈벼슬이 있는 경우〉

고조부모
顯高祖妣貞敬夫人東萊鄭氏神位
顯高祖考崇祿大夫議政府左贊成府君神位

증조부모
顯曾祖妣貞夫人陽川許氏神位
顯曾祖考通政大夫成均館大司成府君神位

조부모
顯祖妣淑人慶州金氏神位
顯祖考通訓大夫行果川縣監府君神位

부모
顯妣文學士淸州韓氏神位
顯考東洋大學敎授府君神位

처
故室淑人慶州金氏神位

<한글로 쓸 경우>

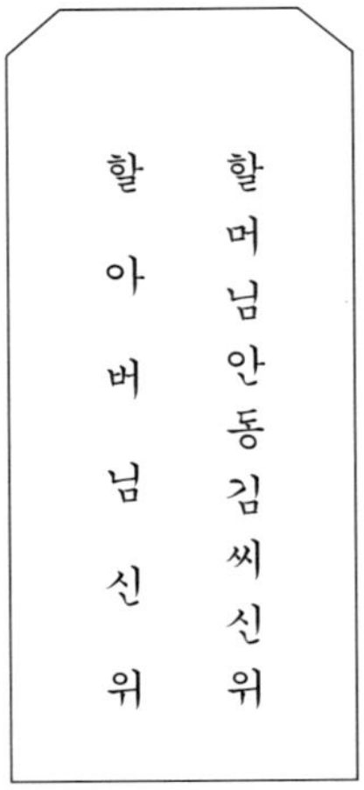

할아버님신위　할머님안동김씨신위

조부모

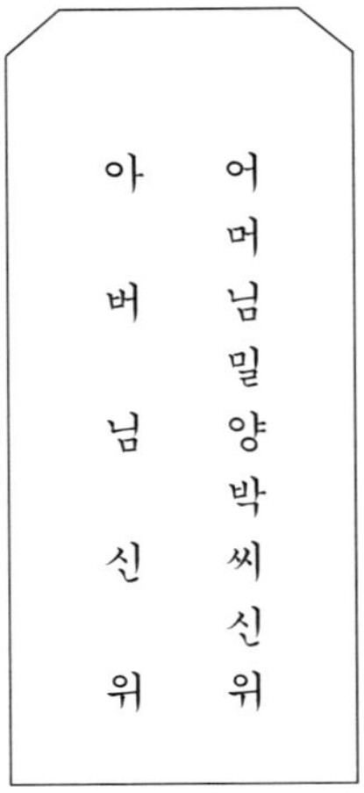

아버님신위　어머님밀양박씨신위

부모

부군신위

남편

망실전주이씨신위

아내

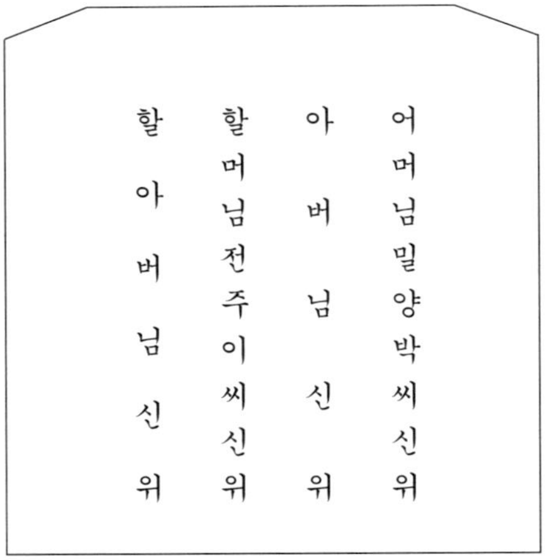

할아버님신위　할머님전주이씨신위　아버님신위　어머님밀양박씨신위

합사하는 경우

⑦ 기제(忌祭)의 축문(祝文)

축문은 신위 앞에 고하는 글이며, 제위(諸位)분께 간소한 제수나마 흠향(歆饗)하시라는 뜻을 담고 있다. 길이 36센티미터, 폭 24센티미터 정도 크기의 깨끗한 한지에 해서(楷書)로 정성껏 쓴다.

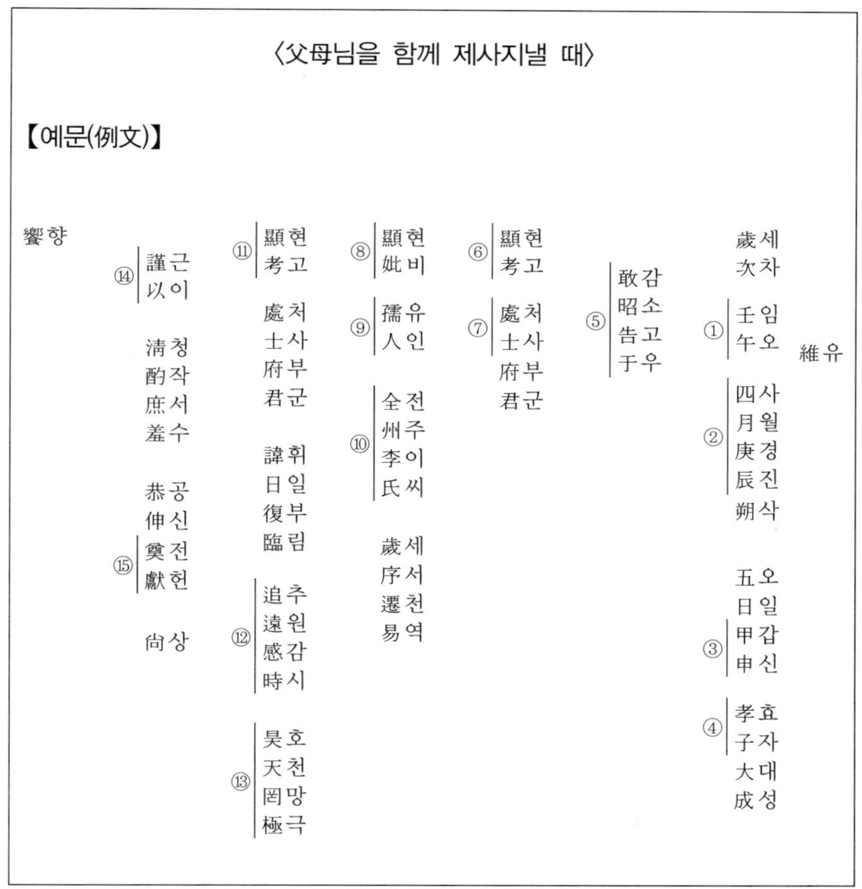

※ 축문 번호풀이

① 제사 지내는 해의 간지 즉 임오(壬午)년이면 임오(壬午)라고 쓴다.

② 제사 지내는 달의 초하루 간지 즉 경진(庚辰)이면 경진(庚辰)이라 쓴다.

③ 제사 지내는 그 날의 간지(干支) 즉 제삿날의 간지가 갑신(甲申)이면 갑신(甲申)이라고 쓴다.

④ 제주(祭主)의 성명, 망인과의 관계를 쓴다. 효자(孝子)는 『큰아들』이라는 뜻이다. 작은 아들은 子, 『큰손자』는 孝孫, 작은 손자는 손(孫), 남편은 『夫, 기타의 관계는 사실대로 쓴다.

⑤ 감소고우(敢昭告于)는 감히 아뢴다는 뜻으로 아내에게는 감(敢)자를 쓰지 않고, 아들에게는 감소(敢昭)를 쓰지 않는다.

⑥ 현고(顯考)는 돌아가신 아버지를 높여서 말하는 것이다. 조부(祖父)는 현조고(顯祖考), 아내는 망실(亡室) 또는 고실(鼓室), 아들은 망자(亡子), 즉 제사에 모시고자 하는 분과 제주(祭主)와의 관계를 쓴다.

⑦ 처사(處士)는 생전에 벼슬하지 못한 분을 높여서 부르는 말이다. 벼슬이 없으면 처사부군(處士府君)이라고 쓰고, 벼슬이 있으면 해당 관직명(官職名)을 쓴다. 학생(學生)이라고도 한다.

⑧ 제사에 모시고자 하는 분의 비위(備位)와 제주(祭主)와의 관계를 쓴다. 현비(顯妣)는 돌아가신 어머니를 높여서 말하는 것이다. 조모는 현조비(顯祖妣)라고 쓴다.

⑨ 남편에게 직급이나 직책이 있는 경우에는 남편의 관직에 따라 쓴다. 현재에는 부인에게 자기의 직급이나 직책을 사실대로 쓴다. 벼슬이 없으면 유인(孺人)이라고 쓴다[예시; 남편이 2품 벼슬이면 정부인(貞夫人), 3품이면 숙부인(淑夫人), 5품이면 공인(恭人)이라고 하였다].

⑩ 본관과 성씨를 쓴다[예; 전주이씨(全州李氏].

⑪ 현고(顯考)는 누구의 기제사인가를 밝히는 것이다. 어머니의 기제사이면 현비본관성씨(顯妣本貫姓氏), 즉 현비전주이씨(顯妣全州李氏)라고 쓴다.

⑫ 추원감시(追遠感時)는 세월이 흐를수록 더욱 생각이 난다는 뜻이다. 방계 친족의 기일 제사에는 별도 정해진 제문용어를 쓴다.

⑬ 호천망극(昊天罔極)은 넓은 하늘과 같이 부모의 은혜가 크다는 뜻이다. 조

부모(祖父母) 이상에는 불승영모(不勝永慕; 깊이 흠모하는 마음 이길 수 없나이다)라 쓰고, 방친일 때는 불승감창(不勝感愴)이라고 쓴다.

⑭ 근이(謹以)는 삼가라는 뜻이다. 아내와 아랫사람에게는 자이(兹以; 이에)라고 쓴다.

⑮ 공신전헌(恭伸奠獻)은 공경을 다하여 받들어 올린다는 뜻이다. 아내에게는 신차전의(伸此奠儀), 동생이나 아들에게는 진차전의(陳此奠儀)라고 쓴다.

■ 유(維)자는 뜻 없는 글자지만, 축문에는 이어 내려온다는 뜻으로 한글 축문에는 '이제'라고 풀이한다.

사회생활과 예절교육

우리 선조들은 멀리 있는 친척보다 가까이 있는 이웃사촌이 낫다라는 말로써 이웃의 중요성을 표현하였다 서로 간에 의가 상하지 않게끔 더욱 조심하고 행동을 삼가는 것이 필요하였고 그래서 나온 것이 향약과 같은 일종의 자치규약이었다

1.
원만한 대인관계

1) 이웃과의 예절

이웃이란 지금 나와 함께 살고 있는 내 주변 사람들을 말한다. 작게는 우리 마을이나 우리 고장 사람들을 말하고, 크게는 우리나라 및 인류 전체를 가리키기도 한다. 즉 이웃이란 지금 나와 함께 살아가고 기쁨과 슬픔을 같이 나누는 사회공동체이다. 사람은 누구나 혼자서는 세상을 살 수 없는 사회적인 존재이므로 알든 모르든 간에 이웃과 일정한 관계를 맺고 살 수 밖에 없다.

이웃과 더불어 살고 있는 모습은 마치 숲과도 같다. 숲속의 한 나무가 병이 들게 되면 그 숲의 다른 나무들에게까지 병이 옮아 결국에는 숲 자체가 황폐해지고 만다. 한동안 그 숲에는 아무것도 자랄 수가 없다. 우리는 좋은 환경을 만들기 위해 스스로 건강한 나무, 건강한 한 방울의 물이 되려는 노력을 아끼지 말아야 한다. 나를 위해서도 그렇지만, 내 후손을 위해서도 더욱 그렇다.

좋은 환경을 만드는 것은 각자의 노력의 정도에 달려 있다. 우리 선조들은 "멀리 있는 친척보다 가까이 있는 이웃사촌이 낫다"라는 말로써 이웃의 중요성을 표현하였다. 특히 농경사회였던 만큼 많은 일손이 한꺼번에 필요한 일이 자주 있었으므로 이웃의 중요성을 더욱 실감하여 살았을 것이다. 서로 간에 의가 상하지 않게끔 더욱 조심하고 행동을 삼가는 것이 필요하였고, 그래서 나온 것이 향약(鄕約)과 같은 일종의 자치규약(自治規約)이었다.

주지하다시피 향약의 기본 덕목은, '좋은 일은 서로 권한다'는 의미의 덕업상 권(德業相勸), '어려운 일은 서로 돕는다'는 환난상휼(患難相恤), '잘못한 일이 있으면 서로 바로잡아 준다'는 과실상규(過失相規), '예절 바른 생활과 올바른 풍속으로써 서로 사귄다'는 예속상교(禮俗相交)이다. 이 규약을 살펴보면 우리 선조들이 좋은 이웃을 만들기 위해 얼마나 노력하고 조심하였는지를 알 수 있다.

예절이란 남을 배려하는 생각이 최우선이다. 함께 편안하게 혹은 평화롭게 살아가야 하고, 지속적으로 발전해야 하고, 좋은 환경을 만들어 우리 후손들에게 물려주기 위해 우리는 지금 서로의 이웃을 생각해야 한다. 따라서 우리는 모든 일에 우리 이웃의 삶과 생활을 배려하는 예절의 정신을 지녀야 할 것이다.

(1) 이웃과의 공동생활 예절

- 항상 내가 살고 있는 고장과 이웃을 사랑하고 아낀다.
- 이웃 간에는 성씨와 가족관계 등에 대해 관심을 가지고 서로 알고 지내는 것이 좋다.
- 이웃 간에는 서로 반가운 얼굴로 인사하고 안부를 묻는다.
- 이웃의 경조사(慶弔事)에는 서로 일을 추진할 때에는 적극적으로 서로 협조한다.
- 이웃이 공동으로 어떠한 일을 추진할 때에는 적극적으로 서로 협조한다.
- 우리 집의 일로 이웃에 불편을 끼칠 염려가 있는 때에는 반드시 사전에 양해를 구한다.
- 이웃이 혹시 잘못하는 일이 있으면 찾아가 대화로써 해결하려는 자세를 갖는다.
- 공공의 물건은 고마운 마음으로 애용하고 아낀다.
- TV, 전축, 악기 등으로 크게 소리를 내어 이웃에게 불편을 주지 않도록 한다.

- 여름에는 문 앞에 발을 쳐서 밖에서 보이지 않게 하며 남의 집을 들여다
  보는 일이 없도록 주의한다.
- 의복에 신경을 써서 노출이 심한 옷을 입지 않도록 주의한다.
- 자기 집 앞이나 아파트에서 자동차를 잘못 세워 남에게 불편을 끼치지
  않도록 한다. 차의 앞창 문에 자기 집 전화번호를 항시 붙여 놓는다.
- 냄새가 심한 물건이나 음식 찌꺼기 등은 지정된 장소에 빨리 치워 불쾌감
  을 주지 않게 한다.
- 우리 마을에 시정할 일이 생기면 즉시 공공기관에 연락하여 시정하도록
  힘쓴다.

(2) 이웃 어른에 대한 예절

- 이웃 어른을 만나면 몇 번이라도 공손히 인사하고 혹시 어른이 몰라보시
  더라도 자신을 밝힌다.
- 혹시 홀로 계시는 외로운 노인이 있을 경우에는 신경을 써서 보살펴 드리
  고 경로정신을 발휘한다.
- 어른을 모시고 있는 집에는 놀러가서 오래도록 떠들고 놀지 않도록 한다.
- 어른이 길을 지나실 때에는 급한 일이 아니면 가로질러서 먼저 지나치지
  않도록 한다.
- 기력이 없는 노인이 무거운 짐을 들고 가신다면 여쭙고 도와드린다.
- 어른 앞에서는 크게 고함을 지르거나 이상한 몸짓을 하지 않는다.
- 어른 앞에서는 항상 손을 앞으로 공손히 마주 잡고 있도록 하며 뒷짐을
  진 채로 어른이 대하지 않도록 한다.
- 어른을 대하는 말씨는 항상 조심하여 경어를 쓴다.

(3) 보행시의 예절

- 여러 사람과 함께 길을 걸을 때는 다른 사람의 통행에 방해가 되지 않게 한다.
- 큰 소리로 떠들거나 심한 장난을 하면서 걷는 것은 남에게 좋은 인상을 주지 못한다.
- 윗사람과 동행할 때에는 한두 걸음 뒤를 따른다.
- 보행 중 길거리에 침을 뱉거나 휴지를 절대로 버리지 않는다.
- 가급적 아이스크림이나 과자 등 음식물을 입에 물고 걷지 않도록 한다.
- 길을 건널 때에는 반드시 횡단보도 기타 정해진 곳을 이용하여 교통신호를 잘 지킨다.
- 길을 걷다가 윗사람을 만났을 때에는 서너 걸음 앞에 멈춰 서서 허리를 굽혀 인사한다.

(4) 바람직한 소개 예절

① 다른 사람을 소개할 때

- 두 사람을 소개할 대는 아랫사람을 먼저 웃어른께 소개한 다음 웃어른을 소개한다.
- 친밀 정도가 다른 두 사람을 소개할 때는 친한 사람을 친하지 않는 사람에게 먼저 소개한다.
- 같은 또래의 남자와 여자를 소개할 때는 남자를 여자에게 먼저 소개한다.

② 첫인사를 할 때

- 누군가의 소개에 의해 첫인사를 할 때는 소개된 사람이 소개받는 사람에게 먼저 자기의 성명을 말하며 인사한다.
  예) '사장님, 이분은 OO회사의 OO부장 OOO입니다.'라고 성과 이름을 밝힌다.

- 방문자인 손님과 방문 받는 주인이 인사할 때는 손님이 먼저 자기소개를 하며 인사한다.

  예) '선생님, 저는 OO동에 사는 OOO입니다. 돌연히 찾아뵈어 죄송합니다.' '저는 OOO입니다. 이렇게 뵙게 되어 반갑습니다.'

- 아무런 소개가 없이 직접 첫인사를 할 때는 인사를 하고자 하는 사람이 먼저 자기소개를 한다.

- 상대방이 자기소개를 하며 인사를 청하면 정중하게 받아들이고 역시 자기소개를 한다.

- 상대방이 대답하기 거북한 질문이나 비밀에 관계되는 것은 묻지 않는다.

- 상대방에게 첫인사를 청할 때는 분위기에 맞아야 하며 상대방에게 방해되거나 거북스런 때와 장소에서는 청하지 않는다.

③ **명함을 주고받을 때**

- 자기를 먼저 소개하는 사람이 자기의 명함 글자를 상대방이 바로 볼 수 있도록 두 손으로 잡고 정중하게 건넨다.

- 명함을 받는 사람은 두 손으로 명함의 아래쪽을 잡아서 받는다. 혹 한 손으로 받을 경우에는 오른손으로 명함의 오른쪽 귀퉁이를 잡고 왼손으로 오른손을 받친다.

- 명함을 교환할 때는 아랫사람이 웃어른에게, 남자가 여자에게, 손님이 주인에게 먼저 주어야 한다.

- 만일 상대방이 먼저 명함을 주면 그것을 받은 다음에 자기의 명함을 건넨다.(동시 교환은 실례가 된다.)

- 명함을 받으면 반드시 자기의 명함을 주어야 한다. 만일 명함이 없으면 '죄송합니다. 마침 명함이 없는데 다른 종이에 적어 드려도 되겠습니까?' 라고 사과를 겸해 의견을 묻는다. 상대가 원하면 적어준다.

－ 명함을 받은 상대가 명함이 없다고 하면 특별히 필요한 경우가 아니면
다른 종이에 적어 달라고 청하지 않는다.

2) 모임 장소에서의 예절

(1) 강연회에서

－ 진지한 자세를 갖는다.

(참석하기 전에 연사의 이름과 강연 주제 정도는 알아두는 것이 예의이다.)

－ 강연이 시작되기 10분 전까지는 입장한다.

－ 강연회 장에서는 질서를 지켜야 한다.

· 잡담을 하지 않는다.

· 사방을 자주 두리번거리지 않는다.

· 하품, 기침 등을 하지 않으려고 노력한다.

－ 강연 내용을 간단히 메모하는 것은 청중의 좋은 자세이다.

－ 박수를 칠 때는 힘차게 친다.

－ 강연이 끝나면 연사가 퇴장한 후에 차례대로 질서 있게 퇴장한다.

(강사보다 먼저 일어서는 것은 실례이다.)

(2) 기념회에서

－ 초청을 받으면 꼭 참석하도록 한다.

· 부득이 참석을 하지 못할 경우에는 축전을 보내 주면 좋다.

· 본인이 직접 참석할 경우는 정장 차림의 의복을 단정히 한다.

－ 행사가 시작되기 10분 전까지는 도착하는 것이 예의이다.

－ 도착하면 주최 측에 정중하게 인사를 한다.

- 방명록에 서명하고 회비가 있으면 납부한다.
- 기념식이 진행되는 도중에 자리를 뜨거나 잡담을 하는 것은 교양이 없는 행동이다.
- 식이 끝난 후에는 잠시 자리에 앉아 장내의 분위기가 안정되면 주최 측에 축하 또는 격려 인사를 하는 것이 예의이다.

(3) 음악회에서

- 시작되기 10분 전에는 입장해야 한다.
- 연주 중에 이야기하는 것은 금물이다.
- 지루하더라도 끝까지 진지한 태도로 경청한다.
- 앙코르를 청할 때는 두 번 정도 청해서 안 되면 그만둔다.
- 휘파람을 불거나 소란한 행위를 해서는 안 된다.
- 휴대 전화기를 가지고 입장할 경우 스위치를 꺼둔다.
- 남을 의식하지 않은 채 지나치게 자신의 감정을 표출하지 않는다.
- 박수를 칠 때는 힘차게 친다.
- 음악을 이해하지 못하는 어린이는 동반하지 않는다.

(4) 전시장에서

- 관람을 통하여 무엇을 배우고 느끼겠다는 진지한 마음 자세를 가진다.
- 팸플릿이나 안내 책자를 보고 예비지식을 갖추는 것이 좋다.
- 작품에 대해 궁금한 점이나 의문 사항이 있으면 다 감상한 후에 안내원이나 작가에게 문의하는 것이 바람직하다.
- 함부로 작품 평을 하지 않는 것이 예의이다.
- 전시품이나 작품에 손을 대거나 훼손시켜서는 안 된다.
- 사진 촬영은 허가를 얻어서 한다.

－ 손을 호주머니에 넣고 있거나 뒷짐을 지는 자세는 실례이다.

3) 공중도덕 예절

사람은 혼자서 살 수 없다. 남과 더불어 공동생활을 하는 사람은 누구나 남을 의식하여 남에게 폐가 되는 일은 하지 않아야 한다. 예를 들어, 길거리나 공원에 휴지나 오물을 버리는 행위는 공중 도덕에 위반되는 것이다. 자기가 버린 것은 청소부가 아니면 그 누군가가 치워야 하므로 결국 남에게 폐를 끼치는 것이 된다. 남이야 어떻든, 나만 편하면 되고, 내 좋을 대로만 하면 된다는 사고방식은 사회를 해치고 마침내는 자신에게도 손해가 오는 것이다. 따라서 사람이 모여 사는 사회에서는 반드시 지켜야 할 공중 도덕이 있고, 이것을 지키지 않으면 여러 사람에게 불편과 불쾌감을 주게 되니 결국은 남을 해치는 것이 되고 마는 것이다.

모든 예절의 근본은 남을 의식하여 남에게 폐를 끼치지 않으려는 마음가짐에서 비롯된다. 공중도덕을 지키는 정도는 바로 그 사람의 교양수준과 선진국, 후진국임을 나타내는 척도가 되는 것이니 여러 사람이 사용하는 공공시설은 자기 것처럼 아끼고 조심스럽게 다루어야 한다.

(1) 공중전화 예절

－ 조용히 자기 차례를 기다린다.

－ 뒷사람을 위해 용건만 간단히 말하고 넘겨준다.

－ 통화 시간이 길어질 때는 뒷사람에게 양해를 구한다.

－ 통화 중이란 신호가 오래 나면 뒷사람에게 '먼저 거시지요'하고 양보하는
  것도 좋다.

- 전화를 끝내고 나올 때는 기다리게 해서 미안하다고 말한다.
- 동전이나 카드 외의 다른 것을 사용하여 고장을 내서는 안 된다.
- 고장이 나 있을 때는 '고장'이란 팻말을 꽂아 두는 것은 다른 사람을 위해 좋은 일이다.

(2) 승강기(엘리베이터) 예절

- 차례대로 기다리는 여유 있는 마음을 가진다.
- 노약자, 어린이 및 여성이 먼저 타고 내리도록 한다.
- 자기 편리를 위해 승강기를 오래 멈추게 하지 않는다.
- 승강기 안에서 장난을 치거나 소란스럽게 하지 않는다.
- 승강기 안에서 만나는 사람에게 가벼운 인사를 잊지 않는다.

(3) 대중목욕탕 예절

- 피부병이 있는 사람은 스스로 판단해서 가지 않는다.
- 욕조 안에 들어갈 때에는 반드시 비누로 몸을 씻고 들어가고 탕 속에서 때를 씻지 않는다.
- 큰 소리로 떠들거나 장난을 치지 않는다.
- 옆 사람에게 물이나 비누 거품이 튀지 않도록 조심한다.
- 사용한 물건은 제자리에 놓아 둔다.
- 쓸데없이 물을 허비하지 않도록 하고 목욕 이외의 세탁 등을 하지 않도록 한다.

(4) 자동판매기 예절

- 자기 차례를 조용히 기다린다.
- 여러 번 물건을 빼내야 할 때는 뒷사람에게 양해를 구한다.

- 기계를 무리하게 조작하지 않는다.
- 뒷사람에게 목례한 후 떠난다.

(5) 공중화장실 예절

- 공중 화장실에 들어갈 대에는 반드시 남녀 구분을 확인하고 인기척(노크)을 한다.
- 반드시 정해진 화장지를 사용한다.
- 정결하게 사용하고 사용 후에는 물을 꼭 내린다.
- 낙서를 하거나 벽에 침을 뱉는 등 불결한 행동을 하지 않는다.
- 화장실 내에서 신문, 잡지 등을 보면서 너무 오래 있지 않는다.
- 화장실 거울 앞에 너무 오래 서 있는 것은 남에게 방해가 된다.

(6) 수영장 예절

- 들어가기 전에 얼굴과 손발을 씻고 들어간다.
- 탈의실 외의 다른 장소에서 옷을 벗지 말 것이며 너무 지나친 노출은 안 된다.
- 화장한 얼굴은 깨끗이 씻어야 하고 장식물은 착용하지 않는다.
- 물 속에 들어가기 전에 준비운동을 한다.
- 물 속에서 코를 풀거나 소변을 보는 등 불결한 행동은 절대로 해서는 안 된다.
- 이성의 몸을 주시하거나 비아냥거리는 말 등을 삼간다.
- 수영 이외의 다른 행동을 금하며 장난을 치지 않는다.

(7) 운동경기 관람장 예절

- 먼저 경기 규칙을 알고 관람하면 이해가 잘 되고 흥미도 있다.

- 선수를 야유하거나 폭언, 욕설을 해서는 안 된다.
- 흥분하지 말고 공정한 태도로 관전한다.

  (경기장에 뛰어들거나 장내로 물건을 던지는 것은 안 된다.)
- 승패에 너무 집착하지 말고 축하와 격려를 해주는 마음의 여유를 가진다.

(8) 공원 · 유원지 · 놀이터 예절

- 입장할 대나 시설물을 이용할 때는 차례를 지킨다.
- 자연 환경(풀이나 나무, 꽃, 열매 등)을 훼손해서는 안 된다.
- 전시 관람물에 손을 대거나 더럽혀서는 안 된다.
- 남이 하는 놀이에 참견하거나 방해되는 일을 하지 않는다.
- 시끄럽게 떠들거나 악기 등을 두들겨 소란을 피우지 않는다.
- 남을 희롱하거나 야유, 시비하는 일이 없도록 한다.
- 휴지, 쓰레기, 오물 등을 반드시 지정된 곳에 구분하여 버리거나 자기가 가지고와서 처리한다.
- 먹고 마시는 것도 지정된 곳에서만 하고, 특히 취사나 용변 등은 지정된 곳이 아니면 절대로 해서는 안 된다.
- 서로가 건전하게 자기의 즐거움을 누릴 수 있도록 조심한다.

(9) 등산 · 낚시 등 취미 생활 예절

- 취미생활은 각자에게 적합한 것이어야 한다.

  (절대로 남에게 강요하지 말아야 한다.)
- 자신의 취미생활로 인해 자연을 훼손해서는 안 된다.
- 취미란 스스로 즐기는 것이므로 남의 취미를 비방하지 않는다.
- 자기 취미 분야에 관한 지켜야 할 규칙이나 예절을 미리 알아둔다.
- 모르는 사람이라도 가벼운 인사를 하면 서로의 마음이 가까워질 수 있다.

– 머물렀던 장소의 주변을 정리하고 흔적을 남기지 않는다.

(10) 해수욕장 예절

– 밤늦게까지 시끄럽게 떠들거나 노는 것은 삼간다.
– 수영 후 휴식 시간에는 가운을 입는다.
– 수영장 이외의 길에서 수영복 차림으로 걷는 것은 예의에 어긋난다.
– 준비운동은 충분히 하고 자신의 수영 실력을 과시하려는 행동은 삼간다.
– 수영금지 구역에는 들어가지 않는다.
– 이성의 신체를 주시하거나 너무 가까이 가려고 하지 않는다.
– 물속에서 심한 장난을 치지 않는다.
– 항상 주위 사람을 의식하고 남에게 피해를 주는 행동은 하지 않는다.
– 용변은 반드시 지정된 곳에서 본다.
– 주변을 깨끗이 하고 쓰레기를 되가져 가도록 한다.

(11) 시장 · 백화점에서 예절

– 많은 사람이 물건을 사기 위해 모이는 혼잡한 곳이므로 특별히 주의한다.
– 남을 헤집고 다니지 말고 사람의 흐름에 따라 앞으로 나간다.
  (남의 통행에 방해가 되는 일이 없도록 한다.)
– 가능하면 자기가 사야할 물건이 어디 있는지 미리 알아서 찾아가도록 한다.
– 자기가 살 물건이 아니면 만지지 말며 판매원과 이야기하는 일을 금한다.
– 다른 사람이 판매원과 흥정하는 사이에 끼어들지 않는다.
– 자기가 필요한 물건을 결정하면 신속하게 거래를 끝내도록 한다.
– 값이 싸다고 당장에 필요 없는 물건을 사는 것은 낭비임을 알고 충동구매
  를 하지 않도록 한다.
– 남이 산 물건을 뒤적이지 말고 남의 돈지갑을 기웃거리지 말 것이다.

– 여러 가지 물건을 흩트려 놓았을 때는 미안하다는 간단한 인사를 한다.

(12) 은행·관공서에서 예절

– 창구 이용 시에는 차례를 지킨다.
– 남의 입출금 내용이나 서류를 알려고 기웃거리지 않는다.
– 모든 신청서류나 용지는 양식대로 기록하며 잘 모르는 사항이 있으면 담
  당자에게 문의한다.
– 창구 직원과 잡담을 하거나 장황한 이야기로 남을 기다리게 하지 않는다.
– 시간을 엄수하며 업무 결과를 꼭 확인한다.

(13) 흡연 예절

– 담배를 피우는 것은 백해무익이라고 한다. 특히 건강에 매우 해로우며 환
  경 정화에 좋지 않으므로 아예 피우지 않도록 해야 한다.
– 성인이 된 자로서 담배를 피워야 할 때는 반드시 지정된 장소에서만 피워
  야 한다.
– 자기보다 15년 이상 연장자 앞에서는 피우지 않으며 담배나 불을 빌리지
  않는다.
– 금연 장소에서는 피우지 않으며 금연 표지가 없더라도 밀폐된 장소나 여자
  와 아이들 또는 담배를 피우지 않는 사람이 많은 곳에서는 피우지 않는다.
– 담배꽁초나 재는 반드시 재떨이에 버리고 불조심을 철저히 한다.
– 식사 후 흡연 시 재를 음식 그릇에 떠는 것은 보기에 흉하다.
– 담배 연기를 남의 얼굴 쪽으로 뿜지 않는다.
– 낯선 장소에서는 주인에게 물어 승낙이 있어야 담배를 피운다.

(14) 음주 예절

- 미성년자는 술을 마시지 않는다. 성인이라도 술을 지나치게 마시면 건강
  에 매우 해로우며 실수로 인해 처세에 지장을 초래할 경우가 많으므로
  알맞게 술을 마시는 습관을 길러야 한다.
- 어른 앞에서 술을 마실 때는 돌아앉거나 옆으로 비껴 앉아서 마신다.
- 어른께 술을 올릴 때는 잡수시겠는지 여쭈어 본 다음 무릎을 꿇고 앉아
  두 손으로 술을 다르고 두 손으로 잔을 받들어 올린다.
- 어른께서 주시는 술잔은 반드시 무릎을 꿇고 두 손으로 받아서 마신다.
- 술은 취하도록 마시지 않는다. 따라서 큰 잔에 강제로 술을 돌려 마시게
  하는 것은 실수나 사고의 원인이 된다.
- 여러 사람이 술을 마실 때는 분위기에 맞추어 천천히 마신다. 폭음하여
  미리 취해 버리면 남에게 추하게 보인다.
- 자기에게 술을 준 사람에게는 본인이 사양하지 않으면 반드시 술을 준다.
- 취중에 쓸데없는 말이나 감정적인 화제를 피하고 건전하고 즐거운 이야
  기, 건설적인 담화를 나눈다.

(15) 다방에서 차 예절

- 다방에서는 정숙하게 분위기를 즐길 줄 알아야 한다.
- 상대에게 차를 권할 때는 무슨 차를 마시겠는가를 묻는다.
- 다른 사람이 차를 살 때는 값이 비싼 차를 사지 않도록 한다.
- 차 마시는 소리와 찻잔 부딪히는 소리가 나지 않게 마신다.
- 다방의 종업원에게도 고맙다는 뜻을 표하고 예의를 지킨다.
- 찻값은 먼저 차를 마시자고 한 사람이 낸다.

(16) 식당에서 식사 예절

- 식당에서는 정숙하게 차례를 지켜 남에게 방해가 되지 않게 한다.
- 종업원을 조용하게 불러 음식을 청한다. 만일 다른 사람을 대접할 때는 반드시 무엇을 먹을 것인가를 묻는다.
- 음식이 나오기를 지나치게 재촉하지 않는다.
- 남으로부터 대접을 받을 때는 비싼 음식과 먹기에 복잡한 것을 피한다.
- 음식 값을 각기 부담할 때도 가급적이면 색다른 음식보다는 같은 종류를 먹는다.
- 음식 먹는 소리나 그릇 부딪히는 소리가 나지 않도록 한다.
- 음식찌꺼기를 아무데나 버리지 말고 지정된 곳에 버리며 휴지(냅킨)등도 바닥에 버리지 않는다.
- 하품, 트림, 딸꾹질 등은 자제한다.
- 이쑤시개를 사용할 때는 상대방이 보이지 않게 한쪽 손을 가리고 한다.

(17) 승용차의 승차 예절

- 윗사람이나 손님이 승차 시에는 아랫사람이 오른손으로 문을 열고 왼손으로 안내한다.
- 윗사람이나 손님이 하차 시에는 내리는 문의 옆에 서서 문을 오른손으로 열고 안전을 확인한 뒤 하차를 권유하고 도와 드린다.
- 여성이 승차할 때는 몸을 먼저 넣고 양다리를 붙여 가지런히 옮긴다.
- 한복을 입은 여성이나 노인은 차안에 들어가기 힘드니까 상석에 앉는다.
- 차안에서의 행동은 운전자의 양해를 구해서 한다.
  (예) '창문 좀 열어도 되겠습니까?'(문을 열고 싶을 때)

* 승용차(택시)를 탈 때의 상석(숫자는 우선 순위)

- 운전기사가 있는 경우 (3명이 탈 때)
  - 운전기사의 대각선 쪽 뒷좌석 ①
  - 운전기사의 뒷좌석이 ②
  - 운전기사의 옆 좌석이 ③

- 운전기사가 있는 경우 (4명이 탈 때)
  - 운전기사의 대각선 쪽 뒷좌석 ①
  - 운전기사의 뒷좌석이 ②
  - 뒷좌석의 가운데가 ③
  - 운전기사 옆 좌석이 ④

- 손수 운전인 경우
  - 운전자의 옆 좌석이 ①
  - 운전자의 대각선 쪽 뒷좌석이 ②
  - 운전자의 뒷좌석이 ③
  - 뒷자리의 가운데가 ④

- 주인과 대등한 입장에 대화를 나눌 수 있는 경우에는 운전자의 옆좌석이 상석이다.
- 단 운전자의 부인과 함께 탄 경우는 운전석 옆자리가 부인의 자리이다.
- 아이들은 반드시 뒷좌석에 태운다.
- 지프차의 상석은 운전자 옆 좌석이다.

(18) 택시의 승차 예절

- 줄지어 섰다가 자기 차례가 되면 탄다.
- 택시 정류장이 따로 지정되어 있으면 그 곳에서 타고 내린다.
- 택시가 가기 어려운 곳이나 차를 돌릴 수 없는 곳으로 억지로 가기를 요구하지 않는다.
- 타고 내릴 때는 반드시 고맙다는 인사를 한다.
- 도중에 같은 방향으로 합승하기를 청하는 손님이 있으면 사정을 보아 양해한다.
- 운전기사는 손님의 양해가 없으면 절대로 합승을 시키지 않는다.
- 운전기사도 손님이 타고 내릴 때 반드시 고맙다는 인사를 한다.

(19) 대중 교통수단 이용 예절

- 여러 사람이 함께 이용하는 대중 교통수단을 이용할 때는 차례대로 탄다.
- 노약자, 어린이 등에게 자리를 양보하는 것은 보기에 아름답다.
- 같이 탄 사람에게 불편함을 주지 않도록 주의한다.
  (공연히 자주 통로를 내왕하지 않도록 한다.)
- 큰 소리를 지르거나 교양 없는 언어로 소란스럽게 하지 않는다.
- 시설물을 깨끗하게 사용한다.
- 창문을 여닫을 때나 차양막을 오르내릴 때는 옆 사람에게 양해를 구한다.
- 불편함이 잇을 시는 승무원이나 종업원에게 물어서 해결한다.
- 여행 중 음식물을 먹어야 할 때에는 깨끗하게 먹고 쓰레기는 지정된 곳에 버린다. 차안에서 소리 내어 껌을 씹거나 뱉는 행위, 바닥에 침을 뱉는 행위는 절대로 하지 않는다.
- 복잡한 차 내에서 남의 발을 밟거나 심하게 부딪치지 않도록 조심하며 급히 내리느라 다른 사람을 미치는 일이 없도록 한다.

- 차창 밖으로 오물을 버려서는 안 되며 멀미로 인해 남에게 피해를 주는 일이 없도록 한다.
- 목적지에 도착해서 내릴 때도 완전히 정차한 뒤에 앞쪽부터 차례대로 내린다.

* 기차, 버스, 비행기 등에서의 상석
- 창쪽과 통로쪽은 창쪽이 상석이다.
- 가는 방향을 바라보는 쪽이 등지는 쪽보다 상석이다.
- 출입문 쪽보다 안쪽이 상석이다.
- 안전한 곳과 편리한 곳이 상석이다.
  ① 진행 방향으로서의 창가 ② 맞은편 창가
  ③ 진행방향 옆자리 ④ 맞은편 창가 옆자리

(20) 여행 예절

- 여행 전에 미리 계획을 세운다.
- 여행 목적지에 대한 사전 지식을 갖추면 좋다.
- 여행 일정은 꼭 가족에게 알려 걱정이 되지 않도록 한다.
- 여행에서 혼자만의 생각이나 자기 위주의 일방적인 행동은 금물이다.
- 여행 중 가벼운 인사도 하고 음식도 권하는 미덕을 보인다.
- 차 안에서 옷차림을 단정히 한다.
- 신발을 벗고 양말을 신지 않은 채 있는 것은 실례다.
- 차창 밖으로 손이나 머리를 내밀지 않도록 주의한다.
- 큰 소리로 노래 부르거나 고함을 치는 행위는 산가야 한다.
- 옆 사람에게 피해를 주거나 기분을 언짢게 하는 자세를 삼간다.
- 단체 여행 중에는 개인행동은 될수록 금한다.

- 오물이나 쓰레기는 절대로 함부로 버리지 않는다.

(21) 길거리에서 예절

- 교통에 방해가 되는 행동은 하지 않는다.
- 휴지, 꽁초 등을 절대로 버리지 않는다.
- 껌은 종이에 반드시 싸서 휴지통에 버린다.
- 길을 건널 때는 반드시 횡단보도, 육고, 지하도를 이용한다.
- 큰 소리로 떠들며 걷거나 무엇을 먹으면서 걷는 것은 보기에 좋지 않다.
- 좁은 길에서는 어른이나 여성이 먼저 가도록 양보한다.
- 길을 가다가 윗사람을 뵙게 되면 서너 걸음 앞에 멈추어 서서 공손히 인사한다.
- 같이 걷는 사람이 있으면 걸음 속도를 맞추고 윗사람과 걸을 때는 한두 걸음 뒤에서 따른다.
- 횡단보도는 조금 빨리 건너고 녹색 신호가 깜빡거리면 다음 신호를 기다린다.

2.

예절 바른 초대와 방문

1) 초대 예절

(1) 초대할 경우

- 손님을 초대할 때는 목적, 장소, 시간을 분명히 해서 상당한 시간의 여유를 두고 초대한다.
- 서로 참석하기 거북한 사람을 동시에 같은 장소에 초대하지 않는다. 가능하면 통지할 때 초대 범위를 명시한다.
- 참석 여부의 회신을 요구하기도 한다.
  (이 때는 반드시 회신용 엽서나 우표를 붙인 봉투에 동봉한다.)
- 초대 장소의 위치가 명시된 약도와 교통편 및 주차 시설 등을 세밀하게 안내한다.
- 주인측은 손님을 맞이함에 있어서 위계질서에 유의하여 좌석을 배치하고 접대 예절을 갖춘다.
- 주인측은 예정 시간 30분 전부터 입구에서 손님을 맞이하고 인사를 한다.

(2) 초대받을 경우

- 초대를 받고도 참석하지 못할 사정이면 미리 연락한다.

- 가능하면 '도와야 할 일이 없는지?'묻는 것도 좋다.
- 옷차림, 몸가짐을 초대의 목적에 어울리도록 한다.
- 초대 시간에 늦지 않도록 장소의 위치, 교통편 등을 미리 점검한다.
- 초대받는 사람이 아는 사람이라도 초대받지 않은 사람을 임의로 동행하거나 분위기를 흐리게 할 아이들을 데리고 가서는 안 된다.
- 초대의 목적이 사례나 부조를 해야 할 일이면 형편에 맞게 준비한다.
- 초대 장소에서는 초대 목적 이외의 화제나 일로 분위기를 흐리게 하지 않는다.
- 초대 장소에 지나치게 늦게까지 머물지 말고 초대 목적의 행사가 끝나면 주인에게 인사하고 물러난다.

2) 방문 예절

- 남의 가정이나 사무실에 방문할 때는 미리 연락하여 양해를 구한다.
- 방문 사실을 미리 연락할 때는 방문 목적, 시간 등을 알린다.
- 상대가 환영하지 않거나 바쁜 시간에는 방문하지 않는다.
  (이른 아침, 늦은 밤, 식사 시간 등에 방문하는 것은 실례가 되므로 피하는 것이 좋다.)
- 방문 시에는 상대에게 불편이나 불쾌감을 주지 않도록 옷차림 등에 주의한다.
- 아이들을 동행하여 소란을 피우거나 엉뚱한 사람과 동행하여 주인을 당황하게 해서는 안 된다.
- 실내에 들어갈 때는 방한용이나 겉옷을 벗고 바닥을 더럽히지 않도록 발바닥을 정결하게 한다.
- 남의 집을 방문할 때는 현관에서 벨을 누르고 응답이 없으면 10여초 정도

기다렸다가 다시 누른다.

(벨을 사용치 않을 때는 '계십니까?' 또는 '실례합니다'라고 부른다.)

- 안내를 받아 입실하게 되면 권하는 자리에 앉되 상좌는 사양한다.
- 용무가 끝나면 너무 지체하지 말고 바로 일어난다.

3) 영접 예절

- 밖에서 손님이 찾으면 즉시 '예' 하고 대답하고, 현관문을 열어 손님을 맞이한다.
- 내방의 약속이 있었으면 '기다리고 있었습니다' 또는 '어서 오십시오'라고 친절하게 모신다.
- 바깥주인이 없을 경우, 모르는 남자 손님이면 응접실로 안내하지 않아도 무방하다.
  '모처럼 방문하셨는데……, 지금 안 계시는데 미안합니다. 다음에 다시 오시기 바랍니다.' 등으로 이야기 한다.
- 손님의 모자나 외투를 받아 옷걸이에 건다.
- 여자 손님을 남자가 대접할 때는 몸이나 물건에 손을 대서는 안 된다.
- 손님을 가급적 상좌에 권한다. 연령이나 직위가 낮더라도 손님으로서 대접을 해야 한다.
- 돌아가시는 손님은 친절히 전송해야 한다. 현관에 있는 구두의 방향을 돌려 놓고 구두주걱을 건네주고, 현관문을 주인이 열며 대문 밖까지 나가서 '안녕히 가십시오'하고 인사한다.

3.
축하와 위문 예절

1) 축하(祝賀) 예절

'기쁨은 나누면 배가 되고 슬픔은 나누면 반이 된다'는 말이 있듯이 경사스러운 일이 있을 때 함께 기뻐하고 슬픈 일이 있을 때 위로해 주는 것은 상부상조하는 우리 민족의 좋은 전통이다.

(1) 진학 · 입학 축하

- 소식을 들었을 때 진심에서 우러나는 축하의 인사를 한다.
- 인사말은 'OO학교 진학을 축하한다. 훌륭한 사람이 되어야 한다.', '입학을 축하한다, 큰 꿈을 키워라.' 등이 있다.
- 대답 말은 '고맙습니다. 열심히 하겠습니다.'등이 있다.
- 마음의 선물을 보내어 축하해 줄 수도 있다.

(2) 졸업 축하

- 졸업은 한 과정의 마지막이오, 출발점이다.
- 소식을 들었을 때 진심으로 축하한다.
- 인사말은 '졸업을 축하합니다.', '졸업을 축하하며 앞날의 성공을 빕니

다.', '학위 받음을 진심으로 축하합니다.'등이 있다.
- 대답 말은 '고맙습니다.' '더욱 열심히 하겠습니다.'등이 있다.
- 정성이 담긴 선물을 전해 축하해 줄 수도 있다.
- 더욱 노력하여 더 좋은 결과를 가져올 수 있도록 희망적인 격려를 해 주면 좋다.

(3) 취직 · 승진 축하

- 인사말은 'OO에 취직된 것을 축하합니다.' 등이 있다.
- 대답 말은 '감사합니다. 힘껏 일하겠습니다.' 등이 있다.
- 전화, 편지, 축전 등을 보내 축하할 수도 있다.
- 한턱내라고 강요하는 것은 별로 아름다운 것이 아니다.
- 더욱 열심히 노력하도록 격려도 해 준다.

(4) 생일 · 생신 축하

- 생을 얻은 기쁨을 축하하며 건강과 장래의 발전을 기원해 준다.
- 어른의 생신은 더욱 정중하게 축하 인사를 드린다.
  (예) '생신을 축하합니다. 만수무강 하십시오.'
- 생일 선물은 본인에게 꼭 필요한 것을 성의껏 준비한다.
- 젊은이의 생일날은 낳아서 길러주신 부모님께 감사하는 날임을 잊지 말고 생일 선물이 없더라도 너무 섭섭하게 여기지 않는 것이 좋을 것이다.

(5) 결혼 축하

- 예식이 시작되기 전에 식장에 도착하여 혼주(신랑)에게 축하 인사를 하고 친족은 예식에 끝까지 참석하는 것이 예의이다. 참석하지 않고 바로 식당으로 가는 것은 바람직하지 않다.

– 부득이하여 참석하지 못할 경우에는 나중에라도 축하 인사를 하는 것이 예의이다.

(6) 회갑 축하

– 정중한 축하의 인사를 드린다.
– 인사말 예시
  · 본인에게; '생신(회갑)을 축하합니다. 만수무강 하십시오.'
  · 자녀에게: '어르신의 회갑을 축하합니다. 저토록 기력이 좋으시니 얼마나 기쁘십니까?'
– 대답 말 예시
  · 본인: '고맙습니다. 모두 염려해 주신 덕분입니다.'
  · 자녀: '감사합니다. 기력이 늘 조심스럽습니다.'

2) 위문(慰問) 예절

(1) 문병(問病) 예절

– 면회는 반드시 면회시간을 지켜야 하고 또 회복기를 이용하는 것도 좋다.
– 의사나 간호사의 활동에 방해가 되지 않게 한다.
– 병실에서의 대화는 다른 환자에게 지장을 주지 않도록 최대한 조용히 한다.
– 문병시간은 환자의 상태에 다라 조절하며 환자의 상태가 좋지 않을수록 시간은 짧게 한다.
– 병환 중 면회 사절인 경우는 가족을 위로한다.
– 부담 없는 위로의 물건(꽃, 음료수, 과일 등)을 가져가서 위로할 수도 있다.

(2) 조문(弔問) 예절

조문 예절은 조상(弔喪)과 문상(問喪)을 일컫는 말이다. 조상(弔喪)은 죽은 이에게 예를 표하는 것이고, 문상(問喪)은 상주(喪主)에게 인사하는 것을 말한다. 그러나 요즈음에는 조문(弔問)이나 문상(問喪)을 구별하지 않고 사용한다.

① 인사말

어느 경우에나 아무 말도 하지 않는 것이 예의이다. 만약 말을 할 경우는 다음과 같이 하면 된다.

상 황	문상객의 말	상주의 말
일반적으로 두루 쓸 수 있는 말	삼가 조의를 표합니다. 얼마나 슬프십니까? 뭐라 드릴 말씀이 없습니다.	드릴 말씀이 없습니다. 오직 슬플 따름입니다.
부모상의 경우	얼마나 망극(罔極) 하십니까?	

- 조상(弔喪) : 죽음을 슬퍼한다는 뜻이다. 죽은 이가 남자이면 손님이 영좌 앞에서 죽은 이에게 슬픔을 나타내기 때문에 남자가 죽은 상(喪)에 인사하는 것을 조상(弔喪)이라 한다(조객록에 기록한다).
- 문상(問喪) : 근친의 죽음에 대한 슬픔을 묻는다는 뜻이다. 죽은 이가 여자이면 손님이 죽은 이에게 인사하지 않고 주상(主喪)이나 주부(主父; 집안의 어른) 이하 복인(服人)에게만 위문하기 때문에 여자가 죽은 상(喪)에 인사하는 것을 문상(問喪)이라 한다(조위록에 기록한다).

② 조문 방법

- 상가에 도착하면 먼저 호상소(護喪所)에 들여 인사하고 안내에 따른다. 성복(成服)이 끝나면 조객들의 문상을 받는다. 조상(弔喪)의 순서는 조객이 영좌 앞에 인도 받아 향로에 세 번 향을 사르고 남자는 오른손, 여자는

왼손이 위로 가게 공수(拱手)하고 잠시 곡(哭)이나 묵념을 한 다음 남자는 두 번, 여자는 네 번 큰절을 한다(이때 만일 경례를 할 경우에는 90도 각도의 의식경례를 한 번만 한다).

- 절이 끝나면 상주를 향해 상주와 마주보며 부복(俯伏)하여 서로 곡을 하다가 맞절을 한다.
- 인사말은 망인이 조객보다 수상(手上; 윗사람)일 때는 대고(大故), 수하(手下; 아랫사람)일 때 상고(喪故) 말씀한 후 "할 말이 없습니다"라고 한다.
- 만일 죽은 이가 조카나 종손 및 종질 등 항렬이 낮고 나이 차이가 많은 아랫사람으로서 평소 상배(相拜; 맞절)하지 않는 경우에는 영좌 앞에서 곡(哭)은 하나 절은 하지 않는 것이 도리이다. 이때 족친간으로서 평소 인사할 경우에 상배례를 하는 위치에서는 형제간이나 숙질간이라도 절을 하는 것이 옳다고 본다.
- 자부상(子婦喪)일 때는 인척이나 족친(族親)이 아니면 영위에는 곡(哭)이나 배례는 하지 않는 것이 옳으며, 인사말은 소조(所遭; 고난이나 치욕을 당함) 말씀을 한 후 "할 말이 없습니다"라고 한다.
- 내간상(內艱喪: 타성의 부인이 별세 한 초상을 말함)일 경우 친척이 아니면 영위에 곡이나 재배(再拜)도 아니하고 상주를 향해 부복(俯伏)하여 상향곡(相向哭)을 한 후 절을 하고 위로의 말을 한다. 다만 내간상이라도 친구의 부모나 연세가 많은 어르신 영위에는 시속(時俗)에 따라 배례하는 것이 무방하다고 본다.
- 또한 내간상이라도 남편(男便)이 주상(主喪)일 때는 망령의 부군(夫君)에게 먼저 인사하고 그 다음 상주(喪主; 子)와 상향곡을 하고 서로 배례한다. 이때도 영위에는 곡이나 배례하지 아니한다.
- 사부인상(查夫人喪)의 문상은 생존시 상면유무(相面有無)를 가릴 것 없이 영좌에 곡이나 절하지 않고 상주와 마주하여 절하고 주문의 말을 한다.

※ 참고(參考) : 주의할 점

  - 성복례를 하기 전에는 주상(主喪), 주부(主父), 복인(服人)들이 슬픔으로
    경황이 없을 것이므로 조문을 하지 않고 호상(好喪)에게만 인사한다. 성
    복전이라도 부득이 문상을 해야 할 경우 친척이면 영위 앞에 꿇어 앉아
    곡을 하고 배례는 안 한다.
  - 초상은 분명 흉사이므로 상주가 슬픔으로 삼가 근신하지 않고 이곳저곳을
    찾아다니면서 조객에게 접대나 인사하는 것은 결례이니 조심해야한다.
  - 상제는 영좌를 모신 방을 지켜야 하므로 조객을 일일이 배웅하지 않는다.
  - 조문 시에는 백색, 흑색, 옥색, 아니면 현란하지 않은 단일색 복장으로
    소탈한 차림새를 해야 한다. 짙은 화장이나 지나친 액세서리도 피하는 것
    이 옳다. 남성의 경우에는 양복이 원칙이다. 아니면 감색이나 회색도 실
    례가 되지 않는다. 와이셔츠는 흰색, 넥타이와 양말 및 구두는 검정색으
    로 통일하는 것이 바람직하다.
  - 상주(喪主)는 상복(喪服)을 입는 것이 원칙이나 상복을 별도 마련하지 않
    고 한복을 입을 경우에는 백색 바지저고리에 흰 두루마기를 입는 것이
    좋을 것이며, 양복이면 검정색이나 감색 정도가 무난하고 반드시 흰 와이
    셔츠에 검은색 넥타이로 정장을 하는 것이 예의라 할 수 있다. 아무리
    현대식이라 하더라도 상주나 복인의 복장(服裝)이 잠바차림이나 양복 위
    에 두루마기를 걸치는 것은 삼가는 것이 바람직하다.
  - 조문객을 맞이할 때는 남자 조문객은 남주(男主)가 맞고, 여자 조문객은
    여주(女主)가 맞는다.

③ 문상을 할 때의 예절
  - 옷차림은 화려하거나 색상이 요란한 옷을 피하고 단정하게 입어야 한다.
  - 먼저 호상소(護喪所)로 가서 자신의 신분을 알리고 분향소로 안내를 받는다.
  - 영정 앞으로 나아가 향을 피우고 오른손이 위로 가도록(여자의 경우는 왼

손이 위로 가도록) 포개어 잡은 뒤 잠시 서서 죽은 이를 추모하며 슬픔을 나타낸다.

- 두 세 걸음 뒤로 물러나서 영정을 향하여 두 번 절하며, 이때에도 손은 앞의 요령에 따라 포개어 잡는다.
- 약간 뒤로 물러나서 상주가 있는 쪽을 향해 선 뒤, 상주에게 한 번 절한다.
- 절을 마친 뒤 꿇어앉아 "얼마나 슬프십니까"등 상황에 적합한 인사말을 한다.
- 조문할 다른 손님이 기다리고 있으면 공손한 자세로 물러난다.
- 다시 호상소로 가서 준비된 부조금품 등을 내놓는다.
- 대접하는 다과가 있으면 간단히 들고 일어난다.
- 부모님과 함께 문상을 갈 경우에는 부모님의 지시에 따라 조문한다.

※ 꽃을 선물하여 축하나 위문을 할 때 꽃말의 의미를 알고 하는 것이 좋다. 상황에 어울리지 않는 꽃의 선물은 실례(失禮)가 될 수도 있다.

꽃과 꽃말

개나리 - 소원 성취, 잃어버린 사랑

국화 - 애정[홍], 진실[백], 엷은 사랑[황]

글라디올러스 - 밀회, 무장(武裝)

금낭화 - 돌아오는 행운

금어초(金漁草) - 행운이 옴

나팔꽃 - 기쁨, 정애(情愛)

다알리아 - 변심, 구애

라일락 - 청춘의 환희

모란 - 장려(壯麗)

무궁화 - 일편단심(一片丹心)

물망초(勿忘草) - 나를 잊지 말라, 진실한 사랑

민들레 - 수수께끼

백일홍 - 웅변, 사우(思友)

백합 - 순결[백], 거짓[황]

벚꽃 - 결백, 절개

베고니아 - 친구에 대한 증오, 친구의 친절

수선(水仙) - 주의, 신비, 구애

아네모네 - 견인(堅忍), 진실

아마릴리스 - 자존심

아스파라거스 - 불변

아이리스 - 전언(傳言), 소식

아카시아 - 순정, 우정

월계수(月桂樹) - 명예, 승리

작약 - 수줍음, 분노

장미 - 애정의 고민[백], 열애[홍], 시드는 사랑[황]

채송화 - 가련, 천진난만

튤립 - 명예 애정 고백[적], 끊어진 사랑[황]

카네이션 - 쾌청 구애[홍], 경멸 거절[황]

코스모스 - 사랑, 응종(應從)

클로버 - 소원 성취 및 행운[넷잎], 부지런함[적]

후리지아 - 순정, 청향(淸香)

히야신스 - 승부, 슬픔[자], 애교[백]

3) 경조사의 서식문(書式文)

(1) 결혼식
- 축의(祝儀), 하의(賀儀), 축화촉(祝華燭), 축결혼(祝結婚), 축화혼(祝華婚), 경하혼인(慶賀婚姻), 축성전(祝盛典)

(2) 축하
- 축입선(祝入選), 축당선(祝當選), 축영전(祝榮轉), 축발전축(發展), 축우승(祝優勝), 축입학(祝入學), 축졸업(祝卒業), 축합격(祝合格), 축성탄(祝聖誕)

(3) 회갑연(回甲宴) 및 사례(謝禮)
- 회갑연 : 하의(賀儀), 축희연(祝禧宴), 수의(壽儀), 축수연(祝壽宴), 축회갑(祝回甲)
- 사례 : 약례(略禮), 미충(微衷), 박례(薄禮), 박사(薄謝), 비품(菲品)

(4) 초상(初喪) 및 대소상(大小喪)
- 초상 : 향촉대(香燭代), 전의(奠儀), 조의(弔儀), 부의(賻儀), 근조(謹弔)
- 대소상 : 비의(菲儀), 박의(薄儀), 비품(菲品), 전의(奠儀), 향전(香奠)

(5) 신년 및 추석
- 신년 : 근하신년(謹賀新年)
- 추석 : 절의(節儀)

(6) 문병 및 정년퇴직
문병 : 기축쾌유(祈祝快癒), 기축회춘(祈祝回春)

정년퇴직 : 근위노공(謹慰勞功)

4.

회의(會議)에 관한 예절

1) 회의의 의미와 목적

회의란 여러 사람이 같은 목적을 놓고 의견을 교환해 하나의 결론을 얻어내는 대화의 방법이다. 그러므로 회의는 하나의 주제를 놓고 여러 사람이 의견을 말하고, 때로는 참석자를 설득하고 이해를 구해야 하기 때문에 일방적인 강의·연설과 다르고, 순수한 직접 대화와도 달라 엄격한 질서가 요구된다.

2) 회의록의 작성

(1) 회의록의 작성의 필요성

회의록은 회의가 시작되어 종료될 때까지 회의에서 처리한 모든 사항을 여러 회원들에게 알리고, 기록으로 남겨 두기 위해서 작성한다. 회의가 모두 종료되면 회의 진행을 보좌한 사람은 회의 결과를 자세하게 기록하여 의장에게 보고하고 모든 회원들에게 이를 알려 준다.

(2) 회의록 작성의 내용

- 단체의 이름과 회의의 종류
- 회의 일시와 장소

- 회의에 참석한 회원의 범위와 수
- 개회 시각과 폐회 시각
- 의사 일정
- 제안자와 제안 설명 내용
- 질문자와 질문 내용 및 답변자의 답변 내용
- 토론 참가자와 토론 내용
- 결정된 안건과 그 내용
- 표결 처리한 결과
- 의장과 임원 및 서기의 서명
- 기타 필요한 사항

3) 회의의 진행

(1) 회의 진행의 기구(機構)

회의는 엄격한 질서를 위해 진행을 위한 기구가 필요하다.
① 사회자 : 회의 진행의 절차를 담당한다.
② 의　장 : 회의를 주재해 질서를 유지한다.
③ 서　기 : 회의 내용을 기록한다.

(2) 회의장의 준비(準備)

회의는 회의의 내용과 참석자의 많고 적음 및 의사전달의 효과를 위해 적절한 장소의 준비가 필요하다.
- 참석 인원을 원만하게 수용할 넓이와 좌석을 준비한다. 비좁아서 불편해도 아니 되고, 너무 넓어서 적막감을 주거나 산만해도 아니 되며, 회의하

기에 마땅치 못한 잡음이 있어도 아니 된다.

- 참석 인원과 회의 성격에 맞춰 둥그렇게 둘러앉는 원탁형(圓卓型), 상대
되는 주장끼리 마주보는 대좌형(對坐型), 참석자의 위계를 구분하거나 주
재자와 일반 참석자를 구획하는 상하형(上下型) 중에서 성격에 맞게 좌석
을 배치한다.
- 인원이 많아 장소가 넓을 때는 확성장치를 한다. 난상토론일 때는 개별
마이크를 준비하고, 일정한 발언대가 설치될 때는 발언대용 마이크를 준
비한다.

(3) 회의의 진행방법(進行方法)

회의의 진행은 다음과 같이 한다.
- 의제를 상정한다. 사회자의 순서 제시에 따라 의장이 의제를 상정한다.
- 의안 설명을 한다. 그 의제의 발의자가 내용을 설명하다.
- 토론을 전개한다. 참석자는 의장에게 발언권을 청하고 의장의 승낙을 얻
어 의제에 대해 의견을 제시한다.
- 토론을 종결한다. 의장이 참석자의 의견이 달리 없음을 확인하고 토론의
종결을 선언한다.
- 결론의 의사를 묻는다. 의장은 토론한 의제에 대해 어떻게 의결할 것인가
를 묻는다.
- 동의를 성립시킨다. 의결 방안의 제시가 있으면 의장은 그 의견에 찬동하
는 참석자가 있는가를 묻는다. 찬동하는 재청(再請)자가 있으면 의장은
동의(動議)의 성립을 선언한다. 재청이 없으면 동의를 폐기한다.
- 개의(改議) 여부를 확인한다. 의장은 의사결정에 있어서 동의 이외의 다
른 방안이 있는가를 묻는다. 만일 다른 의사가 제시되면 그것에 대한 재
청이 있는가를 묻고 재청이 있으면 개의를 성립시킨다. 재청이 없으면 개

의를 폐기한다.

- 재개의(再改議)를 확인한다. 의장은 계속해서 다른 의견이 있는가를 묻고 만일 재청을 받는 의견이 나오면 재개의, 재재개의를 성립시킨다.
- 의결 방법을 결정한다. 이미 어떤 형태로든 의결방법이 정해져 있으며, 그 방법에 의하겠지만 그렇지 않을 경우에는 당해 회의에서 의결방법을 정한다.
- 결론을 의결한다. 맨 마지막에 성립된 의견에서부터 가부를 묻는다. 그래서 의결정족수의 찬성을 받는 의사로 결론을 의결한 것으로 선언한다.

(4) 의장(議長)의 역할

- 참석자의 양해가 없으면 자기의 의견을 말하지 않는다.
- 발언권을 신청순서에 따라 공정하게 부여한다.
- 발언 시간의 제한이 없는 한 강제로 발언을 제한하지 않는다.
- 모든 의견을 수용해 의견을 억압하지 않는다.
- 전체의 의견이 종합되도록 토록과 의견제시의 기회를 균등하게 한다.
- 마지막 의견이 가장 새로운 방법이다. 새로운 방법부터 전체의 의견을 묻는다.

(5) 참석자(參席者)의 예절(禮節)

회의 참석자는 자유분방한 한담의 장소가 아니고 일정한 목적을 위해 많은 사람들이 모였다는 점에 유의해서 의견의 종합과 조정에 슬기를 보여야한다.

- 회의 목적에 대한 지식을 미리 준비 한다.
- 진지한 자세와 태도로 회의에 임해 다른 사람의 의견을 경청한다.
- 회의의 모든 규칙을 지키고 의장의 질서유지 노력에 적극적이고 자율적으로 협조한다.

- 발언은 반드시 의장에게서 발언의 기회를 얻어서 한다.
- 남의 발언 중에 끼어들거나 야유 방해를 하지 않는다.
- 회의의 목적이나 의제와 상관없는 발언을 삼가며 잡담 등으로 회의 분위기를 깨뜨리지 않는다.
- 의사의 결정에 대해서는 자기의 의사를 분명히 하고 일단 의결된 뒤에는 잡음을 일으키지 않는다.

4) 올바른 회의의 선결 조건

(1) 회의에 임하는 자세

- 회의 주제(토의 주제)에 대해 미리 준비한다.
- 상대방 의견을 인정하고 존중하는 태도를 가진다.
- 시간을 잘 지키며 회의 중에는 출입을 삼간다.

(2) 올바른 회의 태도

- 의견을 말할 때는 사회자의 허락을 받은 후에 단정한 자세로 말한다.
- 사회자의 허락이 없으면 함부로 말하지 않는다.
- 성의 있고 진지한 태도로 발표하고 대답한다.
- 의사 결정을 할 때는 소신껏 찬반을 표시한다.

(3) 회의에서 삼가야 할 일

- 자기 위주로만 말하는 일
- 남의 말을 중간에 가로채는 일
- 상대방 인격을 모독하는 언행

- 사소한 내용을 장황하게 늘어놓는 일
- 회의 도중에 흥분하는 일
- 의사 결정을 할 때 사사로운 감정에 치우치는 일

(4) 사회자의 역할

- 사회자는 발언권을 여러 사람에게 골고루 주도록 한다.
- 사회자의 발언 비중이 너무 커져서는 안 된다.
- 남의 의견을 사회자의 주관대로 고쳐서는 안 된다.
- 엉뚱한 내용을 발표하더라도 화를 내거나 강제로 중단시키지 말고 재치 있게 처리한다.

세계시민의 예절교육

에티켓이란 그 사회 문화가 요구하고 있는 기본적인 예절을
인간 사이에 지키는 것이다 과거에는 각 사회마다
그 차이가 심했지만 세계가 통합되어 가고 있는 오늘날에는
글로벌 에티켓을 이해하고 지키는 일이 상식으로 되어가고 있다

1.
에티켓의 의미

1) 에티켓의 유래

에티켓(etigutte)이란 말은 원래 프랑스 말로 '꼬리표' 또는 '티켓'을 뜻하는 말이다. 과거 궁정(宮庭) 이나 각국 대사(大使)의 자리 순위를 정하고, 그에 수반하는 예식의 절차를 정한 후 그 내용을 적은 티켓을 나눠주는 제도가 있었다. 이 궁정 티켓은 루이 13세의 비(妃)인 안 도트리시의 노력으로 발달하게 되었고, 루이 14세 때에는 이것이 완전히 정비되었다.

이 티켓제도는 후에 영국 및 스페인 왕실 등 서구사회로 전파되었고, 많은 세월이 흐르는 동안 그 의미 또한 '옳다고 생각되는 행위나 바른 처신'이라는 뜻으로 바뀌게 되었다.

에티켓이란 그 사회, 문화가 요구하고 있는 기본적인 예절을 인간 사이에 지키는 것이다. 과거에는 각 사회마다 그 차이가 심했지만, 세계가 통합되어가고 있는 오늘날에는 글로벌(global) 에티켓을 이해하고 지키는 일이 상식으로 되어가고 있는 것이 사실이다.

2) 에티켓의 본질

흔히 예절은 진부하고 까다롭고 시대에 뒤떨어진 것으로 이해하고, 에티켓은 현대인이 알아서 행해야 할 것으로 이해한다. 그러나 예절과 에티켓은 본질이 상통하는 점이 많다.

서양의 에티켓의 기본적인 속성은 세 가지로 요약할 수 있다. 이 세 가지만 염두에 둔다면 비록 문화적 관습에 익숙하지 않아 실수를 한다할지라도 크게 문제는 없을 것이다.

첫째, 남에게 폐를 끼치지 않는다.
둘째, 남에게 호감을 주어야 한다.
셋째, 남을 배려하고 존경한다.

이상과 같이 에티켓은 남을 대할 때의 마음가짐이나 태도를 말한다고 할 수 있다. 에티켓과 매너(manner)의 차이는 한국에서는 별로 거론되지 않지만 굳이 말한다면, 매너는 보통 생활 속에서 관습이나 몸가짐 등 일반적인 룰을 말하고, 에티켓은 어원적으로는 보다 높은 규칙, 예법, 의례 등 신사나 숙녀가 지켜야 할 범절들로서 요구도(要求度)가 높은 것을 말한다.

2.
세계시민의 에티켓

1) 세계시민으로서의 예절

(1) 일상생활 예절

① 약속시간 지키기를 철저히 해야 한다.

 - 어디에서 누구와 함께 살더라도 약속을 잘 지키는 것은 일반적으로 중요한 예절이다. 특히 서양 사람들에게 약속을 지킨다는 것은 기본적인 예절로서 매우 중요시하고 있다.
 - 집회시간, 출발시간, 식사시간 등 정해진 약속 시간을 잘 지켜야 한다. 특히 초대를 받은 파티에 지각을 하는 것은 큰 실례가 됨을 명심해야 한다.

② 타인의 사생활을 존중하여야 하며 남의 일에 간섭하는 듯한 인상을 주어서는 안 된다.

③ 남에게 폐를 기치거나 불쾌감을 주지 않도록 조심해야 한다.

④ 흡연 시 주의할 점

 - 흡연자는 'No Smoking'(금연) 표지 유무를 확인하고 지정된 장소에서만 피워야 한다.
 - 'No Smoking' 표시가 없는 실내라 하더라도 밀폐된 공간, 에어컨이 가동 중인 실내, 회의실, 공공장소에서는 금연하는 것이 좋다. 여성과 함께 있을 때는 양해를 구한 후에 흡연해야 한다.

금연 장소: 공항내의 대부분, 비행기내의 좌석과 화장실, 관광버스, 식당, 호텔의 복도, 엘리베이터 내, 서원이나 교회 등
(우리나라도 차츰 금연 건물이 늘어나고 있으므로 실내에서는 어디든지 금연함이 좋고 굳이 피우고자 할 때는 건물 밖에 나가 재떨이가 있는 곳에서 피우는 것이 좋을 것이다.)

⑤ 악수할 때는 상대방의 눈을 쳐다보자.
- 악수도 하나의 인사이므로 정중하게 해야 한다. 전통 예법에 따라 인사를 해야 하는 경우도 있으나 대체로 악수가 보편화되어 있다. 상대방을 보지 않고 악수하는 것은 상대방을 무시하는 인상을 주기 쉬우므로 예의에 어긋난다고 할 것이다.
- 악수를 할 때는 상대의 눈을 보면서 약간의 힘을 주어서 하는 것이 좋다. (대체로 외국인들은 악수할 때 손에 힘이 없음을 느끼면 불쾌하게 생각할 수도 있다.)
- 악수할 때 머리를 숙이거나 한쪽 손을 호주머니에 넣는 것은 좋지 않다.
- 남녀 간에는 여성이 먼저, 연장자가 먼저 손을 내밀어야 한다.
- 악수할 때 남성은 반드시 일어서서 하지만 여성은 앉은 채로 해도 좋다. 또 부부를 소개받았을 때는 상대 부인에게 먼저 인사해야 한다.

⑥ 레이디 퍼스트(여성 존중)의 관행을 알자
- 여성과 동행하여 식당, 점포 등에 드나들 때는 문을 열고 여성을 먼저 안내하고 의자에 앉을 대도 여성이 앉은 다음에 남성이 앉아야 한다.
- 엘리베이터를 타고 내릴 대는 여성이 먼저, 에스컬레이터나 계단을 오를 때는 남성이 먼저, 내려올 때는 여성이 먼저이다.
- 도로 보행 시는 여성을 안쪽으로 보호하면서 차도 측에 남성이 있어야 하고, 부부 동반 시 상대편의 남성이 자기 부인에게 동행을 양보할 때는 부인과 함께 따라가지 않고 양보해 준 남성을 먼저 통과시킨 후 가는 것이 예의이다.

- 특히 식당, 점포 등의 여성 종업원에게는 예의를 갖추고 부드럽게 대해야
  한다.

⑦ 공공장소에서는 조용한 소리로 말하자

- 식당, 호텔, 비행기 내, 공항, 엘리베이터 등 많은 사람이 이용하는 장소
  에서는 질서를 지키고 소리를 크게 내지 않아야 하고, 출입문이나 통로를
  가로막지 않도록 조심해야 한다.
- 유럽이나 미국 등 여러 나라에서는 피아노 소리는 물론, TV, 전축, 진공
  청소기 소리까지 규제한다.

⑧ 방문자의 종교적 관행을 존중해야 한다.

- 외국에 나가서 이교도적인 행동을 하게 되면 종교상 마찰을 빚게 되므로
  방문국의 종교적 규범에 대한 비판은 금기로 생각해야 한다.
- 교회를 갈 때는 정장을 하고 단정한 모습으로 가야 한다.
  (관광객 특히 여성이 어깨를 노출시키고 가는 것은 큰 실례이다.)

⑨ 승용차를 탈 때는 좌석에 유의해야 한다.

- 승용차에는 뒷좌석이 맨 우측이 최상석, 맨 좌측이 중간석, 가운데가 최
  하석임을 유의해야 한다. 또 차의 주인이 차를 운전할 때는 승차하는 사
  람 가운데 제일 선임자가 운전석 옆 자리에 앉아야 한다.
- 만약 운전자의 부인과 함께 승차할 대는 그 부인이 운전석 옆 자리에 앉
  는 것이 예의다.

⑩ 에스컬레이터를 탈 때도 예절을 바르게 하자

- 호텔이나 백화점 등에서 에스컬레이터를 탈 때는 바쁜 사람이 왼편을 지
  나서 빨리 통과할 수 있도록 오른편에 서야 하고 그 위에서 급히 걸어서
  올라가는 것은 잘못이다.
- 공항 내에서 비행기 탑승구로 향하는 전동 보도는 타고 걸어가거나 그
  자리에 가만히 서있을 수도 있으나 이 경우에는 오른편에 비켜서 있어야
  하며 가방 등으로 통로를 막아서는 안 된다.

⑪ 일 처리는 여유 있게 해야 한다.
- 외국 여행 중에는 자기의 용무가 바쁘다고 하여 남의 대화에 끼어들지 말아야 한다.
- 모든 일의 추진은 시간에 쫓기지 않도록 여유를 가지고 처리해야한다. 특히 식당에서 음식을 주문했을 때 독촉은 금물이다.

⑫ 어린이 머리를 쓰다듬는 것은 삼가야 한다.
- 어린이가 귀엽다고 머리를 쓰다듬으면 좋아하지 않으며 상대의 어깨를 앞에서 치거나 손을 얹으면 싫어한다.
- 서양 사람들은 사람 앞에서 신발을 벗는다거나 구두를 신고 양말 신은 발을 보이는 것을 큰 실례로 생각한다.

⑬ 사람을 부를 때도 조심하자
- 사람을 부를 때: 손바닥을 위로해서 부른다.
  (우리나라 사람처럼 손바닥을 아래로 해서 부르면 가-라는 신호가 된다.)
- 다른 사람을 가리킬 때는 손가락으로 가리키지 않고 손 전체를 사용 한다.

⑭ 식당 테이블에서 화장을 삼가야 한다.
- 여성은 식당 테이블에서 화장을 하지 않고 혼자서 바(술집)에 가지 않는다.
- 남성이 운전하는 차 안이나 방에도 여성 혼자 들어가지 않는 것을 예의로 한다.

⑮ 사진을 촬영할 때도 예절을 지키자
- 사진을 촬영할 때도 먼저 상대의 허락을 구하는 것이 예의이다. 서양의 부모 중에는 그들 자녀와 촬영을 원했을 때, 그 아이에게 직접 물어보든가 아니면 부모가 직접 의사 타진을 하여 촬영 여부를 결정한다는 점에 유의해야 한다.
- 관광지일지라도 미술관, 박물관 등의 실내, 옷을 벗고(수영복 차림 등) 편히 쉬고 있는 곳, 개인적으로 은밀한 시간을 즐기고 있는 곳 등은 촬영이 금지되는 곳이다.

- 또 극장, 카지노 등에서의 플래시 사용은 금지되어 있다. 그리고 식당에서 촬영하기 위해 일어나 돌아다니는 것은 실례이다.

(2) 방문 예절

① 방문 전에 약속을 해야 한다.
 - 방문 전에 전화나 엽서 등으로 상대방의 형편을 물어 시간을 약속한 후 방문하고 시간을 반드시 지켜야 하며 용건은 약속된 시간 내에 끝내도록 유의해야 한다.
 - 방문은 이른 아침, 늦은 밤, 식사시간 또는 상대방 집에 행사가 있는 날은 피하는 것이 좋다. 대개 오후 4시에서 6시 사이 즉, 저녁시간 전까지가 무난하다.
② 호텔 방문은 로비나 커피숍에서 한다
 - 호텔 방문인 경우에는 프런트에서 전화로 연락하여 가급적 커피숍이나 로비에서 만나도록 하는 것이 좋다.
 - 특히 상대가 여성인 경우에는 더욱 그러하고 부득이 여성이 방안으로 들어갈 때는 문을 약간 열어 놓는 것이 좋다.
③ 선물 전달은 현관이나 응접실에서 한다.
 - 가정 방문의 선물은 현관이나 응접실에서 인사가 끝난 후에 자연스럽게 전한다.
 - 기관 방문에는 공식적인 의례를 갖추어 전하면서 사진을 촬영하는 것이 좋다.
④ 방문 복장은 평소의 외출복으로 함이 충분하다.
 - 특별한 방문이 아니면 평소의 외출복으로 충분하다.
 - 남자는 검은색 넥타이, 여자는 흰색 에나멜 구두를 피해야 한다.

⑤ 명함의 교환

 - 핸드백이나 손가방은 응접실까지 가지고 들어가고 응접실에 안내되면 주
   인이 권하는 자리에 앉으며 (주인이 권하기 전에 자리에 앉는 것은 실례)
   방문자가 먼저 이름을 말하거나 명함을 내놓고 방문의 뜻을 말하면 된다.
 - 일본에서는 인사를 나눌 때 서로 명함을 교환하는 것이 관례이나 서양에
   서는 비즈니스(사업관계 업무) 이외에는 명함을 잘 건네지 않는다.

⑥ 대접을 받을 때

 - 차나 과일 등을 대접받을 때는 굳이 사양하지 말 것이며, 만일 먹고 싶지
   않을 때는 처음부터 분명하게 의사를 표시하는 것이 좋다.

⑦ 방문을 마치고 돌아올 때

 - 방문을 마치고 돌아 나올 때 전송을 받게 되면 들어가시라고 권하고 코트
   (외투)는 현관 밖에 나와서 입는 것이 좋다.
 - 신을 신을 때는 주인과 마주보는 자세로 신에 발을 넣은 다음, 옆으로
   돌아서서 몸을 굽혀 구두주걱으로 완전히 신는 것이 예의이다.

2) 품격 있는 행동 예절

(1) 외국인을 대할 때

 - 부드러운 표정으로 말한다.
 - 외국인의 국적과 인종에 대한 편견은 금물이다.
 - 민족 감정을 자극하는 말은 삼가야 한다.
 - 외국 손님들이 다시 찾아오도록 친절을 생활화한다.
 - 외국인에게 우리 문화를 따르도록 강요해서는 안 된다.

(2) 대인관계 예절

- 대화를 할 때는 상대방의 의견을 존중한다.
- 항상 밝은 얼굴로 내가 먼저 인사한다.
- '안녕하십니까?', '고맙습니다', '미안합니다'를 생활화한다.
- 상대방을 방문할 때는 반드시 미리 시간 약속을 한다.

(3) 공공장소 예절

- 공공 시설물을 내 것처럼 아껴 쓴다.
- 거리에 침이나 껌을 뱉거나 담배꽁초를 버리지 않는다.
- 공공질서를 지킨다.
- 자연 환경을 보호하여 쾌적한 사회를 만든다.

(4) 교통문화 예절

- 양보 운전을 하고 양보 받았을 때는 감사 표시를 한다.
- 난폭 운전을 하지 않고 차선을 지킨다.
- 음주 운전 및 과적 운전을 하지 않는다.
- 무단횡단을 하지 않는다.

(5) 팁에 관한 예절

① 팁의 의미
- 팁은 수고에 대한 감사의 뜻으로 요금에 추가하여 주는 것으로 보통 서비스의 10~15% 정도가 상식이다.
- 너무 많이 주어도 좋아하지 않으므로 팁의 정도는 현지 안내인에게 문의하여 지나치거나 부족함이 없도록 하는 것이 좋다.

② 팁을 줄 때의 태도

- 팁이란 힘든 일을 도와주어서 감사하다거나 당신의 친절한 도움 덕분에 일을 무사히 마쳤다는 고마움의 표현이므로 고맙다는 표정과 태도가 곁들어져 있어야 한다. 팁을 줄 때 자신을 과시하는 듯한 몸짓을 써 가며 주변에 드러나게 주는 것은 바람직하지 못하다. 웃으며 조용히 건네주는 것이 좋다.
- 서비스를 받았을 경우 반드시 팁을 주어 보답하는 관습이 있음을 유의해야 한다.

③ 팁의 정도

- 대개 아래와 같은 정도로 팁을 주는 것이 상례로 되어 있다. 그러나 요금 계산서에 서비스료가 계산되어 있을 경우에는 별도로 팁을 줄 필요가 없으며, 비행기 내(內) 또는 상대가 공무원일 경우에는 팁을 주지 않는다. 단체 여행 때는 여행 안내자가 일괄 계산하여 팁을 지불하는 경우가 많다.
  · 공항에서 자신의 가방을 차에까지 운반해 준 포터에게 1달러
  · 영업용 택시를 탔을 경우 요금의 15% 정도
  · 레스토랑에서 식사를 한 후 식사 요금의 15% 정드를 테이블 위에
  · 호텔을 체크 아웃하면서 호텔방에 1달러 정도
  · 주차된 차를 몰고 정문 앞까지 대기시켜 주는 직원에게 1달러
  · 호텔을 나오면서 가방을 들어주는 사람에게 1달러 정도 등

(6) 공항에서의 예절

① 부드러운 시선과 밝은 표정으로

- 우리나라에서는 옛날부터 근엄한 표정과 행동을 해야 점잖은 사람으로

인정받아 왔지만 서양에서는 밝은 표정을 짓는 것이 상대방에 대한 하나의 인사이며 예의이다.

② 차례 지키기는 철저히

- 서양인들은 공공장소에서 자기의 위치 지키기가 철저하다. 새치기는 절대 금물이다.
- 그러나 공항에 늦게 도착하여 정말로 다급할 때는 줄의 맨 앞에 나가서 여러 사람 앞에서 자신의 입장을 설명하고 양해를 간청하면 쾌히 들어준다. 서양인들은 대체로 어려움에 처한 사람에게는 관대하다.

③ 규정에 어긋나는 일은 아예 시도하지 말기를

- 길게 줄을 서서 수속을 밟을 때 옆의 1등석 카운터가 한가하다고 해서 그 곳을 기웃거려서는 안 된다.
- 우리나라처럼 인정에 호소하면 해결될 것이라고 생각하는 것은 큰 오산이다. 규정에 없는 일이라면 아무리 간청을 해도 통하지 않는다.

④ 진지함과 조심성이 결여된 행동은 삼가야

- 다급한 표정으로 황급히 뛰어다니거나 당황해 하는 모습을 보이지 않도록 해야 한다.
- 항공기를 이용하여 해외여행을 하려면 적어도 비행기 출발 2시간 전에는 공항에 도착하여 출발 1시간 전에는 출국 수속을 완료해야 한다. 그러고 나서 비행기 좌석번호, 탑승시간, 탑승구 번호를 확인 하여야 여유 있는 행동을 할 수 있다.

⑤ 출국 심사대기 시는 대기선 밖에서

- 출국 심사를 위해 대기할 대는 반드시 대시선(바닥에 그어 놓은 노란색

선) 밖에서 대기하여야 한다. 법무국의 여권 및 출국 서류 심사는 한 사람씩 실시한다.

- 앞 사람의 심사를 할 때는 뒤에서 대기하여야 하는데, 이때 노란색 선을 침범하면 범법 행위로 간주하여 현지 직원이 제재를 가하는데 의사소통이 안 되는 경우 연행하여 조사하는 등 봉변을 당하는 수가 있다.

⑥ 세관 신고는 정직하게

- 출국할 때 비디오, 카메라, 골프채 등을 가지고 해외에 나갈 경우에는 세관 검사대에서 내어 보이고 휴대 물품 반출 확인서를 받아서 잘 간직하였다가 입국 시에 물품과 함께 제시하여야 한다. 간혹 외제 카메라를 신고하지 않고 소지하였다가 돌아올 때 세금을 납입하는 경우가 있다.
- 입국 시 미국이나 유럽의 세관은 주로 승객의 구두 신고제도를 시행하는데, 대부분 승객의 말을 믿고 조사 없이 통과시킨다. 이 때 질문에는 명확하게 '예', '아니오'로 그리고 정직하게 신고하여야 한다. 신고해야 할 물건을 몰래 반입하다가 발각되면 엄청난 벌금이나 처벌을 받게 된다(미국의 비행기 테러 이후에는 승객의 소지품과 물품 기타의 조사가 매우 엄격해졌다).

⑦ 다른 사람의 공간에 대한 배려

- 다른 사람들의 공간을 침범하지 않으려는 배려를 잊지 말아야 한다. 단체 여행을 하는 사람들을 보면 여러 명이 횡으로 열을 지어 걷는 경우가 있다.
- 이 때 맞은편에서 오는 사람들은 거북해 하며 피하게 되는데 상대편의 공간을 무시하고 불편을 주는 이러한 행동은 절대로 삼가야 한다.

⑧ 감사의 표현

- 서양에서는 눈만 마주치면 미소를 지으며 인사를 하고 사소한 일에도

‘Thank you’ 하면서 감사의 인사를 한다.
- 이러한 인사는 실제로 반드시 감사해야 할 일이든 아니든 서로 마음을
  즐겁게 해주기 위한 표현 방법의 하나로 이해하면 된다.

(7) 비행기 내에서의 예절

① 밝은 표정으로
- 비행기 내에 오르기 전에 먼저 항상 밝은 표정을 가지는 연습을 해두자.
  - 밝은 웃음을 띠고 승무원이나 옆 좌석 사람을 대할 때 상대의 눈을
    바라보며 ‘수고하십니다.’ 또는 ‘반갑습니다.’라고 이야기하자.
- 승무원이나 옆 좌석 사람과 좋은 인간관계를 맺는 것은 즐거운 여행의
  출발점이 된다.

② 탑승은 천천히
- 비행기의 탑승은 여유를 가지고 천천히 하는 것이 좋다.
- 많은 사람들이 비행기에 탑승하여 좁은 통로를 지나 제자리를 찾아 짐을
  넣고 하다 보면 답답하고 짜증이 나기 쉽다. 좌석을 찾았을 때 뒤따라오
  는 승객이 많으면 승객들이 통로를 모두 지나간 후에 짐을 선반(수하물
  박스)에 정리해 넣는 것이 좋다.
- 기내에 들어가면 탑승권에 기재된 좌석을 찾아 앉아야 한다. 좌석은 창측
  과 통로측이 구분되어 있으므로 어느 쪽인가 확인하고 앉아야 한다.

③ 무거운 가방의 운반
- 무거운 가방이 있어 혼자 휴대하기 곤란한 경우 반드시 승무원의 도움을
  받도록 한다. 승무원에게 다가가서 “미안하지만 제 좌석까지만 좀 부탁할

까요?"라고 이야기하여 도움을 받는 것도 매너있는 행동이 될 수 있다.

④ 휴대품 정리와 안전벨트 착용
 - 휴대품 정리는 무거운 것이나 작은 가방 등은 자기 앞 좌석의 아래나 자
   기 발밑에 넣고 오버코드 등 가벼운 것은 선반에 넣는다.
 - 파손되기 쉬운 것은 조심스럽게 들고 있거나 승무원에게 부탁하여 안전
   한 장소에 보관시키는 것이 좋다.
 - 탑승 후 비행기가 이륙을 완료할 때까지는 의자를 뒤로 눕히지 말고 승무
   원의 지시에 따라 안전띠를 착용하는 등 비상 안전 수칙을 준수 한다.
 - 이 · 착륙 시 등 벨트 표시등이 켜졌을 때는 반드시 안전벨트를 착용한다.
 - 도착 시에도 비행기가 터미널에 완전히 도착하여 안전벨트 표시등이 꺼
   질 때까지 좌석에서 일어나 짐을 챙기는 등 미리 준비하지 않는다.

⑤ 기내에서의 몸차림
 - 기내에서 감단한 옷차림을 하거나 슬리퍼를 신는 것은 괜찮으나 웃옷을
   벗어 제쳐 내의 차림을 하거나 양말을 벗어 버리는 등의 행위를 해서는
   안 된다.
 - 신발은 처음부터 좀 넉넉한 것을 신는 것이 좋다.
 - 기내에서 옷을 바꾸어 입을 때는 반드시 화장실을 이용해야 한다.

⑥ 옆 좌석 승객을 항상 우선하는 태도
 - 좌석에 앉을 때 앞을 지나야 한다면 "실례합니다"라고 양해를 구한다.
 - 승무원이 식사를 제공해 주거나 음료수를 권하면 항상 옆 사람에게 먼저
   주문받도록 양보하는 태도를 취하는 것이 예절 바른 행동이다.
 - 주위 사람에게 항상 겸손하고 친절한 인상의 좋은 매너를 보여주는 것이
   중요하다.

- 예절 바른 행동으로 호감을 주면 옆 좌석 사람과 서롤 이야기를 나눌 수
도 있게 되고, 외국을 자주 출입하는 사람을 만날 경우 여러 가지 도움이
되는 정보를 얻어 즐겁고 유익한 여행을 하는데 큰 도움이 될 수 있다.

⑦ 다른 좌석에 앉고자 할 때
- 자신의 좌석번호가 아닌 다른 빈 좌석에 앉고자 할 때에는 반드시 승무원
에게 이야기를 해야 한다.
- 여행을 하다 보면 자기가 앉은 좌석보다 전망이 좋고 편하게 앉을 수 있
는 자리가 많이 비어 있는 좌석 몇 개를 확보해 두게 되는데, 빈 좌석이
많이 생긴 경우라 하더라도 반드시 승무원에게 자신의 상황이나 뜻을 전
달한 후 자리를 옮겨 앉아야 한다.

⑧ 좌석을 뒤로 눕힐 때와 세울 때
- 좌석을 뒤로 눕히거나 세울 경우, 뒷좌석의 승객의 상황을 보아 가며 조
용히 움직여야 한다.
좌석을 조용히 눕히지 않을 경우, 뒷좌석에서 책을 읽거나 고개를 앞으로
숙이고 있으면, 머리를 부딪치게 할 수 있기 때문이다.
- 식사가 나올 때에는 좌석의 등받이를 원래의 위치로 세워 두어야 한다.
이때에도 조용히 버튼을 눌러 천천히 세워야 한다. 갑자기 세우다가 뒷좌
석 승객의 테이블에 음료수 같은 것이 놓여 있을 때는 엎지르기 쉽기 때
문이다.

⑨ 기내에서 통로를 다닐 때
- 필요 없이 돌아다닌다거나 아는 사람이 있는 곳으로 자주 가서 이야기하
는 것도 삼가야 한다.
- 기내에서 통로를 걸어 다닐 때는 조용히, 그리고 조심스럽게 다녀야 한다.

– 지날 때 본의 아니게 상대방과 몸이 닿았을 경우에는 반드시 해당 승객에게 미안하다는 표시를 해야 한다.
– 다니면서 특정 사람을 유심히 오랫동안 바라보아 상대방이 거북해 하지 않도록 주의해야 한다.

⑩ 승무원을 부를 때

– 승무원을 부를 때는 좌석에 마련된 호출 버튼을 누르거나 가볍게 손을 들어 의사를 표시해야 하며 눈이 마주칠 때 살짝 부르는 것이 좋다. 큰 소리로 부르거나 지나갈 때 손가락으로 몸을 쿡쿡 찌르거나 건드리는 것은 곤란하다.

⑪ 기내 식사 전후에는

– 식사 서비스가 시작되면 일반 자기 자리로 가서 좌석의 등받이를 일으켜 세우고 식사용 간이 테이블을 펴 놓고 기다려야 한다.
– 식사 서비스 중 화장실에 가느라고 법석을 떠는 것은 좋지 않다.
– 승무원이 식사를 주문 받을 때는 분명하게 의사를 표현해야 한다. 무엇을 드시겠냐고 주문을 할 때 흔히 우리나라 사람들은 아무거나 달라는 식의 애매한 표현을 하는 경우가 많은데 분명하게 선택하는 태도를 취해야 한다.
– 창측에 앉은 승객의 식사판을 받아 건네주는 것이 예의이다.
– 식사나 음료 서비스를 받을 때는 승무원의 눈을 보면서 미소 지으며 반드시 감사의 표현을 하는 것이 예의이다.
– 통로 측 승객이 식사 중일 때 일어서 나오는 일이 없어야 한다.
– 식사가 끝나면 식사 테이블은 반드시 원위치로 해 두어야 한다.

⑫ 기내 식사 순서

– 기내 식사는 가급적 천천히 즐기며 식사 후 접시는 반드시 제자리에 가지

런히 정리하여 두었다가 빈 그릇을 회수하는 승무원에게 주어야 한다.

- 양식인 경우 식사 쟁반을 받으면 우선 종이로 된 냅킨을 무릎 위에 펼친 다음 각 요리 종류별로 위에 덮인 플라스틱 커버를 벗겨 내어 용기 밑에 깔아 둔 다음 빵에 버터를 발라 먹고 오더블(주요리 전에 먹는 음식), 샐러드, 주요리 순으로 먹는다.

- 주 요리를 먹으면서 승무원이 와인을 권하면 한 가지를 선택하여 더 마신다.

- 주요리를 먹은 후에는 비스킷을 치즈와 곁들어 먹고 케이크와 과일을 먹은 후 뜨거운 음료(커피, 홍차)를 마시면 된다.

- 식사를 할 때 바닥에 빵부스러기, 쓰레기 등을 흘리지 않도록 조심하고 식사 후에는 빈 접시를 반드시 제자리에 가지런히 하여 승무원이 식사 운반대에 넣기 편리하도록 주어야 한다.

⑬ 기내 화장실 이용

- 화장실이나 세면장은 남녀 공용이다.

- '비어 있음(Vacant)'이라는 표시가 있을 때 열고 들어가야 하며 '사용 중(Occupied)'이라는 표시등일 때에는 기다려야 한다.

- 화장실에 들어가면 반드시 안에서 걸어 잠가야 한다.

- 기내 화장실은 협소하고 남녀 공용이며 화장, 옷갈아 입기, 양치, 세수를 하는 곳이므로 짧게 사용하고 각종 종이 수건, 휴지 등을 사용 후 반드시 지정된 곳에 버린다.

- 세면 용기 사용 후에는 타월로 세면기의 물기를 제거해야 한다. 사용한 타월은 반드시 '수건수거함(Towel Disposal)'에 넣어야 한다.

- 스킨 토닉(Skin Tonic)이나 애프터 세이브(After Shave)는 사용 후에 가지런히 정돈해 놓아야 한다.

- 비행기가 이착륙 시는 절대로 화장실을 이용해서는 안 된다.

- 앞사람이 너무 오래 사용한다고 해서 밖에서 기다리는 사람이 문을 두드

리는 것은 실례이다. 문은 조용히 여닫아야 한다.

⑭ **기내에서의 안전**
- 가급적 착석 중에는 계속해서 좌석 벨트를 착용하는 것이 좋다.
- 앞좌석 뒷주머니에 비치되어 있는 산소마스크와 구명용 조끼 착용법의 설명문을 한번 읽어 보는 것이 좋다.
- 항공기의 이착륙 시에 기상이 좋지 않은 곳을 통과할 때, 그리고 항공기의 요동이 예상되는 경우, 좌석 벨트착용(Fasten Seat Belt)이나 금연(N - Smoking) 표시등이 동시에 켜지는데 이때는 침착하게 앉아 승무원의 지시에 따르도록 한다.
- 휴대용 라디오나 TV는 기내 사용이 금지되어 있다.
- 라이터 가스통이나 화학물질 등 가연성 인화물질을 소지해서는 안 된다.

⑮ **기내 금연 규칙 준수**
- 항공기가 지상에 머무르고 있는 동안, 이착륙 시 그리고 금연 표시등이 켜져 있는 동안 에는 절대 담배를 피워서는 안 된다.
- 특히 화장실에서는 반드시 금연하도록 되어 있다.
- 금연석에서의 흡연은 물론 안 된다.
- 앞으로 시대에 변화에 따라 금연 규정이 크게 강화될 것이라 생각되므로 일단 비행기 안은 모두 금연 구역으로 알고 다소 불편이 있더라도 금연에 철저를 기하는 것이 좋을 것이다.

⑯ **기내에서의 건강 유지와 내릴 때**
- 평소의 생활 리듬을 유지하기 위해 현지에 밤늦게 도착하지 않도록 여행 계획을 세우는 것이 좋다.
- 가급적 담배나 술을 삼가는 것이 좋으며 물은 충분히 마시되 절대 과식하

지 않아야 한다.

- 독서 등을 끄고 창문의 커튼을 닫은 채 가능한 한 수면을 많이 취하도록
  해야 한다.
- 편한 옷차림과 몸가짐을 취하고 가끔 머리맡의 환기구를 열어 신선 한
  공기를 마시는 것이 좋다.
- 멀미가 날 경우, 승무원에게 진정제를 부탁하여 먹거나 멀미 주머니를 사
  용하되 화장실을 이용해야 한다.
- 항공기가 착륙 후 벨트착용 표시등이 꺼지고 완전히 정지할 때까지는 거
  리에 그대로 앉아 승무원의 지시에 따라야 한다.
- 내리기 전에 소지품을 잘 챙겼나 살펴보고 차례대로 내려야 한다.
- 내릴 때에는 승무원들에게 "Thank you" 라는가 "Good bye"하고 인사하
  는 것이 승객의 바른 예절이다.

(8) 호텔에서의 예절

① 호텔에 도착하여

 - 투숙할 호텔에 예약이 되어 있더라도 도착하여 확인하고 객실을 배당할
   때까지 다소 시간이 걸리는 경우가 보통이다. 여행사의 안내자나 현지 가
   이드의 안내에 따라 짐을 통행에 불편을 주지 않는 쪽에 정리하고 숙박
   카드를 기록하고 방을 배정하고 안내 할 때까지 라운지 테이블에서 조용
   히 기다린다.
 - 단체 여행객은 주위 사람들의 이목을 집중하는 대상이 되므로 주위의 분
   위기를 파악하여 조심스럽게 행동해야 한다.

② 객실 밖으로 나올 때

 - 호텔 방에 짐을 정리하고 일단 방 밖을 나설 때는 항시 정장에 준하는

복장을 해야 하며 잠옷이나 속옷 차림, 짧은 팬티 차림이나 슬리퍼로 로비나 복도를 활보해서는 안 된다.(유럽에서는 객실 부의 모든 공간은 도로와 동일한 공공장소로 취급되므로 그 곳에서의 행위는 노상에서의 행위로 간주 된다.)

③ 객실 내의 일반 예절

- 호텔의 로비는 무언의 사교가 이루어지는 공공 사교장소 이므로 무엇보다 목소리에 유의해야 한다. 객실에서도 목소리를 낮추어야 하며 TV나 라디오 소리도 낮추는 것이 예의다.
- 밤늦게까지 손님을 방으로 맞아들여 화투놀이나 카드놀이를 한다거나 큰 소리로 얘기하는 일이 없어야 한다.

④ 열쇠 관리

- 대부분 객실의 도어는 자동으로 닫히고 자물쇠가 잠기게 되어 있으므로 방을 나올 때는 꼭 열쇠를 가지고 나와야 한다.

⑤ 욕조의 사용

- 화장실에 붙어 있는 욕조를 사용할 때는 욕조 커튼을 탕 안쪽으로 드리우고 탕 안에서 샤워를 하여 욕조 밖으로 물이 튀지 않도록 하여야 한다. (화장실 바닥에 배수구가 없으므로 물이 욕조 밖으로 흘러나와 객실의 카펫을 적시면 손해배상을 청구 당하게 된다.)

⑥ 객실 내 유료 물품의 사용

- 냉장고 안의 음료수나 맥주 등 물품을 꺼내서 사용하는 경우, 일단 한번 꺼내었다가 도로 제자리에 넣어도 가격이 컴퓨터로 기록되어 체크아웃할 대 별도 청구서가 나오므로 사용에 주의를 요한다.

- TV 시청도 유료(RAY TV)이고 사용에 따른 요금계산 방법이 나라마다
  조금씩 다른 경우가 많으니 비치되어 있는 사용 안내서를 잘 보고 사용하
  여야 한다.

⑦ 전기기구의 사용
- 전기면도기, 배터리 등 전기 기구를 사용하는 경우, 전압이 몇 볼트인가
  확인하고 사용해야 한다.
- 대개 화장실에서 100V, 220V 콘센트가 모두 설치되어 있으므로 구분하
  여 사용할 수 있다.

⑧ 기타 공공시설 이용
- 로비나 복도에서 움직이면서 담배를 피워서는 안 된다.
- 엘리베이터에서의 흡연은 절대 삼가야 한다.
- 엘리베이터를 타거나 내릴 때는 늘 레이디 퍼스트를 지켜야 한다.
- 식당에 들어갈 때는 빈자리가 있다 해도 일단 입구에서 기다려 종업원의
  안내를 받는 것이 예의이다.

⑨ 호텔의 정리 정돈과 팁
- 호텔 방은 각자가 정리 정돈하는 것이며 청소 담당자가 하는 일은 세탁물
  을 새로 바꾸어 준다거나 특별히 손을 보아야 하는 부분만 신경을 쓴다는
  사실을 알아야 한다.
- 외출하기 전에는 반드시 방청소 표지판(Room cleaning Tag)을 문에 걸
  어 두고 외출을 하면 청소 담당자가 정리해 놓는데 이때 1달러 정도의
  팁을 침대 부근 탁자에 놓고 외출하는 것이 상례로 되어 있다.

(9) 외국 여행의 일정에 관한 예절

① 버스에서의 좌석

- 버스 탑승시 버스 기사의 뒷좌석은 현지 가이드와 여행사 안내자가 앉아
  서 안내하는 자리이다.
- 유럽에서는 앞의 네 좌석은 사고가 났을 때 보험 혜택을 받을 수 없으므
  로 여행객은 안전을 위해서도 비워두는 것이 좋다.

② 버스 내에서의 행동

- 버스 안에서 흡연을 하거나 음식물을 취하거나 운행 중 자리에서 일어나
  다니는 것은 삼가야 한다.
  (이러한 행위가 발견되면 버스 기사가 1~2포인트의 벌점을 받게 되고 벌
  점이 5점을 넘으면 면허 정지를 당하게 된다.)

③ 다른 사람과의 신체 접촉

- 서양에서 임의로 다른 사람의 신체를 건드리는 것은 금기로 되어 있으며
  일부 국가에서는 심할 경우 형사 문제로 되기도 한다.
- 고의성이 없이 상대방과 신체의 일부를 부딪친 경우 적절한 사과의 표시
  를 해야 한다.

④ 일행으로부터 떨어졌을 때

- 일부 방문지는 대단히 넓고 혼잡하다 이런 장소에서 혹시 일행으로부터
  떨어지게 되면 당황하지 말고 그 자리에 기다리면 가이드나 여행사 안내
  자가 찾아오게 된다.
- 만일의 경우를 대비하여 호텔의 전화번호와 위치를 메모해 두는 것이 필
  요하다.

⑤ 소지품 도난 방지
  - 유럽 국가들에는 관광객(특히 현금을 많이 소지하고 있다고 소문이나 있는 동양인)을 노리는 소매치기가 많다. 절대로 소지품을 몸에서 떼어놓지 말고 항상 주의를 기울여야 한다.
  - 현금은 절대 옷가방(Suit Case)에 넣지 말아야 한다.
  - 상의 주머니나 핸드백에 현금을 넣어 둔 채 객실에 두고 외출한다거나 로비 같은 데서 무심코 놓지 말아야 한다.
  - 사람이 많은 곳에서 핸드백은 반드시 잘 잠그고 항시 신경을 써야 한다.
  - 낯선 사람이 일단 걸어오는 경우 일단은 경계하는 것이 좋다.
  - 으슥한 뒷골목이나 인적이 드문 곳은 혼자 다니지 않는 것이 좋다.

⑥ 강도를 만났을 때
  - 제일 중요한 것은 우선 침착하게 그들의 요구가 무엇인가를 알아낸 후 가급적 그 요구를 들어주는 쪽으로 대응하는 것이 바람직하다.
  - 여성인 경우 특히 저녁에 혼자서 외출하는 일은 삼가야 한다.
  - 만일의 경우를 대비해서 긴급시의 연락처 명단을 만들어 소지하고 다녀야 한다.(한국 공관, 관련 업체, 숙박 호텔, 항공사, 여행사, 등)
  - 현지인들의 정치 집회나 군중집회에는 참여하지 않는 것이 좋다.

⑦ 교통사고를 당했을 때
  - 반드시 경찰 입회하에 신고 처리를 해야 한다.
  - "I am sorry"라는 말은 자신의 과실을 인정하는 말로 받아들여지므로 분쟁 해결 시 불리하게 적용할 수 있음을 알아야 한다.

⑧ 여권을 분실했을 때
  - 체재국의 한국 공관에 가서 여권 재발급 신청을 해야 한다.

- ‘분실 신고서’ 양식을 작성하고 아울러 ‘분실 사유서’를 6하 원칙에 의해 작성하고 첨부해야 한다.
- 재외 공관에서는 외무부 여권과에 여권 발급 신청여부를 확인하는 조회를 하게 된다.
- 회신 결과에 따라 정식 여권을 대신하는 여행증명서(Travel Certificate)를 발급 받는다.
- 재발급을 신청할 때는 분실 여권의 여권번호, 발급 연월일, 발행지 등의 자료가 필요하므로 반드시 출발 전에 미리 수첩에 적어 두는 것이 좋다.

⑨ 항공권을 분실했을 때
- 분실 항공권을 구입한 항공사의 가까운 영업소에 신고해야 한다.
- 재발급 받지 않고 환불을 신청하고자 하는 경우 역시 항공권을 발급한 항공사에 환불 신청을 해야 한다.

⑩ 여행사 수표나 신용카드를 분실했을 때
- 발행 회사의 현지 지점이나 영업소에 신속히 신고해야 한다.
- 분실 수표의 번호와 액면 금액을 신고해야 한다.
  (이런 경우를 대비해서 여행자 수표를 구입했을 때는 즉시 발행 은행명과 여행자 수표번호, 그리고 액면 금액을 별도로 수첩에 메모해 두었다가 사용한 수표는 하나하나 체크해 나가는 습관을 들이는 것이 좋다.)
- 신용카드(Credit Card)를 분실했을 때에는 즉시 당해 카드의 해외 제휴 은행에 신고하거나 전화나 팩스 등으로 국내외 카드 발급 기관에 통보하여 분실카드의 무효 수속을 취해야 한다.

(10) 외국 관광의 기본 예절

① 관광에 임하는 자세
- 여행자는 민간 외교사절인 점을 인식하여 국익을 손상시키는 행위는 물론, 우리나라 관광객에 대한 나쁜 인상을 남기지 않도록 해야 한다.
- 선물을 과다하게 구입하여 외화를 낭비해서는 안 된다.
- 방문국과 방문 대상에 대한 자료를 미리 구해 읽어 보고서 그들의 역사와 문화적 특성, 그리고 대상물의 역사와 내력에 대해 상세히 알고서 찾아보는 습관을 길러야 한다.
- 반드시 들러야 할 곳은 박물관이나 미술관이다.
- 언제 어디서건 현지인들과 가능한 한 대화를 시도해 보려는 자세가 필요하다.

② 단체 여행의 유의사항
- 반드시 리더를 선출하고 그의 지휘를 따르는 것이 좋다.
- 미리 일정액의 금액을 거두어 놓고 한 사람을 정하여 그 사람의 책임 하에 우선 집행하도록 하고 나중에 청산해 나가는 것이 좋다.
- 무계획한 쇼핑 등으로 돈이 떨어져 동료에게 돈을 꾸는 일은 서로에게 곤란하다.
- 쇼핑한 물건이 많아서 동료에게 대신 휴대하고 입국해 달라고 부탁하는 일은 큰 실례(失禮)이다.
- 집합시간, 출발시간, 식사시간 등 일정에 정해진 시간을 철저히 지켜야 한다.

③ 관광시의 일반적인 예절
- 국적과 인종에 대한 편견을 가져서는 안 된다.

- 민족 감정을 자극하는 말은 삼가야 한다.
- 다른 사람의 사생활을 간섭하거나 방해하지 말아야 한다.
- 몰려다니면서 야단법석을 떠는 일이 없어야 한다.
- 공공장소에서 만취한 모습을 보여서는 안 된다.
- 촬영금지 구역을 존중해 주어야 한다.

④ 호텔 이용 방법
- 호텔 이용 시에는 반드시 미리 예약을 해야 한다.
  (도착일이나 숙박 기간의 변경 시에는 미리 변경 요청을 하고 취소할 때
  에는 반드시 취소 통보를 해 주어야 한다.)
- 호텔에서는 퇴실 기준시각 즉 'Check out Time'이 있다는 것을 알고 있
  어야 한다. (보통 오전 11시~정오 사이)
- 호텔 내의 제반 편의 시설과 서비스를 최대한 활용해야 한다.

3) 격식 있는 식사 예절

(1) 식당에서

- 호텔에 투숙하면서 해외여행을 하는 경우 아침 식사는 대부분이 호텔 식
  당을 이용하게 된다.
- 이른 아침이라 용모나 복장을 소홀히 하기 쉬운데 고급 호텔 식당은 정장
  을 원칙으로 하나 정장이 없을 경우에는 반드시 단정한 차림이 요구되므
  로 항상 깨끗한 용모와 단정한 옷차림에 머리도 잘 정돈이 되어 있어야
  한다.

(2) 좌석 찾기

- 서구는 예약 문화가 발달되어 있기 때문에 대부분의 식당에서 직원의 안
  내를 받아 좌석에 앉아야 하며 빈 좌석이 있다 하더라도 안내인의 안내가
  있기 전에 아무 좌석에나 앉는 것은 실례이다.
- 대개 단체의 경우에는 반드시 미리 지정된 좌석이 있는 경우가 많다.

(3) 독촉

- 유럽에서는 식당을 비롯해서 대부분의 장소에서 서비스나 일 처리가 한
  국에 비하여 느리고 또 독촉을 하여도 별 효과가 없다. 그러나 여유를
  가지고 기다리면 요구한 사항은 틀림없이 처리해 준다.

(4) 음식 주문

- 바깥의 경치가 잘 보이는 식당에서는 여성을 전망이 좋은 의자에 앉도록
  하되 만약 바깥이 보이지 않을 때는 식당 전체가 잘 보이는 의자에 앉도
  록 한다.
- 웨이터를 불러서 음식을 주문하는 일은 남성이 전담해야 한다.
- 옆자리 손님의 음식을 손가락으로 지적하면서 음식을 주문하는 것은 큰
  실례이다.

(5) 식사 중에 주의할 점

- 식사는 대화를 하면서 즐겁게 천천히 하되 입안에 음식이 있는 동안은
  말하지 말고 상대편이 음식을 씹고 있는데 말을 걸지 말아야 한다.
- 음식 먹는 소리(특히 스프나 커피 마시는 소리)나 식기가 부딪치는 소리
  가 나지 않도록 주의해야 한다.

– 식사 전후에 코를 푸는 것은 실례가 아니나 트림을 하는 것은 큰 실례이
다. (코를 푸는 것은 음식 냄새를 잘 맡아보기 위하여 하는 행동이라고
보기 때문이다.)

(6) 종업원을 부를 때

– 종업원을 부를 때는 손의 신호로 부르며 소리를 쳐서 부르거나 지나가는
종업원의 신체를 건드려서 불러서는 안 된다.

(7) 식사 순서

– 아침 식사는 주로 호텔에서 뷔페를 이용하는 경우가 많은데 주로 빵, 우
유, 소시지, 과일, 계란요리, 주스, 커피 등이 준비되어 있다.
– 서양인들은 대체로 주스류나 과일을 먼저 먹고 콘플레이크스를 넣은 우
유를 마시거나 빵에 치즈, 버터, 여러 가지 과일 잼을 발라서 먹는다.(우
리나라는 식사 후 과일이나 주스류를 마시는 것이 보통인 것처럼 굳이
선후를 따질 필요가 없겠지만 외국인과 함께 식사를 하는 경우라면 순서
를 미리 알고 행동하는 것이 매너있는 행동이라고 행각된다)
– 나이프나 포크는 놓인 상태에서 바깥쪽에서 안쪽으로 순서대로 사용하면
된다.

(8) 뷔페식 식당에서

– 한꺼번에 너무 많은 음식을 접시에 담고 걸어가면서 음식을 먹어서는 안
된다.
– 후식(디저트)은 식후에 별도로 후식 코너에 가서 가져다 먹는 것이 예의
이다.

(9) 칵테일 파티에서

- 파티에서 한국 사람끼리만 모이지 않도록 하며 한 사람만을 상대로 너무
  오래 대화하지 말고 가급적 여러 사람과 대화를 나누도록 하는 것이 좋다.
- 걸어가면서 술을 마시지 말고 주최자의 인사말이 있을 때는 모든 동작을
  중지하고 경청해야 한다.

포은 정몽주 선생의 효행과 충절

포은 선생은 일상생활에서 효도와 우애를 우선하였고
혼례(婚禮)와 상례(喪禮)를 강구하여 나라의 기강을
바로 잡으려고 노력하였다

1.

실록에 기록된 포은 선생의 효행

효는 자식이 부모에게 대하는 공경의 마음이다. 유교에서는 부모에 대한 효가 도덕규범의 기초이고, 더 나아가 국가로부터 가족에 이르기까지 최우선으로 가르쳐야 할 덕목이다. 효는 본래 부모가 살아 있을 때 자녀가 지켜야 할 원리이며 도리이다. 따라서 효는 생명의 근원인 조상에 대한 공경과 보은(報恩)의 시작이다. 그리고 효는 부모가 살아 계실 때 정성을 다하고, 죽은 뒤에는 공경하는 마음으로 제사를 잘 지내고, 또한 자식을 낳아 봉제사(奉祭祀)를 잇는 것이다.

포은 선생은 효행의 전거(典據)를 마련하는데 노력하였다. 우선적으로 포은 선생은 「제의(祭儀)」를 찬술한 것으로 기록되고 있다.

> 선생의 행장을 살피건대 1390년(공양왕 2)에 "선생이 청하여 사인(士人)·서인(庶人)이 모두 주자가례를 본받아 사당을 세우고 신주를 만들어 선조의 제사를 받들게 하였다"고 하였는데, 고려사에서 상고하건대 제의가 또한 이해에 있고, 또 제의에 "행례(行禮)의 의식은 한결같이 주자의 가례를 따른다"고 하였으니, 선생께서 가감하신 것 같고, 우암 송시열도 "고려사의 제의는 선생의 손에서 나온 것이 틀림없다"고 하였다.
>
> (『포은선생집속록』 권1 부록 「제의」)

또한 포은 선생은 관복(冠服)에 대한 기준을 정하여 호복(胡服)을 폐지하기도 하였다. 이에 대한 실록의 전거를 살펴보면 다음과 같다.

우리 동국(東國)에서는 고려(高麗) 이전부터 위로는 공경(公卿)으로부터 아래로는 유생(儒生)에 이르기까지 관복(冠服)에 대한 법(法)이 없어서 혹은 참람(僭濫)하기도 하고 혹은 요망(妖妄)스럽기도 하는 등 정해진 바가 있지 아니하였습니다. 우왕(禑王) 13년에 이르러 유신(儒臣) 정몽주(鄭夢周)의 무리들이 처음으로 건의(建議)하여 호복(胡服)을 혁파(革罷)하고 관직이 있는 자는 모두 사모(紗帽)를 착용하게 하고, 성균관 생원(成均館生員)과 경외(京外)의 학생(學生)들은 모두 평정 두건(平頂頭巾)을 착용하게 하였습니다.　　　　　　　　　　　　　(『성종실록』86권, 8년 11월 기축)

들건대 고려 시대의 유신(儒臣)인 정몽주(鄭夢周)가 처음으로 관복(冠服)을 창안했는데, 이는 실로 중국 제도를 채용하여 오랑캐의 풍속을 변화시킨 시초였습니다만, 부인의 관복 제도에 대해서는 미처 마련하지 못하였습니다.　　　　　　　　　　　　　(『선조실록』152권, 35년 7월 경오)

그래서 관직에 있는 사람과 생원 및 학생 모두가 호복을 폐지하고 새로운 관복을 착용하게 되었다. 이는 오랑캐의 풍속을 변화시키는 시초가 되었으며, 우리의 주체성을 확보하려는 노력이기도 하다.

포은 선생은 부모상을 당하자 삼년을 여묘(廬墓; 묘소를 지키는 일)하여 효행을 실천하였다. 이에 대한 기록은 다음의 상소에서 엿볼 수 있다.

성균 생원(成均生員) 권전(權碩) 등이 상소하였는데 대략 이러하다.
"고려 말에 유종(儒宗) 정몽주(鄭夢周)가 태어나 성리(性理)를 연구하여 학문이 깊고 넓어서, 오지(奧旨)를 혼자 알되 선유(先儒)와 절로 맞았으며,

충효(忠孝)의 대절(大節)이 당대를 용동(聳動; 몸을 솟구쳐 뛰듯 움직임)하
였으며, 부모의 상(喪)을 입고 사당을 세우는 것을 한결같이 《가례(家禮)》
대로 하였으며, 문물(文物)·의장(儀章)이 다 그가 다시 정한 것이었으며,
학교를 세워서 유학(儒學)을 크게 일으켜 사도(斯道)를 밝혀서 후학(後學)
에게 열어 준 것은 우리나라에 이 한 사람이 있을 뿐이다.

(『중종실록』29권, 12년 8월 경술)

위의 기록에서 볼 수 있듯이 포은 선생의 효행은 나라의 귀감이 되어 선양되
었고, 국가에서 포은 선생의 출생지에 효자비(孝子碑)를 세우기도 하였다.

孝 子 碑

所在地 : 慶北 永川市 臨皋面 愚巷里

앞의 비각(碑閣)은 포은 선생의 출생지에 정표(旌表)한 효자비(孝子碑)를 보호하기 위해 세운 비각이다. 포은 선생은 1355년에 부친상을 당하여 묘소에서 3년 상을 지냈으며, 그 후 1365년 11월 모친상을 당하여 묘소에서 3년 상을 지냈다. 그의 지극한 효성이 조정에 보고되어 효자 정려의 은전(恩典)이 내려졌다. 이에 1389년에 출생지인 우항리에 「효자리(孝子里)」라는 새긴 표석이 영주(永州; 지금의 영천) 수령 정유(鄭宥)에 의해 세워졌다. 그 후 표석이 오랫동안 실전(失傳)되었는데, 1487년 경상감사 손순효(孫順孝)의 현몽(現夢)에 의하여 표석을 땅 속에서 찾아냈다. 이 때 실전되었던 표석을 다시 세우고 비각도 함께 건립하였다. 비각 바깥쪽 중앙에는 「포은선생지여(圃隱先生之閭)」라 쓴 현판이 걸려 있다.

포은 선생은 효행의 근본은 예절(禮節)에서 시작된다고 보았다. 그래서 다른 민족의 풍속을 고쳐서 우리의 실정에 맞도록 제정하기도 하였다.

정몽주는 재지(才智)가 남달리 뛰어난 자질로 성리(性理)의 오지(奧旨)를 깊이 탐구하여 능히 제유(諸儒)가 미치지 못했던 데까지 나아갔고, 수양이 이미 극진하여서는 그것을 일에 발휘하매, 능히 거꾸러져 위태로워 가는 것을 부지하여 난세(亂世) 가운데에서 절개를 지켰고, 오랑캐의 풍속을 고쳐서 예절(禮節)이 있게 하고 학교에서 이륜(彝倫)을 밝혔으므로 백성이 지금에 이르도록 그에게서 받은 것이 많았다.

(『중종실록』29권, 12년 8월 계해)

포은 선생은 일상생활에서 효도와 우애를 우선하였고, 혼례(婚禮)와 상례(喪禮)를 강구하여 나라의 기강을 바로 잡으려고 노력하였다. 이에 대한 기록은 다음과 같다.

우뚝하신 우리 공(公)은 퇴파(頹波)의 지주(支柱)였고, 학문이 끊어진

때를 당하여 개연(慨然)히 일어났도다. 심오한 이치를 탐구하여 평상(平常)한 도리를 열었는데, 행실은 효도와 우애를 먼저 하고 예의는 혼례(婚禮)와 상례(喪禮)를 강구하였으며, 일용(日用)의 일을 미루어 나라의 무너진 기강을 부식하였도다. 이조 정랑 정응(鄭應)이 지은 제문(祭文)이다.

(『중종실록』34권, 13년 10월 임진)

포은 선생은 충효에서 당대의 사표(師表)가 되었을 뿐만 아니라 우리나라의 성리학을 발전시킨 선각자로 추앙받고 있다.

고려 말기에 정몽주(鄭夢周)는 충효의 큰 절의가 있었고, 정(程)주(朱)의 학문을 배워 동방 이학(理學)의 조종(祖宗)이 되었는데, 불행하게도 고려가 망하려는 때를 당하여 살신성인(殺身成仁)했습니다.

(『선조실록』1권, 즉위년 10월 갑진)

포은 선생의 효행은 일상생활에서 시작되었다. 즉 관복을 착용하는 것, 제의를 규정에 따라 실시하는 것, 혼례와 상례를 예절에 맞게 하는 것 등이다. 효는 우리나라 전통사상의 핵심이다. 『효경』에서 효를 "하늘의 불변한 기준이요 땅의 떳떳함이다[천지경지의의(天之經地之義)]"라고 하여 우주적 원리로 승화시키고 있다. 이는 정치적 교화의 의도를 엿볼 수 있게 한다.

세월은 흐르고 시대는 변화하였지만, 효행의 근본은 결코 변화할 수 없다. 효행의 본질은 가식 없는 진실성과 성실성에 있다. 부모를 공경하는 마음이 아무런 가식 없이 부모에게 전달될 때 진정한 효도가 이루어지며, 이러한 효도의 원리를 체득하고 실천하는 곳에 행복이 있다. 다만 효도란 무조건적인 요구나 연장자의 강요에 의한 것이 아니라 인간됨과 합리성을 통해서 수용되는 형식이 되어야 한다.

실록에 기록된 포은 선생의 충절

충(忠)은 근본적으로 충실(忠實)과 신의(信義)의 뜻이 확고하게 들어 있다. 충이라는 글자의 형태, 즉 중(中)과 심(心)으로 이루어졌다는 것은 충이 바로 주체적 인격의 자리임을 말한다. 충은 성리학적 질서의 본질이었고, 통치원리였다.

포은 선생이 살았던 시기의 정교이념(政敎理念)은 유학적 세계관과 도학정신(道學情神)에 기반을 두었다. 그렇기 때문에 포은 선생은 충절과 절의(節義)를 숭상하였다. 그리고 포은 선생은 충절과 절의를 왕조의 교체기에 몸소 실천하였다. 포은 선생의 충절과 절의는 조선 초기에는 비판을 받았으나 태종 때부터 인정받게 된다.

예로부터 국가를 가진 자는 반드시 절의 있는 선비를 칭찬하니, 만세의 강상(綱常)을 굳게 하자는 것입니다. 왕이 의리를 들어서 창업할 때에 자기에게 붙는 자는 상을 주고, 붙지 않는 자는 죄를 주는 것이 진실로 의당한 일이오나, 대업이 이미 정하여져서 수성할 때에 이르러서는 반드시 이전 시대에 절의를 다한 신하에게는 상을 주고, 죽은 자에게는 벼슬을 추증하고, 살아 있는 자에게는 불러 관리로 임용하고, 아울러 정표(旌表)와 상을 내리어 후세 신하들의 절의를 장려하는 것이니, 이것은 예나 지금이나 공통된 뜻입니다.　　　　　　　　(『태종실록』 권 1, 태종 원년 정월)

이처럼 나라의 창업기에는 공신(功臣)과 역신(逆臣)을 가려 상벌하지만, 수성기에는 대립적인 관계에 있었던 인물이라도 절의와 충절을 표출하였다면 포상해야 한다고 보았다. 태종 시기에 권근(權近)은 포은에게 추증(追贈)할 것을 건의하였고, 태종은 이를 받아들여 영의정부사(領議政府使)를 증직(贈職)하였을 뿐만 아니라 문충(文忠)이라는 시호를 내려 포은의 충절과 절의정신을 선양하였다. 태종은 정치적인 이유로 순절(殉節)할 수밖에 없었던 포은을 충신으로 인정하는 자가당착(自家撞着)에 빠진다. 이는 왕조를 유지하기 위해 강상윤리와 성리학적 가치관을 강조해야 했기 때문이다.

세종 시기에 들어서면 충절과 절의를 더욱 권장하게 된다. 세종은 시강관의 대화에서 포은의 충의(忠義)를 높이 평가하였다.

> 임금이 말하기를,
> "정몽주(鄭夢周)는 어떤 사람이었는가."
> 하니, 시강관 설순(偰循)이 일어나서 대답하기를,
> "신이 그가 충신이란 말은 들었습니다마는, 춘추관(春秋館)에서 이에 대한 공문을 보내 온 것이 없고, 성상께서도 명령하시지 아니하여, 신은 감히 청하지 못하였을 뿐입니다."
> 하였다. 임금이 말하기를,
> "몽주(夢周)의 일은 태종께서 그가 충의를 위하여 죽은 줄을 아시고 벌써 포창하고 상을 내리셨으니, 다시 의논할 필요가 있느냐. 충신의 대열에 기록함이 옳다"고 하였다.　　　　　(『세종실록』50권, 12년 11월 경신)

뿐만 아니라 세종은 포은의 인물평을 순정(純正)하고 성실하다고 하였다.

> 고려조 말기에는 충신(忠臣)·의사(義士)가 몹시 적었다. 이색(李穡) 같은 사람도 역시 절의를 다하지 못하였고, 유독 정몽주(鄭夢周)·길재(吉再)

가 능히 옛 임금을 위하여 절개를 굳게 지키고 고치지 않았기 때문에 뒤에 벼슬을 추증(追贈)하였던 것이다. 그러나 정몽주는 순실(淳實)하지만 길재는 모[圭角]가 났다고 할 수 있지 않겠는가. 나의 생각으로는 길재는 몽주에 비하면 약간의 간격이 있을 것이다. (『세종실록』51권, 13년 3월 임신)

당시 대표적 유학자 가운데 한 사람인 이색도 절의를 다하였다고는 보기 어려우며, 오직 포은과 길재만이 절의를 다하였다고 평가하였다. 그리고 세종은 「충신도(忠臣圖)」 안에 포은을 그려 놓고 찬(贊)을 짓도록 하였다. 세조 시기에는 직제학 양성지(梁誠之)가 포은을 문묘에 배향하는 상소문을 다음과 같이 올렸다.

문묘(文廟)에 종사(從祀)하는 것입니다. 문묘(文廟)에 배식(配食)한 자는 오직 신라의 설총(薛聰)·최치원(崔致遠)·고려의 안향(安珦) 3인뿐입니다. 신이 들으니, 학사(學士) 쌍기(雙冀)는 전조(前朝)에 있어서 처음으로 과거(科擧)를 설치하여 문풍(文風)을 진작(振作)하였고, 문헌공(文獻公) 최충(崔冲)은 또 구재(九齋)를 설치하여 여러 학생을 교육하였으며, 문충공(文忠公) 이제현(李齊賢), 문충공(文忠公) 정몽주(鄭夢周), 본조의 문충공 권근(權近)에 이르러서는 그 문장(文章)과 도덕(道德)이 사람마다 모두 만세(萬世)의 수범(垂範)이 될 만하다고 하였으니, 청하건대 모두 선성(先聖)에 배향(配享)하여 후인(後人)을 권장하게 하소서.
(『세조실록』3권, 2년 3월 정유)

국가에서 충절을 숭상하고 절의를 장려함에 있어서는 성종 시기에도 예외는 아니었다. 성종은 포은의 자손을 녹용(錄用)하여 절의의 풍속을 권장하는 상소문을 받기도 하였다.

옛날에 태조(太祖)께서 혁명(革命)하실 처음에 한때의 호걸들이 앞을 다투어 반부(攀附)하여 오히려 미치지 못할까 두려워하였으나, 오직 시중 (侍中) 정몽주(鄭夢周)와 주서(注書) 길재(吉再)는 오히려 왕씨(王氏)를 위 하여 절개를 지켰는데, 세종대왕(世宗大王)께서 그 절의를 아름답게 여기 어 특별히 명하여 충신도(忠臣圖)에 붙이고 자손을 녹용(錄用)하였었습니 다. (중략) 그러나 지금은 두 사람의 후손이 녹용에 든 자가 없으니, 선왕 의 가상(嘉賞)하신 뜻에 어긋남이 있습니다. 청컨대 전하께서는 급히 두 사람의 후손을 써서 녹이 끊어지지 않게 하고, 또 자손을 녹용하여 절의의 풍속을 장려하소서.　　　　　　　　　　　(『성종실록』3권, 1년 2월 신미)

결국 성종은 이러한 상소문을 받아들여 포은 후손을 녹용하였고, 충절정신을 장려하기도 하였다. 성종 12년에 참찬관 이맹현(李孟賢)은 "절의(節義)의 선비 는 세상에 항시 있는 것이 아니라 고려조 500년 동안 오직 포은 한 사람 뿐이 니, 그 후손을 마땅히 녹용해야 한다"고 주장하였다. 그 후 중종의 시기에 포은 과 길재의 사당을 건립하자는 의견이 나오게 되는데, 이러한 건의에 대해 중종 은 예관(禮官)에게 절차를 논의하라고 지시하였다.

　　문충공(文忠公) 정몽주(鄭夢周)를 문창후(文昌侯) 최치원(崔致遠)의 다 음 자리에 종사(從祀)하고 사신(使臣)을 보내어 제사하였다.

　　　　　　　　　　　　　　　　　　(『중종실록』29권, 12년 9월 경인)

마침내 포은의 문묘 배향은 중종 12년(1517)에 성사되었고, 이는 정충대절 (精忠大節)을 공인받는 일이었다.

충절은 왕조의 교체기에 더욱 강조되는 덕목이다. 역사에 있어 일신의 안위 (安危)를 극복하고 불사이군(不事二君)한 인물을 드물다. 그러나 역사적 평가에 있어 고려 500년 동안 충절정신으로 순절(殉節)한 유일한 인물은 포은 선생이 다. 포은 선생을 정충대절(精忠大節)로 공경하고 숭상하는 이유가 여기에 있다.

선죽교(善竹橋)

　포은 선생은 절의(節義)를 지키다가 선죽교에서 1392년 4월 4일 태종의 지시에 의해 피살되었다.

인성교육을 위한 고전 강독

보첩과 족보

건전가정의례

부록1.

인성교육을 위한 고전강독

1) 가려 뽑은 『명심보감(明心寶鑑)』

子曰 爲善者는 天報之以福하고 爲不善者는 天報之以禍니라.
자왈 위선자　　천보지이복　　　위불선자　　천보지이화

▶ 공자(孔子)[1]가 말하기를 "착한 일을 하는 사람에게는 하늘이 복을 주시고, 악한 일을 하는 사람에게는 하늘이 재앙을 준다"고 하였다.

漢昭烈이 將終에 勅後主曰 勿以善小而不爲하고
한소열　장종　칙후주왈 물이선소이불위

勿以惡小而爲之하라.
물이악소이위지

▶ 한나라의 소열[2] 황제가 임종할 때에 후주에게 조칙을 내려 말하기를 "선이 사소하다고 해서 아니 하지를 말며, 악이 사소하다고 하더라도 해서는 안 된다"고 하였다.

---

1) 공자(孔子) : 중국 춘추 시대의 대철학자로서 유학을 개창하였다. 이름은 구(丘), 자는 중니(仲尼)이다. 仁을 근본으로 하는 윤리도덕을 확립하였다. 그의 제자들이 그의 언행을 기록하여 놓은 論語가 있다.
2) 소열 : 중국 촉한의 황제로서 유비(劉備)을 말하며, 자는 현덕(玄德)이며, 소열은 시호이다. 제괄공명, 관우, 장비 등을 기용하여 촉한을 건국하였다.

莊子曰 一日不念善이면 諸惡이 皆自起니라.
장 자 왈　일 일 불 념 선　　　　제 악　　　개 자 기

▶장자3)가 말하기를 "하루라도 착한 일을 생각하지 않으면 모든 악이 저절로 일어
　난다"고 하였다.

太公이 曰 見善如渴하고 聞惡如聾하라 又曰 善事란 須貪하고
태 공　왈　견 선 여 갈　　　문 악 여 롱　　　우 왈　선 사　　수 탐

惡事란 莫樂하라.
악 사　　막 락

▶태공4)이 말하기를 "착한 일을 보면 목마를 때 물을 본 듯이 하고, 악한 것을 들
　으면 귀머리 같이 하라. 또한 착한 일이란 모름지기 탐내야 하고, 악한 일은 즐겨
　서는 안 된다"고 하였다.

馬援이 曰 終身行善이라도 善猶不足이요 一日行惡이라도
마 원　왈　종 신 행 선　　　선 유 부 족　　　일 일 행 악

惡自有餘니라.
악 자 유 여

▶마원5)이 말하기를 "한 평생 선을 행하여도 착함은 오히려 부족하고, 단 하루 악
　을 행하여도 악은 그대로 남음이 있다"고 하였다.

---

3) 장자 : 중국 전국 시대의 사상가이며 도학자이다. 이름은 주(周)이다. 노자의 무위자연설(無爲自然
　說)을 크게 발전시켜 노장사상(老莊思想)을 이룩하였으며, 저서로는 남화경(南華經)이 있다.
4) 태공 : 중국 주나라 초기의 현자(賢者)로 강상(姜尙)을 말한다. 문왕이 위수(渭水)를 지나다가 만나
　스승으로 삼았으며, 후에 제나라의 시조가 되었다.
5) 마원 : 중국 후한 때 사람으로서 자는 문연(文淵)이다. 광무제를 도운 유명한 장군이며, 티벳족을
　정벌하고 흉노족을 토벌하는데 많은 무공을 세웠다.

景行錄에 曰 恩義를 廣施하라. 人生何處不相逢이니
경행록 왈 은의 광시   인생하처불상봉

讐怨을 莫結하라. 路逢狹處면 難回避니라.
수원 막결   노봉협처   난회피

▶『경행록』6)에 말하기를 "은혜와 의리를 널리 베풀라. 인생이 어느 곳에서든지 서로 만나지 않으랴. 원수와 원한을 맺지 말라. 길 좁은 곳에서 만나면 피하기 어렵다"고 하였다.

子曰 見善如不及하고 見不善如探湯하라.
자왈 견선여불급   견불선여탐탕

▶공자가 말하기를 "착한 것을 보거든 아직도 부족한 것과 같이 하고, 악한 것을 보거든 끓는 물을 만지는 것과 같이 하라"고 하였다.

子曰 順天者는 存하고 逆天者는 亡이니라.
자왈 순천자 존   역천자 망

▶공자가 말하기를 "천명에 순종하는 자는 살고, 천명을 거역하는 자는 망한다"고 하였다.

莊子曰 若人이 作不善하야 得顯名者는 人雖不害나 天必戮之니라.
장자왈 약인 작불선   득현명자 인수불해   천필륙지

▶장자가 말하기를 "만일 사람이 착하지 못한 일을 해서 이름을 세상에 드러낸 자는 남들이 비록 해치지 않더라도 하늘이 반드시 죽일 것이다"고 하였다.

---

6)『경행록』: 중국 송나라 때의 책으로 떳떳하고 밝은 행위를 강조한 책이다.

種瓜得瓜요 種豆得豆니 天網이 恢恢하야 疎而不漏니라.
종 과 득 과　　종 두 득 두　　천 망　회 회　　소 이 불 루

▶ 오이씨를 심으면 오이를 얻고 콩을 심으면 콩을 얻는 것이니, 하늘의 그물이 넓
고 넓어서 보이지는 않으나 새지 않는다.

子曰 獲罪於天이면 無所禱也이니라.
자 왈　획 죄 어 천　　무 소 도 야

▶ 공자가 말하기를 "나쁜 일을 하여 하늘에 죄를 얻으면 빌 곳이 없다"고 하였다.

詩曰 父兮生我하시니 母兮鞠我하시고 哀哀父母여 生我劬勞샷다
시 왈 부 혜 생 아　　　모 혜 국 아　　　애 애 부 모　 생 아 구 로

欲報深恩인데 昊天罔極이로다.
욕 보 심 은　　　호 천 망 극

▶ 시경(詩經)에 말하기를 "아버지가 나를 낳으시고 어머니가 나를 기르시니, 아아
애달프고 슬프도다. 아버님 어머님이시여, 나를 낳아 기르시느라고 애쓰시고 수
고하셨도다. 그 깊은 은혜를 갚고자 하는데 그 은혜가 넓은 하늘같이 다함이 없
다"고 하였다.

子曰 孝子之事親也에 居則致其敬하고 養則致其樂하고
자 왈　 효 자 지 사 친 야　　 거 즉 치 기 경　　　양 즉 치 기 락

病則致其憂하고 喪則致其哀하고 祭則致其嚴이니라.
병 즉 치 기 우　　　상 즉 치 기 애　　　제 즉 치 기 엄

▶ 공자가 말하기를 "효자가 어버이를 섬기는 것은 기거하심에 그 공경을 다하고,
봉양함에는 즐거움을 다하고, 병이 들었을 때는 그 근심을 다하고, 상을 당할

때는 그 슬픔을 다하고, 제사가 있을 때는 그 엄숙함을 다할 것이다”고 하였다.

太公이 曰 孝於親이면 子亦孝之하나니 身旣不孝면 子何孝焉이리오.
태공　왈 효어친　　자역효지　　　신기불효　　자하효언

▶ 태공이 말하기를 “내가 어버이께 효도하면 내 자식이 또한 나에게 효도하는 것이니, 내가 어버이께 효도하지 않는다면 자식이 어찌 나에게 효도할 것인가”라고 하였다.

性理書에 云 見人之善而尋己之善하고 見人之惡而尋己之惡이니
성리서　운 견인지선이심기지선　　　견인지악이심기지악

如此면 方是有益이니라.
여차　　방시유익

▶ 성리서에 이르기를 “남의 착한 것을 보고 나의 착한 것을 찾고, 남의 악한 것을 보고 나의 악한 것을 찾을 것이니, 이와 같이 하면 바야흐로 유익함이 있을 것이다”고 하였다.

景行錄에 云 大丈夫가 當容人이언정 無爲人所容이니라.
경행록　운 대장부　당용인　　　무위인소용

▶ 경행록에 이르기를 “대장부는 마땅히 남을 용서해 줄지언정 남의 용서를 받는 사람이 되지는 말라”고 하였다.

太公이 曰 勿以貴己而賤人하고 勿以自大而蔑小하고
태 공　 왈 물 이 귀 기 이 천 인　　　 물 이 자 대 이 멸 소

勿以恃勇而輕敵이니라.
물 이 시 용 이 경 적

▶ 태공이 말하기를 "자기가 귀하다고 하여 남을 천하게 여기지 말고, 자기가 크다
고 하여 남의 작음을 업신여기지 말며, 자기의 용맹을 믿고 적을 가볍게 여기지
말라"고 하였다.

道吾善者는 是吾賊이오 道吾惡者는 是吾師이니라.
도 오 선 자　　 시 오 적　　　 도 오 악 자　　 시 오 사

▶ 나를 착하다고 말하여 주는 사람은 곧 내게 해로운 사람이요, 나의 나쁜 점을
말하여 주는 사람은 곧 나의 스승이니라.

子曰 君子가 有三戒하니 少之時엔 血氣未定이라 戒之在色하고
자 왈 군 자　 유 삼 계　　 소 지 시　 혈 기 미 정　　 계 지 재 색

及其壯也하면 血氣方剛이라 戒之在鬪하고 及其老也하면 血氣旣衰라
급 기 장 야　 혈 기 방 강　 계 지 재 투　　 급 기 로 야　 혈 기 기 쇠

戒之在得이니라.
계 지 재 득

▶ 공자가 말하기를 "군자는 세 가지 경계할 것이 있으니, 어렸을 때는 혈기가 정하
여지지 않았는지라 경계할 것이 여색에 있고, 장성함에 이르면 혈기가 바야흐로
강성한지라 경계할 것이 싸움에 있으며, 늙음에 이르면 혈기가 이미 쇠한지라
경계할 것이 탐욕하여 얻으려는데 있다"고 하였다.

景行錄에 曰 食淡精神爽이오 心淸夢寐安이니라.
경행록   왈 식담정신상   심청몽매안

▶ 경행록에 말하기를 "음식이 깨끗하면 정신이 상쾌하고, 마음이 맑으면 잠을 편히 잘 수 있느니라"고 하였다.

定心應物하면 雖不讀書라도 可以爲有德君子이니라.
정심응물   수불독서   가이위유덕군자

▶ 마음가짐을 침착하게 하여 모든 일에 대한다면 비록 글을 읽지 않았다 하더라도 덕이 있는 군자가 될 수 있다.

萬事從寬이면 其福自厚이니라.
만사종관   기복자후

▶ 모든 일에 너그러움을 베풀면 그 복이 스스로 두터워 지느니라.

太公이 曰 欲量他人인데 先須自量하라 傷人之語는 還是自傷이니
태공 왈 욕량타인   선수자량   상인지어   환시자상

舍血噴人이면 先汚其口이니라.
함혈분인   선오기구

▶ 태공이 말하기를 "다른 사람을 알려고 하거든 먼저 스스로를 헤아려 보아라. 남을 해치는 말은 도리어 스스로를 해치게 되는 것이니, 피를 머금어 남에게 뿜자면 먼저 자기의 입이 더러워 진다"고 하였다.

耳不聞人之非하고 目不視人之短하고
이불문인지비   목불시인지단

口不言人之過라야 庶幾君子이니라.
구 불 언 인 지 과　　　서 기 군 자

 ▶ 귀로 남의 그릇됨을 듣지 말고, 눈으로 남의 모자람을 보지 말고, 입으로 남의
　　허물을 말하지 않아야 군자라고 할 수 있다.

蔡伯階 曰 喜怒는 在心하고 言出於口하나니 不可不愼이니라.
채 백 개 왈　희 노　　재 심　　　언 출 어 구　　　　불 가 불 신

 ▶ 채백개[7]가 말하기를 "기뻐하고 노여워하는 것은 마음 속에 있고, 말은 입 밖으
　　로 나가는 것이니 삼가지 아니할 수 없다"고 하였다.

景行錄에 云 知足可樂이오 務貪則憂니라.
경 행 록　　운 지 족 가 락　　　무 탐 즉 우

 ▶ 경행록에 이르기를 "넉넉함을 알면 가히 즐거울 것이요, 탐욕을 알면 근심이 있
　　다"고 하였다.

知足者는 貧賤亦樂이오 不知足者는 富貴亦憂니라.
지 족 자　　빈 천 역 락　　　부 지 족 자　　　부 귀 역 우

 ▶ 만족함을 아는 사람은 가난하고 천하여도 역시 즐거울 것이요, 만족함을 모르는
　　사람은 부귀하여도 역시 근심한다.

濫想은 徒傷神이오 妄動은 反致禍니라.
남 상　　도 상 신　　　망 동　　반 치 화

---

7) 채백개 : 중국 후한 때의 학자로 이름은 옹(邕), 자는 백개이다. 시에 능하였으며 지은 책으로는
　　채중랑전집(蔡中郞全集)이 있다.

▶ 쓸데없는 생각은 한갓 정신을 상하게 할 뿐이요, 망령된 행동은 도리어 재앙을 일으킨다.

景行錄에 云 坐密室을 如通衢하고 馭寸心을
경행록　운 좌밀실　여통구　　어촌심

如六馬하면 可免過니라.
여육마　　가 면 과

▶ 경행록에 이르기를 "밀실에 앉았어도 마치 네거리에 앉아 있는 것처럼 하고, 작은 마음을 제어하기를 마치 여섯 필의 말을 부리듯 하면 가히 허물을 면할 수 있다"고 하였다.

子曰 聰明思睿라도 守之以遇하고 功被天下라도 守之以讓하고
자왈 총명사예　　수지이우　　공피천하　　수지이양

勇力振世라도 守之以怯하고 富有四海라도 守之以謙이니라.
용력진세　　수지이겁　　부유사해　　수지이겸

▶ 공자가 말하기를 "총명하고 생각이 뛰어나도 어리석음으로써 지켜야 하고, 공(功)이 천하를 덮을지라도 겸양하는 마음으로 지켜야 하고, 용맹이 세상에 떨칠지라도 두려운 마음으로 지켜야 하며, 부유한 것이 사해(四海)를 차지했다 하더라도 겸손한 마음으로 지켜야 한다"고 하였다.

施恩勿求報하고 與人勿追悔하라.
시 은 물 구 보　　여 인 물 추 회

▶ 은혜를 베풀거든 그 보답을 구하지 말고, 남에게 주었거든 후에 뉘우치지 말라.

朱文公이 日 守口如瓶하고 防意如城하라.
주 문 공 　 　 왈 　 수 구 여 병 　 　 　 방 의 여 성

  ▶ 주자[8]가 말하기를 "입을 지키는 것은 병(瓶)과 같이 하고, 뜻을 막기를 성과 같이
    하라"고 하였다.

寇萊公六悔銘에 云 官行私曲失時悔요 富不儉用貧時悔요.
구 래 공 육 회 명 　 　 운 　 관 행 사 곡 실 시 회 　 　 부 불 검 용 빈 시 회

藝不少學過時悔요 見事不學用時悔요 醉後狂言醒時悔요.
예 불 소 학 과 시 회 　 　 견 사 불 학 용 시 회 　 　 취 후 광 언 성 시 회

安不將息病時悔니라.
안 부 장 식 병 시 회

  ▶ 구래공[9]의 육회명에 이르기를 "벼슬아치가 사사로운 일을 행하면 벼슬을 잃을
    때 뉘우치게 되고, 부유했을 때에 아끼어 쓰지 않으면 가난해졌을 때 뉘우치게
    되고, 재주를 믿고 어렸을 때 배우지 않으면 시기가 지났을 때 뉘우치게 되고,
    사물(事物)을 보고 배우지 않으면 필요하게 되었을 때 후회하게 되고, 취한 뒤에
    함부로 말하면 술이 깨었을 때 후회하게 되고, 몸이 건강했을 때 휴식을 취하지
    않으면 병이 들었을 때 뉘우칠 것이다"고 하였다.

景行錄에 云 責人者는 不全交요 自恕者는 不改過니라.
경 행 록 　 　 운 　 책 인 자 　 　 부 전 교 　 　 자 서 자 　 　 불 개 과

  ▶ 경행록에 이르기를 "남을 꾸짖는 자는 사귐을 온전히 할 수 없고, 자기를 용서하
    는 자는 허물을 고치지 못 한다"고 하였다.

---

8) 주자(朱子) : 성리학을 집대성한 남송의 유학자로 이름은 희(熹), 호는 회암(晦庵)·회옹(晦翁)·
   고정(考亭)이다. 저서로는 소학과 근사록(近思錄)이 있다.
9) 구래공 : 중국 북송 때의 재상으로 이름은 준(準), 자는 평중(平仲)이다. 요나라가 쳐들어 왔을 때
   이를 잘 수습했는데 이 공로로 내국공에 봉해져서 구래공이라 불리었다.

忍一時之忿이면 免百日之憂이니라.
인 일 시 지 분　　　　면 백 일 지 우

▶한 때의 분함을 참으면 백날의 근심을 면할 수 있다.

景行錄에 云 屈己者는 能處重하고 好勝者는 必遇敵이니라.
경 행 록　　운 굴 기 자　　　능 처 중　　　호 승 자　　　필 우 적

▶경행록에 이르기를 "자기를 굽히는 자는 중요한 지위에 처할 수 있으며, 이기기
를 좋아하는 자는 반드시 적을 만난다"고 하였다.

惡人이 罵善人커든 善人은 摠不對하라 不對는 心淸閑이오
악 인　　매 선 인　　선 인　　총 부 대　　　부 대　　심 청 한

罵者는 口熱沸니라 正如人唾天하야 還從己身墜니라.
매 자　　구 열 비　　　정 여 인 타 천　　　환 종 기 신 추

▶악한 사람이 착한 사람을 꾸짖거든 착한 사람은 아예 이에 대꾸하지 말라. 대꾸
하지 않은 사람은 마음이 맑고 한가하나, 꾸짖는 자는 입이 뜨겁게 끓어 오르니,
마치 사람이 하늘에다 대고 침을 뱉는 것 같아서 그것이 도로 자기 몸에 떨어지
는 것과 같다.

학문(學問)과 신독(愼獨)

子曰 博學而篤志하고 切問而近思면 仁在其中矣니라.
자 왈　박 학 이 독 지　　　절 문 이 근 사　　　인 재 기 중 의

▶공자가 말하기를 "널리 배워서 뜻을 두텁게 하고 간절하게 묻고 잘 생각하면

어짊(仁)이 그 속에 있다"고 하였다.

莊子曰 人之不學은 如登天而無術하고
장 자 왈   인 지 불 학   여 등 천 이 무 술

學而智遠이면 如披祥雲而觀靑天하고 登高山而望四海니라.
학 이 지 원   여 피 상 운 이 도 청 천   등 고 산 이 망 사 해

> ▶ 장자가 말하기를 "사람이 배우지 않음은 재주 없이 하늘에 오르려는 것과 같고, 배워서 지혜가 깊으면 상서(祥瑞)로운 구름을 헤치고 푸른 하늘을 보며 높은 산에 올라 사해(四海)를 바라보는 것과 같다"고 하였다.

禮記에 曰 玉不琢이면 不成器하고 人不學이면 不知義니라.
예 기   왈 옥 불 탁   불 성 기   인 불 학   부 지 의

> ▶ 『예기』[10]에 말하기를 "옥(玉)은 다듬지 않으면 그릇이 되지 못하고 사람은 배우지 않으면 의(義)를 알지 못한다"고 하였다.

論語에 曰 學如不及이요 惟恐失之니라.
논 어   왈 학 여 불 급   유 공 실 지

> ▶ 『논어』[11]를 이르기를 "배우기를 미치지 못한 것 같이 하고, 배운 것을 잃을까 두려워할지니라"고 하였다.

景行錄에 云 賓客不來門戶俗하고 詩書無敎子孫遇니라.
경 행 록   운 빈 객 불 래 문 호 속   시 서 무 교 자 손 우

---

10) 『예기』: 오경의 하나로서 주나라 말기로부터 진한 시대의 유학자의 예의에 관한 이야기를 실은 책이다.
11) 『논어』: 사서의 하나로서 공자의 제자들이 공자의 언행과 성품 및 유학에 관하여 엮은 책이다.

▶ 경행록에 이르기를 "손님이 오지 않으면 집안이 저속(低俗)해지고, 시서(詩經과 書經)를 가르치지 않으면 자손이 어리석어 진다"고 하였다.

至樂은 莫如讀書요 至要는 莫如敎子이니라.
지 락　　막 여 독 서　　　지 요　　막 여 교 자

▶ 지극한 즐거움으로는 책을 읽는 것처럼 좋은 것이 없고, 지극히 필요한 것으로는 자식을 가르치는 것처럼 중요한 것이 없다.

太公이 曰 男子失敎면 長必頑愚하고 女子失敎면 長必麤疎니라.
태 공　월 남 자 실 교　　장 필 완 우　　　여 자 실 교　　장 필 추 소

▶ 태공이 말하기를 "남자가 가르침을 받지 못하면 자라서 반드시 미련하고 어리석으며, 여자가 가르침을 받지 못하면 자라서 반드시 거칠고 솜씨가 없다"고 하였다.

嚴父는 出孝子하고 嚴母는 出孝女니라.
엄 부　　출 효 자　　　엄 모　　출 효 녀

▶ 엄한 아버지는 효자를 길러내고 엄한 어머니는 효녀를 길러 낸다.

憐兒어든 多與棒하고 憎兒어든 多與食하라.
연 아　　다 여 봉　　　증 아　　　다 여 식

▶ 아이를 사랑하거든 매를 많이 주고, 아이를 미워하거든 먹을 것을 많이 주라.

父不憂心因子孝요 夫無煩惱是妻賢이라 言多語失皆因酒요
부 불 우 심 인 자 효　　　부 무 번 뇌 시 처 현　　　언 다 어 실 개 인 주

義斷親疎只爲錢이라.

의 단 친 소 지 위 전

▶ 아버지가 근심하지 않음은 자식이 효도하기 때문이요, 남편이 번뇌가 없는 것은
아내가 어질기 때문이다. 말이 많아 실수함은 모두 술 때문이요, 의가 끊어지고
친함이 갈라지는 것은 오직 돈 때문이다.

得寵思辱하고 居安慮危니라

득 총 사 욕　　　　거 안 여 위

▶ 사랑을 받거든 욕됨을 생각하고, 편안한 곳에 살면 위태함을 생각할지니라.

榮輕辱淺이오 利重害深이니라.

영 경 욕 천　　　　이 중 해 심

▶ 영화가 가벼우면 욕됨이 얕고, 이(利)가 무거우면 해(害)도 깊다.

欲知未來인데 先察已然이니라.

욕 지 미 래　　　　선 찰 이 연

▶ 미래(未來)를 알려거든 먼저 지나간 일을 살펴보라.

自信者는 人亦信之하나니 吳越이 皆兄弟요

자 신 자　　　인 역 신 지　　　　오 월　　　개 형 제

自疑者는 人亦疑之하나니 身外가 皆敵國이니라.

자 의 자　　　인 역 의 지　　　　신 외　　　개 적 극

▶ 스스로를 믿는 자는 남도 또한 믿나니, 오나라와 월나라와 같은 적국 사이라도

형제와 같이 될 수 있고, 스스로를 믿지 못하는 자는 남도 또한 믿지 않나니,
자기 이외에는 모두 원수와 같은 나라가 된다.

疑人莫用하고 用人勿疑니라.
의 인 막 용　　　용 인 물 의

▶ 사람을 의심하거든 쓰지 말고 사람을 쓰거든 의심하지 말라.

海枯終見底나 人死不知心이니라.
해 고 종 견 저　　　인 사 부 지 심

▶ 바다는 마르면 마침내 그 바닥을 볼 수 있으나, 사람은 죽어도 그 마음을 알지
못한다.

疏廣이 曰 賢人多財則損其志하고 愚人多財則益其過니라.
소 광　　월　현 인 다 재 즉 손 기 지　　　　　우 인 다 재 즉 익 기 과

▶ 소광[12]이 말하기를 "어진 사람이 재물이 많으면 그 지조를 손상하고, 어리석은
사람이 재물이 많으면 허물을 더한다"고 하였다.

黃金千兩이 未爲貴요 得人一語 - 勝千金이니라.
황 금 천 량　　　미 위 귀　　　득 인 일 어　　　승 천 금

▶ 황금 천 냥이 귀한 것이 아니고, 사람의 좋은 말 한 마디 듣는 것이 천금(千金)보
다 낫다.

---

12) 소광 : 중국 한나라 때의 사람으로서 자는 중용(仲翁)이며, 재물에 욕심이 없었던 인물이다.

貧居鬧市無相識이오 富住深山有遠親이니라.
빈 거 요 시 무 상 식　　　　부 주 심 산 유 원 친

▶ 가난하게 살면 번화한 시장거리에 살아도 서로 아는 사람이 없고, 넉넉하게 살면 깊은 산중에 살아도 먼 데서 찾아오는 친구가 있다.

天不生無祿之人하고 地不長無名之草이니라.
천 불 생 무 록 지 인　　　　지 부 장 무 명 지 초

▶ 하늘은 녹 없는 사람을 내지 않고, 땅은 이름 없는 풀을 기르지 않는다.

成家之兒는 惜糞如金하고 敗家之兒는 用金如糞이니라.
성 가 지 아　　석 분 여 금　　　　패 가 지 아　　용 금 여 분

▶ 가업을 이룰 아이는 똥을 금과 같이 아끼고, 집을 망치는 아이는 돈쓰기를 똥과 같이 한다.

一日淸閑一日仙이니라.
일 일 청 한 일 일 선

▶ 하루라도 마음이 깨끗하고 편안하다면 그 하루는 신선이 되는 것이다.

王良이 曰 欲知其君인데 先視其臣하고 欲識其人인데 先視其友하고
왕 량　　왈 욕 지 기 군　　　　선 시 기 신　　　　욕 지 기 인　　　　선 시 기 우

欲知其父인데 先視其子하라 君聖臣忠하고 父慈子孝니라.
욕 지 기 부　　　　선 시 기 자　　　　군 성 신 충　　　　부 자 자 효

▶ 왕량13)이 말하기를 "그 임금을 알려고 한다면 먼저 그 신하를 보고, 그 사람을

알려고 한다면 먼저 그 벗을 보고, 그 아비를 알려고 한다면 먼저 그 자식을
보라. 임금이 거룩하면 그 신하가 충성스럽고, 아비가 인자(仁慈)하면 자식이 효
성스럽다”고 하였다.

家語에 云 水至淸則無魚하고 人至察則無徒니라.
가 어　　　운 수 지 청 즉 무 어　　　인 지 찰 즉 무 도

> ▶ 가어에 이르기를 “물이 지극히 맑으면 고기가 없고, 사람이 지극히 살피면 친구가
> 없다”고 하였다.

景行錄에 云 大丈夫가 見善明故로 重名節於泰山하고
경 행 록　　　운 대 장 부　　　견 선 명 고　　　중 명 절 어 태 산

用心精故로 輕死生於鴻毛니라.
용 심 정 고　　　경 사 생 어 홍 모

> ▶ 경행록에 이르기를 “대장부는 착한 것을 보는 것이 밝으므로 명분과 절의(節義)
> 를 태산보다 중하게 여기고, 마음 씀이 깨끗하므로 죽는 것과 사는 것을 기러기
> 의 털보다 가볍게 여긴다”고 하였다.

經目之事도 恐未皆眞이어늘 背後之言을 豈足深信이리오.
경 목 지 사　　　공 미 개 진　　　배 후 지 언　　　기 족 심 신

> ▶ 눈으로 직접 보고 경험한 일도 모두 참되지 아니할까 두렵거늘 뒤에서 하는 말을 어찌
> 족히 깊이 믿으리오..

---

13) 왕량 : 중국 춘추 시대 사람으로서 말을 매우 잘 탔다고 하였다.

壯元詩에 云 國正天心順이요 官淸民自安이라
장 원 시　운 국 정 천 심 순　　관 청 민 자 안

妻賢夫禍少요 子孝父心寬이니라.
처 현 부 화 소　　자 효 부 심 관

▶ 장원시에 이르기를 "나라가 바르면 하늘도 순하고, 벼슬아치가 청백하면 온 백성이 저절로 편안해지느니라. 아내가 어질면 남편의 화가 적을 것이요, 자식이 효도하면 아버지의 마음이 너그러워진다"고 하였다.

蘇東坡 曰 無故而得千金이면 不有大福이라 必有大禍이니라.
소 동 파　왈　무 고 이 득 천 금　　불 유 대 복　　　필 유 대 화

▶ 소동파14)가 말하기를 "아무 까닭이 없이 천금을 얻는 것은 큰 복이 있는 것이 아니라 반드시 큰 재앙이 있다"고 하였다.

酒不醉人人自醉요 色不迷人人自迷니라.
주 불 취 인 인 자 취　　색 불 미 인 인 자 미

▶ 술이 사람을 취하게 하는 것이 아니라 사람이 스스로 취하는 것이요, 색(色)이 사람을 미혹시키는 것이 아니라 사람이 스스로 미혹하는 것이다.

---

14) 중국을 대표하는 탁월한 문장가 중 한사람으로 추앙받는 인물이며 북송시대 중국 미산(眉山)에서 출생하였다. 자는 자첨(子瞻), 호는 동파거사(東坡居士)로 불린다. 이름은 식(軾)이며 동생으로 소철(蘇轍)이 있었고, 동생과 비교하여 대소(大蘇)라고도 불리었다. 부친 소순(蘇洵)은 구양수(歐陽脩), 왕안석(王安石) 등과 교우하며 송나라에서 이름난 문장가였다. 그의 가문은 부유한 지식인 집안으로 명망이 높았다. 소동파는 송나라 최고의 시인이며, 문장에 있어서도 당송팔대가(唐宋八大家)의 한 사람으로 평가된다. 중국 북송 때의 제1의 시인이며, "독서가 만 권에 달하여도 율(律)은 읽지 않는다"고 해 초유의 필화사건을 일으켰다. 당시(唐詩)가 서정적인 데 대하여 그의 시는 철학적 요소가 짙었고 새로운 시경(詩境)을 개척하였다. 대표작인 《적벽부(赤壁賦)》는 불후의 명작으로 널리 전해지고 있다.

益智書에 云 白玉은 投於泥塗라도 不能汚穢其色이요
익 지 서　　운 백 옥　　투 어 니 도　　　불 능 오 예 기 색

君子는 行於濁地라도 不能染亂其心하나니 故로 松栢은
군 자　　행 어 탁 지　　불 능 염 란 기 심　　　고　　송 백

可以耐雪想이요 明智는 可以涉危難이니라.
가 이 내 설 상　　명 지　　가 이 섭 위 난

▶익지서에 이르기를 "흰 옥(玉)을 진흙 속에 던져도 그 빛을 더럽힐 수 없고, 군자
는 혼탁한 곳에 갈지라도 그 마음을 어지럽힐 수 없다. 그러므로 송백(松栢)은 상
설(霜雪)을 견디어 내고, 밝은 지혜는 위난(危難)을 능히 극복하게 된다"고 하였다.

讀書는 起家之本이요 循理는 保家之本이요
독 서　　기 가 지 본　　순 리　　보 가 지 본

勤儉은 治家之本이요 和順은 濟家之本이니라.
근 검　　치 가 지 본　　화 순　　제 가 지 본

▶글을 읽음은 집을 일으키는 근본이요, 이치에 따름은 집을 보존하는 근본이요,
부지런하고 절약함은 집을 잘 다스리는 근본이요, 화목하고 순종하는 것은 집안
을 잘 다스리는 근본이다.

童蒙訓에 曰 當官之法이 唯有三事하니 曰淸曰愼曰勤
동 몽 훈　　왈　당 관 지 법　　유 유 삼 사　　　왈 청 왈 신 왈 근

知此三者면 知所以持身矣니라.
지 차 삼 자　　지 소 이 지 신 의

▶『동몽훈』15)에 말하기를 "관리된 자가 지켜야 할 법은 오직 세 가지가 있으니

---

15)『동몽훈』: 중국 송나라 때에 여본중(呂本中)이 아이들을 가르치기 위해 만든 책이다.

청렴과 신중과 근면이다. 이 세 가지를 알면 몸 가질 바를 안다"고 하였다.

子孝雙親樂이요 家和萬事成이니라.
자 효 쌍 친 락　　　 가 화 만 사 성

▶ 아들이 효도하면 두 어버이가 즐겁고, 집안이 화목하면 만사가 이루어진다.

文仲子 曰 婚娶而論財는 夷虜之道也이니라.
문 중 자　왈　혼 취 이 논 재　　 이 로 지 도 야

▶ 문중자16)가 말하기를 "혼인에 재물을 논하는 것은 오랑캐의 일이다"고 하였다.

子曰 君子가 有勇而無禮면 爲亂하고 小人이
자 왈　군 자　　유 용 이 무 례　　 위 란　　　 소 인

有勇而無禮면 爲盜니라.
유 용 이 무 례　　 위 도

▶ 공자가 말하기를 "군자가 용맹만 있고 예가 없으면 세상을 어지럽게 할 것이요,
　소인이 용맹만 있고 예가 없으면 도둑이 된다"고 하였다.

若要人重我인데 無過我重人이니라.
약 요 인 중 아　　　 무 과 아 중 인

▶ 만약 남이 나를 중하게 여기기를 바란다면, 내가 남을 중히 여기는 것보다 더한
　것이 없다.

---

16) 문중자 : 중국 수나라 때의 유학자로서 자는 충엄(沖淹)이며, 본명은 왕통(王通)이다.

父不言子之德하며 子不談父之過니라.
부 불 언 자 지 덕   자 부 담 부 지 과

▶ 아버지는 아들의 덕을 말하지 말 것이며, 자식은 아버지의 허물을 말하지 않는다.

一言不中이면 千語無用이니라.
일 언 부 중   천 어 무 용

▶ 한 마디 말이 맞지 않으면 천 마디 말이 쓸데없다.

君平이 曰 口舌者는 禍患之門이요 滅身之斧也이니라.
군 평   왈 구 설 자   화 환 지 문   멸 신 지 부 야

▶ 군평17)이 말하기를 "입과 혀는 화와 근심의 근본이며, 몸을 망하게 하는 도끼와 같은 것이다"고 하였다.

利人之言은 煖如綿絮하고 傷人之語는 利如荊棘하여
이 인 지 언   난 여 면 서   상 인 지 어   이 여 형 극

一言半句가 重値千金이요 一語傷人에 痛如刀割이니라.
일 언 반 구   중 치 천 금   일 어 상 인   통 여 도 할

▶ 사람을 이롭게 하는 말은 따뜻하기 솜과 같고 사람을 상하게 하는 말은 날카롭기 가시 같아서 한 마디 말이 중하기가 천금과 같고 한 마디 말이 사람을 상함은 아프기가 칼로 베는 것과 같다.

---

17) 한(漢) 나라 엄준(嚴遵)의 자(字)이다. 촉(蜀)의 서울 성도(成都)에서 복서(卜筮)로 생활하면서 노자(老子)를 연구하여 『노자지귀(老子指歸)』를 저술하였다.

2) 가려 뽑은 『소학(小學)』

子思子가 曰 天命之謂性이요 率性之謂道요 修道之謂敎라.
자 사 자　　왈　천 명 지 위 성　　　솔 성 지 위 도　　　수 도 지 위 교

▶ 자사[18]가 말하기를 하늘이 명한 것을 본성이라 말하며, 본성을 따르는 것을
　도리라 말하며, 도리를 수양하는 것이 교육이라 말하였다.

列女傳에 曰 古者에 婦人이 妊子에 寢不側하며 坐不邊하며
열 녀 전　　왈 고 자　부 인　임 자　　침 불 측　　　좌 불 변

立不蹕하며 不食邪味하며 割不正이어든 不食하며
입 불 필　　불 식 사 미　　　할 부 정　　　불 식

席不正이어든 不坐하며 目不視邪色하며 耳不聽淫聲하라.
석 부 정　　　부 좌　　목 불 시 사 색　　　이 불 청 음 성

▶『열녀전』[19]에 말하기를 예전에 부인이 자식을 잉태함에 기울어 자지 아니하
　며, 가장자리에 앉지 아니하며, 외발로 서지 않으며, 사특한 맛을 먹지 아니하
　며, 반듯하게 베지 않으면 먹지 아니하며, 자리가 바르지 않으면 앉지 아니하

---

18) 이름은 급(伋)이며, 자사는 자(字)로서 공자의 손자이며, 《중용(中庸)》의 저자로 전한다. 맹자는 그
　의 제자의 제자이며, 공자-증자-자사-맹자로 이어지는 학통(學統)은 송학(宋學)에서 존중한다. 《한
　서(漢書) 예문지(藝文志)》에 자사학파의 사상을 전하는 책인 《자사자(子思子)》의 존재가 기록되어 있
　지만 현재는 전해지지 않는다.

19) 한(漢)나라의 유향(劉向)이 지은 《열녀전》은 8편 15권으로 이루어져 있으며, 후대에 송(宋)나라의
　방회(方回)가 이를 7권으로 간추린 것도 있다. 유향은 한(漢)나라의 일반 여인들뿐만 아니라 왕가와
　고위관직의 부인들에게 귀감으로 삼고자 열녀전을 집필하였다. 유명한 현모, 양처, 열녀, 투부(妬婦)
　의 이야기를 거의 망라하여 총 104명의 열녀전을 수록하였는데 이후 20여 명의 이야기가 추가되어
　124명이 수록되었다.

며, 눈으로 사특한 색깔을 보지 않으며, 귀로 음란한 소리를 듣지 아니한다.

二十而冠하여 **始學禮**하며 **可以衣裘錦**하며 **舞大夏**하며
이십이관　　　시학례　　　가이의구금　　　무대하

惇行孝悌하며 **博學不敎**하며 **內而不出**하라.
돈행효제　　　박학불교　　　내이불출

> ▶ 20세에 관례(冠禮)를 실시하여 처음으로 예절을 배우며, 가죽 옷과 명주 옷을 입으며, 대하[춤이름] 춤을 추며, 독실히 효도와 공경을 실행하며, 널리 배우고 가르치지 아니하며 안으로 단속하여 밖으로 드러내지 아니한다.

周禮에 **大司徒**가 **以鄕三物**로 **敎萬民而賓興之**하라.
주례　　　대사구　　　이향삼물　　　교만민이빈흥지

一曰 六德이니 **知仁聖義忠和**이요, **二曰 六行**이니 **孝友睦婣任恤**이요,
일왈육덕　　　지인성의충화　　　이왈육행　　　효우목인임휼

三曰 六藝이니 **禮樂射御書數**이니라.
삼왈육예　　　예악사어서수

> ▶ 『주례』[20)]에 대사도[교관책임자]가 고을에 세 가지 일로써 만민을 가르쳐 귀한 사람으로 흥기하였으니, 첫째는 여섯 가지 덕이니 지혜, 어짐, 착함, 의리, 충성, 화평이고, 둘째는 여섯 가지 행동이니 부모에게 효도, 형제에게 우애, 일족에게 화목함, 친족에게 돈독함, 친구에게 믿음, 가난한 사람을 구제함이요, 셋째는 여섯 가지 재주이니, 예절, 음악, 활쏘기, 말타기, 붓글씨, 계산 능력이다.

---

20) 유교 경전의 하나로 주(周) 나라 왕실의 관직 제도와 전국 시대(戰國時代) 각국의 제도를 기록한 책이다. 후대 중국과 우리 나라에서 관직 제도의 기준이 되었다.

春秋에 敎以禮樂하고 冬夏에 敎以詩書이니라.
춘 추　　교 이 예 악　　　동 하　　　교 이 시 서

▶ 봄과 가을에 예절과 음악을 가르치고, 여름과 겨울에 시문과 붓글씨를 가르친다.

孔子가 曰 弟子入則孝하고 出則弟하며 謹而信하며
공 자　　왈　제 자 입 즉 효　　　출 즉 제　　　근 이 신

汎愛衆하되 而親仁이니 行有餘力이거든 則以學文하라.
범 애 중　　　이 친 인　　　행 유 여 력　　　즉 이 학 문

▶ 공자가 말하기를 제자가 들어와서는 효도하고, 나아가서는 공경하며, 조심하
여 신의있으며, 여러 사람을 사랑하되 어진이이와 사귀며, 행하고 여력이 있
거든 공부하라.

興於詩하며 立於禮하여 成於樂이니라.
흥 어 시　　　입 어 예　　　성 어 악

▶ 시문에 의해 흥기하며, 예절에 의해 행동을 수립하며, 음악에 의해 심성을 완
성한다.

樂記에 曰 禮樂不可斯須去身이니라.
악 기　　왈　예 악 불 가 사 수 거 신

▶ 「악기」21)에 이르기를 예절과 음악은 잠시라도 몸에서 벗어날 수 없다.

孟子가 曰 設爲庠序學校하여 以敎之는 皆所以明人倫也이니라.
맹 자　　왈　설 위 상 서 학 교　　　이 교 지　　개 소 이 명 인 륜 야

---

21) 음악에 관한 것을 적은 『예기(禮記)』의 한 편(編)이다.

▶ 맹자가 이르기를 상서와 학교를 설립하여 가르치는 것은 모두 인륜을 밝히는
것이다 하였다.

효행(孝行)의 길

曲禮에 **曰 凡爲人子之禮**는 **冬溫而夏凊**하며 **昏定而晨省**하며
곡 례　　왈　범 위 인 자 지 례　　동 온 이 하 청　　　혼 정 이 신 성

出必告하며 **反必面**하며 **所遊**를 **必有常**하며
출 필 고　　　반 필 면　　소 유　　필 유 상

所習을 **必有業**하며 **恒言**에 **不稱老**이니라.
소 습　　필 유 업　　　항 언　　불 칭 노

▶ 곡례22)에 이르기를 보통 남의 자식이 되는 예절은 겨울에는 따뜻하게 하지만
여름에는 시원하게 하며, 밤에는 침구를 정리하며 새벽에는 안부를 살펴보며,
나갈 때는 반드시 알리고, 돌아오면 반드시 얼굴을 마주하며, 노는 바가 반드
시 떳떳해야 하며, 익히는 바가 반드시 업적이 되어야 하며, 항상 말에 늙었다
고 하지 않는다.

禮記에 **曰 父母在**이거든 **不敢有其身**하며
예 기　　왈 부 모 재　　　불 감 유 기 신

不敢私其財하며 **示民有上下也**이니라.
불 감 사 유 재　　　시 민 유 상 하 야

---

22) 《예기(禮記)》 중의 한 편(篇)으로 본래의 뜻은 행사(行事)의 경우 등에 몸가짐을 어떻게 할 것인가를
　　설명한 예법(禮法)을 말한다.

▶예기에 이르기를 부모가 살아 계시거든 부모의 몸을 함부로 하지 않으며, 부모
의 재물을 사적으로 하지 않으며, 백성에게 상하가 있음을 보여야 한다.

曾子가 曰 孝子之養老也는 樂其心하며 不違其志하며
증자　　왈　효자지양로야　　낙기심　　　불위기지

樂其耳目하며 安其寢處하며 以其飲食으로 忠養之니라.
낙기이목　　　안기침처　　　이기음식　　　충양지

　▶증자23)가 이르기를 효자의 늙은이 섬김은 그 마음을 즐겁게 하며, 그 뜻을
　어기지 아니하며, 그 귀와 눈을 즐겁게 하며, 그 거처함을 편안히 하며, 그
　음식으로 충실히 봉양하라.

曾子가 曰 父母가 愛之거든 喜而不忘하며 父母가 惡之거든
증자　　왈 부모　애지　　　희이불망　　　부모　　악지

懼而無怨하며 父母가 有過거든 諫而不逆이니라.
구이무원　　　부모　유과　　　간이불역

　▶증자가 이르기를 부모가 사랑하시면 기뻐하여 잊지 말고, 부모가 싫어하시면
　두려워하여 원망하지 말며, 부모가 과오하면 부드러운 말로 간언하여 거역하
　지 않는다.

孔子가 謂曾子에게 曰 身體髮膚는 受之父母라. 不敢毀傷이
공자　　위증자　　　왈 신체발부　　수지부모　　　불감훼상

---

23) 중국 춘추시대(春秋時代)의 유학자이며, 이름은 삼(參), 자는 자여(子輿)이다. 산동성(山東省)에서
　출생하였다. 증점(曾點)의 아들이며, 공자(孔子)의 고제(高弟)로 효심이 두텁고 내성궁행(內省躬行)
　에 힘썼으며, 노(魯)나라 지방에서 제자들의 교육에 주력하였다. 공자의 도(道)를 계승하였으며, 그
　의 가르침은 공자의 손자 자사(子思)를 거쳐 맹자(孟子)에게 전해져 유교사상사(儒敎思想史)에 중요
　한 위치를 차지한다.

孝之始也요, 立身行道하며 揚名於後世하여
효 지 시 야   입 신 행 도   양 명 어 후 세

以顯父母이 孝之終也이니라.
이 현 부 모   효 지 종 야

夫孝는 始於事親이요, 中於事君이요, 終於立身이니라.
부 효   시 어 사 친   중 어 사 군   종 어 입 신

> ▶ 공자가 증자에게 일러 말하기를 신체와 털과 피부는 부모에게 물려받은 것이
> 니 함부로 상하게 하지 않음이 효도의 시작이요, 몸을 세워 도리를 실천하며
> 후세에 이름을 떨쳐 부모를 드러나게 하는 것이 효도의 마침이다. 무릇 효도는
> 어버이 섬김이 시작이요, 임금 섬김이 중간이요, 입신양명(立身揚名)이 마침
> 이니라.

학문(學問)의 길

曾子가 曰 君子는 以文會友하고, 以友輔仁이니라.
증 자   왈 군 자   이 문 회 우   이 우 보 인

> ▶ 증자가 이르기를 군자는 글로써 친구를 사귀고, 친구와 함께 어짊을 돕는다.

孔子가 曰 朋友는 切切偲偲하고 兄弟는 怡怡이니라.
공 자   왈 붕 우   절 절 시 시   형 제   이 이

> ▶ 공자가 이르기를 친구는 간절하며 굳세고, 형제는 화목하고 기쁨이니라.

益者가 三友요, 損者가 三友이니 友直하며 友諒하며 友多聞이면
익 자   삼 우   손 자   삼 우   우 직   우 량   우 다 문

益矣요, 友便辟하며 友善柔하며 友便佞하면 損矣이라.
익 의   우 변 벽   우 선 유   우 변 녕   손 의

> ▸ 유익한 친구가 셋이요, 손해될 친구가 셋이다. 친구가 정직하며 이해심이 넓
> 고 견문이 많으면 유익할 것이며, 친구가 편벽하며 우유부단하고 아첨하면 손
> 해될 것이다.

孔子가 曰 非禮勿視하며 非禮勿聽하며
공 자   왈 비 례 물 시   비 례 물 청

非禮勿言하며 非禮勿動하라.
비 례 물 언   비 례 물 동

> ▸ 공자가 이르기를 예가 아니면 응시하지 아니하며, 예가 아니면 듣지 아니하
> 며, 예가 아니면 말하지 아니하며, 예가 아니면 행동하지 말라.

董仲舒가 曰 仁人者는 正其誼不謀其利하며 明其道不計其功이니라.
동 중 서   왈 인 인 자   정 기 의 불 모 기 이   명 기 도 불 계 기 공

> ▸ 동중서[24]가 이르기를 어진 사람은 의연함을 바르게 하여 이익을 도모하지 않
> 으며, 도리를 밝히어 공로를 도모하지 않는다.

明道先生이 曰 君子는 敎人有序이라.
명 도 선 생   왈 군 자   교 인 유 서

---

24) 중국 전한(前漢) 때의 유학자이며, 무제(武帝)가 즉위하여 크게 인재를 구하므로 현량대책(賢良對
策)을 올려 인정을 받았다. 전한의 새로운 문교정책에 참여하여 오경박사(五經博士)를 신설하였다.
그러나 뒤에 자신의 학설로 말미암아 투옥되는 등 파란 많은 생애를 겪었다. 저서에 《동자문집(董子
文集)》《춘추번로(春秋繁露)》 등이 있다.

先傳以小者近者하며 而後敎以大者遠者이니.
선 전 이 소 자 근 자　　　이 후 교 이 대 자 원 자

非是先傳以近小하고 而後不敎以遠大也이니라.
비 시 선 전 이 근 소　　　이 후 불 교 이 원 대 야

▶ 명도[25] 선생이 이르기를 군자는 사람 가르침에 질서가 있다. 먼저 적은 것과 가까운 것을 가르치고 나중에 크고 먼 것을 가르친다. 이것은 먼저 가깝고 작은 것을 가르치고, 나중에 원대한 것을 가르치지 않는다는 것은 아니다.

---

25) 본명은 정호(程顥)이며, 자는 백순(伯淳)이고, 명도(明道)는 호이다. 동생 정이(程頤)[이천(伊川)이라고 함]와 함께 이정자(二程子)로 알려졌다. 아버지 정향(程珦)이 남안(南安:江西省 大庾縣)의 판관이었을 때 주돈이(周敦頤)[염계(濂溪)라고 함]를 한번 보고 아들 형제를 그의 제자로 입문시켰다고 한다. 그의 학문적 태도는 만물일체관(萬物一體觀)에 입각하여 혼일적(渾一的)으로 천지의 생의(生意)를 체험하는 데 있었다. 그는 제자(諸子)·노장(老莊)·불교도 공부하였으나, 결국 유학으로 복귀하여 자신의 학설을 확립하였다. 그는 다양한 자연현상을 질서지우는 우주의 근본원리를 '이(理)'라 부르고, 사람은 모름지기 이를 직관적으로 파악하여 순응하여야 한다는 '이기일원론(理氣一元論)', '성즉이설(性則理說)'을 주창하였는데, 그의 사상은 동생 정이를 거쳐 주자(朱子)에게 큰 영향을 주어 송나라 새 유학의 기초가 되었고, 정주학(程朱學)의 중핵을 이루었다.

보첩(譜牒)과 족보(族譜)

1. 보첩의 기원

족보(族譜)는 중국의 육조(六朝) 시대부터 시작되었으며, 송대(宋代)의 문장가인 소순(蘇洵)과 소식(蘇軾) 부자에 의하여 편찬된 족보는 매우 발전되어 그 이후의 표본이 되었다.

우리나라는 고려 말엽부터 족보가 시작되었다고 하지만, 그것이 전해진 것은 하나도 없다. 다만 역대 왕실에 세보(世譜)가 전승되었으며, 사대부의 집에는 가승(家乘)이 마련되어 오다가 14세기 후반 성종 7년(1476)에 비로소 안동권씨(安東權氏)의 성화보(成化譜)가 발간됨으로써 족보의 체계를 완비하였다. 중기 이후의 족보는 아들과 딸을 차별하지 않고 나이순으로 수록하였으며, 친손(親孫)과 외손(外孫)을 동등하게 다룬 것이 특징이다.

보첩(譜牒)은 한 씨족의 정치사요, 생활사인 동시에 혈통을 실증(實證)하는 귀중한 문헌으로서, 이는 혈족의 여부와 서열 및 촌수를 분간하는 서지적(書誌的) 자료이다. 족보는 자신의 선조와 자신의 역사를 후세에 전함으로써 후손들에게 귀감(龜鑑)의 보고(寶庫)로 활용될 것이며, 자신의 존재를 인식하는 역사서로 이용될 것이다.

2. 보첩의 종류

(1) 가승(家乘)

가승은 자기를 중심으로 해서 편찬하되 시조(始祖)로부터 시작하여 자기의 직계 존속(尊屬)과 직계 비속(卑屬)에 이르기까지 이름과 휘자(諱字)와 사적(事蹟)을 기록한 한 것이다. 모든 보첩을 편찬함에 있어 기본이 되는 문헌이다.

(2) 파보(波譜)

파보는 시조(始祖)로부터 시작하여 어느 한 파속만의 이름과 휘자 및 방서(傍書, 사적을 말함)을 수록한 것이다.

(3) 세보(世譜)

세보는 한 종파(宗派) 이상이 동보(同譜)로 편찬되었거나 어느 한 파속만이 수록되었을 경우 파보라는 문구(文句)를 피하기 위하여 세보라고 표현한 것이며, 세지(世誌)라고도 한다.

(4) 족보(族譜)

족보는 관향(貫鄕)을 단위로 같은 씨족의 세계(世系)를 수록한 보첩으로서, 한 가문의 역사를 표시하고 가계(家系)의 연속을 실증한 문헌이다. 그리고 족보라는 말은 모든 보첩의 대명사로 쓰이기도 한다.

(5) 대동보(大同譜)

대동보란 같은 비조(鼻祖) 밑에서 분적(分籍)된 시조마다 각각 다른 관향을 가지고 있는 종족(宗族) 간에 동보(同譜)로 종합 편찬된 족보를 일컫는다. 즉 관향은 각기 다를지라도 비조가 같은 종족이 함께 통합해서 동보하였을 경우에 이를 대동보라 한다.

(6) 계보(系譜)

계보는 한 가문의 혈통 관계를 표시하기 위하여 이름과 휘자만을 계통적으로 나타내는 도표로서, 한 씨족 전체가 수록되었거나 어느 한 부분만이 표시된 것을 말한다.

3. 보첩의 술어(術語)

(1) 시조(始祖)와 중시조(中始組)

시조는 한 가문의 처음의 선조[1세라고 함]로서 첫 번째 조상이다. 다만 시조 이전의 선계(先系) 조상 중에 가장 높은 선조를 비조(鼻祖)라고 한다. 그리고 시조 이후에 쇠퇴한 가문을 중흥시킨 조상을 중시조라 하며, 중시조는 종중(宗中)의 공론으로 추존(追尊)한다.

(2) 본관(本貫)과 관적(貫籍)

본관이란 시조 혹은 중시조의 출신지나 씨족과 세거지(世居地)를 근거로 설정하는 시조나 씨족의 고향을 일컫는 말이다. 이를 관향(貫鄕), 또는 본(本)이라고 하는데 아무리 동성(同姓)이라 할지라도 동족(同族) 여부를 가리는 데에 본관이 매우 중요하다. 그리고 관적이란 본적지(本籍地)라는 말이기 때문에 이는 본관의 적지(籍地)란 뜻으로, 본관 대신에 관적이란 말을 쓰기도 한다.

(3) 분적(分籍)과 분관(分貫)

국가에 대한 공훈(功勳)으로 봉군(封君)되었거나 혹은 후손 중에 어느 일파가 다른 지방에 분거(分居)해서 오래 살게 되면 그 지방을 근거로 관적(貫籍)을 새로이 창설하게 되어 자동적으로 분적이 발생하게 된다. 이를 분적 또는 분관이라 하며, 이로 말미암아 새로이 창설된 시조를 시관조(始貫祖) 혹은 득관조(得貫祖)라 한다.

(4) 사관(賜貫)과 사성(賜姓)

옛날에는 공신(功臣)이나 귀화인(歸化人)에게 포상의 표시로 국왕이 본관이나 성씨 혹은 이름까지 하사(下賜)하는 일이 있는데, 이를 사관(賜貫)이니 사성(賜姓) 또는 사명(賜名)이라 한다. 이는 삼국시대 초기부터 있었으나 특히 고려조에 들어와서 가장 많았다.

(5) 종파(宗派)와 파속(派屬)

중시조가 정해짐에 따라 종파가 성립된다. 동족 사이에 종파나 파속을 밝히는 것은 후손들 각자의 혈통적인 계열(系列)을 분명하게 밝히며, 촌수를 명확히 하려는 것이기 때문이다. 그리고 이는 쇠퇴했던 가문을 중흥시킨 중시조를 중심으로 종파를 설정하는 것이므로 그 중시조의 직함(職銜) 또는 아호(雅號)에다 공(公) 자를 붙여서 파속을 표시한다.

  [예시] 정승을 지낸 중시조의 종파 ○○상공파

       판서를 지낸 중시조의 종파 판서공파

       참판을 지낸 중시조의 종파 참판공파

(6) 경파(京派)와 향파(鄕派)

문중에 따라 종파를 초월하거나 혹은 동일한 종파 간에도 경파와 향파로 구분한다. 이는 글자 그대로 경파란 서울에 살면서 대대로 벼슬을 지낸 집안을 포괄적으로 말하여, 향파란 시골에서 세거해온 일족을 말한다. 이는 모두 종파의 파속 이외에 혈연적 신분을 밝히는 말로 쓰인다.

(7) 선계(先系)와 세계(世系)

선계는 시조 이전의 조상을 통틀어 일컫는 말이며, 세계란 시조로부터 대대로 이어가는 계통의 차례를 말한다.

(8) 선대(先代)와 말손(末孫)

본래 선대란 말은 선조의 여러 대를 포괄적으로 일컫는 말이나, 보첩상의 선대라 함은 시조 이후 상계(上系)의 조상을 총괄하는 말이다. 이를 선계(先系)라고 말하는 사람이 있으나 이는 잘못된 말이다. 그리고 선대라는 말에 반대의 의미로 후대, 즉 하계(下系)의 자손을 말손이라 하며, 이들에 대한 보첩의 부분을 손록(孫錄)이라 한다.

(9) 세(世)와 대(代)

시조로부터 아래로 후손을 가리킬 때에는 세(世)를 붙여서 시조를 1세, 그 아들은 2세, 그 손자는 3세, 그 증손은 4세가 된다. 위로 선조를 말할 때에는 대(代)를 붙여서 말한다. 그러므로 후손을 가리킬 때는 누구의 몇 세손, 선조를 말할 때는 누구의 몇 대조(代祖)라 말한다. 예를 들면, 시조의 21세손이 되는 사람의 그 시조는 20대조가 되며, 어느 선조의 19세손이 되는 사람의 그 선조는 18대조에 해당된다.

(10) 방조(傍祖)와 족조(族祖)

방조란 6대조 이상의 형제를 일컫는 말이며, 족조란 방계의 무복지조(無服之祖; 상을 당했을 때 상복을 입지 않는 먼 대(代)의 할아버지를 말함)의 호칭이다.

(11) 종손(宗孫)과 장손(長孫)

종손이란 한 종파의 맏손자를 말하며, 장손이란 종가(宗家)가 아닌 차자손(次子孫) 집의 맏손자를 말한다. 대종가(大宗家)의 맏손자를 대종손(大宗孫)이라 말한다.

(12) 사손(嗣孫)과 사손(祀孫)

사손(嗣孫)이란 한 집안의 종사(宗嗣), 즉 계대(系代)를 잇는 자손을 말하며,

사손(祀孫)이란 봉사손(奉祀孫)의 준말로서 조상의 제사를 받드는 자손을 말한다.

(13) 후사(後嗣)와 양자(養子)

후사란 뒤를 잇는 자손을 뜻하는 말이다. 만약 후사가 없을 경우에는 무후(無後), 양자(養子)로 출계(出系)하였을 경우에는 출후(出後), 서얼(庶孼)로서 입적(入籍)되었을 경우에는 승적(承嫡), 그리고 후사가 확실치 않아 알수 없을 때에는 후부전(後不傳) 등의 사유를 보첩의 이름과 휘자 밑에 작은 글씨로 표시한다.

양자는 대를 이을 아들이 없을 때 조카 또는 친족의 아들을 자기 아들로 입양하는 것이다. 이때 양자를 보내는 집은 출계(出系)라 하고, 양자를 받는 집안은 계자(系子)라 한다.

(14) 함자(銜字)와 휘자(諱字)

현재 우리는 대개 호적(戶籍)의 이름을 사용하고 있다. 그러나 옛날에는 아명(兒名), 관명(冠名), 아호(雅號), 시호(諡號) 등을 사용하였다. 아명은 어렸을 때에 사용하는 이름이며, 관명은 사회생활을 위한 공식적인 이름으로 항렬(行列)에 따라 작명(作名)한다. 아호는 그 사람의 인품과 자질을 함축적으로 나타내는 이름이며, 시호는 국가에 기여한 사후(死後)에 내리는 이름이다. 그리고 함자(銜字)는 살아계시는 어른의 이름을 지칭할 때 사용하며, 휘자(諱字)는 돌아가신 어른의 이름을 지칭할 때 사용한다.

(15) 항렬(行列)

항렬은 같은 혈족(血族) 사이에서 세계(世系)의 위치를 확인하는 문중(門中)의 율법이다. 이름자 중 한 글자만을 항렬자로 지어 서열을 구별한다. 항렬자는 대를 거듭하면 이름자 선후 기명을 바꾸어 가면서 작명하며, 보통 십간(十干)의 갑을병(甲乙丙)과 십이지(十二支)의 자축인묘(子丑寅卯)의 차례를 쓰는 집안도 있지만, 대개 오행법(五行法)의 금수목화토(金水木火土)를 쓰는 경우가 많다.

(16) 묘소(墓所)

묘지(墓地)에는 그 문중의 지위에 따라 치장하는 호석(護石)을 설치하는 것이 일반적인 풍습이다.

① 문인석(文人石)과 무인석(武人石) : 재상이나 장군급 이상의 거물들의 무덤에는 묘를 지키는 호석으로 국왕이 내리는 하사품이다.

② 십이지석(十二支石)과 상석(床石) 및 그밖에 묘비(墓碑) 등을 세운다.

③ 우리가 병자호란 이후에 비명(碑銘)에 새겨진 연대표를 자세히 관찰해 보면 태세년호(太歲年號)의 일부가 중국의 명청(明淸)의 연대로 기록된 것을 볼 때마다 대국의 간섭이 얼마나 심했는가를 짐작할 수가 있다.

(17) 신도비(神道碑)

임금이나 고관 당상관(正二品) 이상의 무덤 길목에 고인의 업적을 기리는 비석을 세우는데 비 머리는 용틀림으로, 비 바탕은 거북판으로 조각한 용두구반(龍頭龜盤)을 세운다(비문을 쓰는 사람은 반드시 정이품 이상의 관직을 거친 사람이어야 한다).

(18) 사당(祀堂)

명문거족(名門巨族) 집안에는 조상의 신주를 모시는 집인 가묘(家廟)를 따로 지어 모시고 있다. 시제(時祭)를 지내고 자손의 길흉사가 있으면 사당에 고유(告由)를 한다. 사당의 크기는 봉안자의 신분에 따라 규정 지워져 있다.

(19) 영당(影堂)

조상의 영정(影幀)을 모셔둔 곳이다. 이순신 장군의 영정을 모신 충무의 현충

사와 김정희 선생의 영정을 모신 충남예산 추사 본가의 영당이 좋은 예이다.

※ 영정(影幀) : 당상관 이상의 노신(老臣)이 70세가 넘으면, 노신의 예우로 기로소(耆老所)에 입사하게 된다. 이때 궁중화가로부터 초상화를 두 장 그려서 한 장은 영수각(靈壽閣)에 보관하고, 한 장은 본인에게 주게 되는데 이것이 영정이다. 이 영정을 보관해 두는 곳이 사당이다. 화가 단원(檀園) 김홍도(金弘道, 1745~1816)는 정조 19년(1781)에 궁중 어진화사(御眞畵師)로 발탁되어 주로 노신들의 화상을 많이 그렸고, 또 기로연 행사도를 그려서 매년 시행하는 의궤(儀軌)로 삼았다.

(20) 정려각(旌閭閣)

충신, 효자, 열녀 등이 나올 때 후세인이 본받도록 그들을 표창하고 살던 곳에 정문(旌門)을 세워 빛내준다. 나라를 위한 충신에게는 충정문(忠旌門)이 세워지고, 부모에 효도한 효자에게는 효정문(孝旌門)이 세워진다. 그리고 남편에 정절을 받친 분은 열녀문(烈女門)과 공신에게는 훈정문(勳旌門)이 세워진다. 현풍 유가면에 세워진 망우당 곽재우 장군의 훈정문이 좋은 예이다.

(21) 증직(贈職)

문무관으로 정이품 이상의 실직(實職)을 지낸 분의 선대(先代) 3인에게 벼슬을 주는 것이다. 당사자의 부모는 본인 품계에 준하고, 조부 그리고 증조부는 한 등급씩 낮추어서 추서한다. 그 밖에 효자 또는 학덕이 현저한 본인에게도 추서한다.

(22) 음관(蔭官)

소과(小科)를 거친 진사나 생원 또는 미급제자인 유학(幼學)이 벼슬에 등용될 때 이를 음관 또는 음사(蔭仕)라 한다. 한때는 주로 공신, 청백리, 전몰자(戰

沒者)의 자손 등을 음사로 특채하기도 했다.

(23) 천거(薦擧)

삼품(三品) 이상의 관원(당상관 이상 또는 관찰사)이 인재를 세 사람까지 추천할 수가 있는 제도이다. 만약 부당하게 인사가 천거되었을 때 추천인과 피추천인이 함께 처벌을 받는다.

(24) 수직(壽職)

장수자(長壽者) 80이상의 관원이나 90이상의 서인(庶人)에게 은전(恩典)을 베풀었던 직첩(職牒)이다.

(25) 교지(敎旨)와 첩지(牒紙)

교지는 오품(五品) 이상의 관리에게 내리는 직첩이고, 첩지는 오품 이하의 관원에게 내리는 직첩[발령장]이다.

(26) 권지(權智)

새로 문과에 급제한 신참자를 교지가 내리기 전엔 현장연수로 근무케 하는 벼슬후보자를 권지라 한다.

(27) 치제(致祭)

나라에 공이 많은 중신으로 학행과 덕망이 높은 사람이 타계했을 때 국왕이 내려주는 제사로 불천위제사(不遷位祭祀)라고 한다.

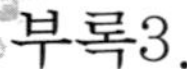

부록3.

건전가정의례(健全家庭儀禮)

1. 건전가정의례의 정착 및 지원에 관한 법률

제1조(목적) 이 법은 가정의례(家庭儀禮)의 의식(儀式) 절차를 합리화하고 건전한 가정의례의 보급·정착을 위한 사업과 활동을 지원·조장하여 허례허식(虛禮 虛飾)을 없애고 건전한 사회 기풍을 조성하는 것을 목적으로 한다.

[전문개정 2008.3.28]

제2조(정의) 이 법에서 "가정의례"란 가정의 의례로서 행하는 성년례(成年禮), 혼례(婚禮), 상례(喪禮), 제례(祭禮), 회갑연(回甲宴) 등을 말한다.

[전문개정 2008.3.28]

제3조(가정의례에 관한 시책의 수립·시행) 국가와 지방자치단체는 제1조의 목적을 달성하기 위하여 다음 각 호의 사항이 포함된 가정의례의 정착 및 지원에 관한 시책을 수립·시행하여야 한다.

1. 건전한 가정의례의 개발·보급 및 실천과 그 지원에 관한 사항
2. 「고등교육법」 제2조 각 호에 따른 학교와 가정의례 관련 학술기관·단체 등의 가정의례에 관한 연구

[전문개정 2008.3.28]

제4조 삭제 〈2008.3.28〉

제5조(건전가정의례준칙 등) ① 여성가족부장관은 모든 국민이 가정의례의 참뜻을 구현할 수 있도록 가정의례의 의식 절차를 엄숙하고 간소하게 행하게 하는 것을 내용으로 하는 준칙(이하 "건전가정의례준칙"이라 한다)을 정하여야 한다. 〈개정 2010.1.18〉

② 공무원, 공공기관·단체의 임직원 및 사회 지도층의 위치에 있는 자는 건전가

정의례준칙을 솔선하여 모범적으로 지켜야 한다.

③ 여성가족부장관은 국가기관의 장, 지방자치단체의 장, 공공기관·단체의 장에게 소속 공무원과 임직원이 건전가정의례준칙을 실천하는 것을 내용으로 하는 시행 지침을 마련하도록 권고할 수 있다. 〈개정 2010.1.18〉

④ 건전가정의례준칙의 내용과 그 보급 및 실천에 필요한 사항은 대통령령으로 정한다.

[전문개정 2008.3.28]

제6조(보조금의 지원) 국가와 지방자치단체는 제1조의 목적을 달성하기 위한 사업이나 활동을 하는 민간단체나 개인에게 필요한 경비를 보조할 수 있다.

[전문개정 2008.3.28]

제7조(혼인예식 장소의 제공) 국가기관의 장, 지방자치단체의 장, 공공기관·단체 및 국·공립 대학 등의 장은 업무수행에 지장이 없는 범위에서 강당, 회의실, 그 밖의 시설을 혼인예식의 장소로 적극 개방하여야 한다.

[전문개정 2008.3.28]

제8조(명예가정의례지도원) ① 특별시장·광역시장·도지사·특별자치도지사 및 시장·군수·구청장(자치구의 구청장을 말한다)은 가정의례에 관한 사항을 지도·계몽하기 위하여 명예가정의례지도원을 위촉할 수 있다. 〈개정 2010.1.18, 2012.2.1〉

② 명예가정의례지도원의 위촉방법·업무범위, 그 밖에 필요한 사항은 대통령령으로 정한다.

[전문개정 2008.3.28]

부칙 〈법률 제5837호, 1999.2.8〉

제1조 (시행일) 이 법은 공포 후 6월이 경과한 날부터 시행한다.

제2조 (다른 법률의 폐지 등) 가정의례에 관한 법률은 이를 폐지한다. 다만, 종전의 가정의례에 관한 법률 제5조 내지 제11조, 제14조와 법률 제4637호 가정의례에 관한 법률 개정법률 부칙 제2항·제3항 전단의 규정 중 의례식장영업(장

례식장영업에 한한다. 이하 같다)에 관한 규정은 매장 및 묘지 등에 관한 법률 개정법률의 시행 전까지 이를 적용한다.

제3조 (가정의례심의위원회에 대한 경과조치) 이 법 시행당시 종전의 규정에 의한 가정의례심의위원회는 이 법에 의한 가정의례심의위원회로 본다.

제4조 (행정처분에 관한 경과조치) ① 이 법 시행 전의 종전의 가정의례에 관한 법률 위반행위에 대한 행정처분(과징금처분을 포함한다. 이하 같다)에 관하여는 종전의 가정의례에 관한 법률의 규정에 의한다.

② 이 법 시행이후 부칙 제2조 단서의 적용시한까지 종전의 가정의례에 관한 법률 중 의례식장영업에 관한 규정에 위반한 행위에 대한 행정처분에 관하여는 동 적용시한 이후에도 종전의 가정의례에 관한 법률의 규정에 의한다.

제5조 (벌칙에 관한 경과조치) ①이 법 시행 전의 행위에 대한 벌칙의 적용에 있어서는 종전의 가정의례에 관한 법률의 규정에 의한다. 다만, 제15조의 규정을 제외한다.

②이 법 시행이후 부칙 제2조 단서의 적용시한까지 종전의 가정의례에 관한 법률 중 의례식장영업에 관한 규정에 위반한 행위에 대한 벌칙의 적용에 있어서는 동 적용시한이후에도 종전의 가정의례에 관한 법률의 규정에 의한다.

부칙 〈법률 제8852호, 2008.2.29〉 (정부조직법)

제1조 (시행일) 이 법은 공포한 날부터 시행한다. 다만, 〈생략〉, 부칙 제6조에 따라 개정되는 법률 중 이 법의 시행 전에 공포되었으나 시행일이 도래하지 아니한 법률을 개정한 부분은 각각 해당 법률의 시행일부터 시행한다.

제2조부터 제5조까지 생략

제6조 (다른 법률의 개정) ①부터 〈438〉까지 생략

　〈439〉 건전가정의례의 정착 및 지원에 관한 법률 일부를 다음과 같이 개정한다.

제4조제1항, 제5조제1항 및 제3항, 제8조제1항 중 "보건복지부장관"을 각각 "보건복지가족부장관"으로 한다.

　〈440〉부터 〈760〉까지 생략

제7조 생략

부칙 〈법률 제9031호, 2008.3.28〉
　이 법은 공포 후 6개월이 경과한 날부터 시행한다.

부칙 〈법률 제9932호,　2010.1.18〉　(정부조직법)
제1조(시행일) 이 법은 공포 후 2개월이 경과한 날부터 시행한다. 〈단서 생략〉
제2조 및 제3조 생략
제4조(다른 법률의 개정) ①부터 ⑧까지 생략
⑨ 건전가정의례의 정착 및 지원에 관한 법률 일부를 다음과 같이 개정한다.
제5조제1항·제3항 및 제8조제1항 중 "보건복지가족부장관"을 각각 "여성가족부
　장관"으로 한다.
⑩부터 〈137〉까지 생략
제5조 생략
부칙 〈법률 제11282호, 2012.2.1〉
　이 법은 공포한 날부터 시행한다.

2. 건전가정의례의 정착 및 지원에 관한 법률시행령

[시행 2012.5.1] [대통령령 제23766호, 2012.5.1, 일부개정]
　제1조(목적) 이 영은 「건전가정의례의 정착 및 지원에 관한 법률」에서 위임된
　사항을 규정함을 목적으로 한다.
제2조(명예가정의례지도원의 위촉방법 등) ① 「건전가정의례의 정착 및 지원에 관
　한 법률」 제8조에 따른 명예가정의례지도원(이하 "명예지도원"이라 한다)은 다
　음 각 호의 어느 하나에 해당하는 사람 중에서 위촉한다.
1. 가정의례에 관한 학식과 경험이 풍부한 사람
2. 소비자단체 및 가정의례 관련 시민단체 등의 장이 추천하는 사람

② 명예지도원의 업무는 다음 각 호와 같다. 〈개정 2010.3.15, 2012.5.1〉

1. 가정의례에 관한 지도 · 계몽 및 홍보에 관한 사항

2. 건전가정의례준칙의 보급 및 실천에 관한 사항

3. 그 밖에 특별시장 · 광역시장 · 도지사 · 특별자치도지사(이하 "시 · 도지사"라
   한다) 및 시장 · 군수 · 구청장(자치구의 구청장을 말한다. 이하 같다)이 요청하
   는 사항

③ 시 · 도지사 및 시장 · 군수 · 구청장은 제1항에 따라 위촉된 명예지도원이 질
   병 · 부상 등의 사유로 직무 수행이 곤란하게 된 경우에는 해촉하여야 한다.
   〈개정 2010.3.15, 2012.5.1〉

④ 명예지도원의 운영에 관한 세부사항은 지방자치단체의 조례로 정한다. 〈개정
   2010.3.15, 2012.5.1〉

부칙 〈대통령령 제21028호, 2008.9.23〉

이 영은 2008년 9월 29일부터 시행한다.

부칙 〈대통령령 제22076호, 2010.3.15〉 (여성가족부 직제)

제1조(시행일) 이 영은 2010년 3월 19일부터 시행한다.

제2조 생략

제3조(다른 법령의 개정) ①부터 ④까지 생략

⑤ 건전가정의례의 정착 및 지원에 관한 법률 시행령 일부를 다음과 같이 개정한다.

제2조제2항제3호 및 같은 조 제3항 · 제4항 중 "보건복지가족부장관"을 각각 "여
   성가족부장관"으로 한다.

⑥부터 〈26〉까지 생략

부칙 〈대통령령 제23766호, 2012.5.1〉

이 영은 공포한 날부터 시행한다.

3. 건전가정의례 준칙

[시행 2008.10.14] [대통령령 제21083호, 2008.10.14, 전부개정]

제1장 총칙

제1조(목적) 이 영은 「건전가정의례의 정착 및 지원에 관한 법률」 제5조제4항에 따라 건전가정의례준칙의 내용과 그 보급 및 실천에 관한 사항을 규정함을 목적으로 한다.

제2조(정의) 이 영에서 사용하는 용어의 뜻은 다음과 같다.

1. "성년례(成年禮)"란 성인으로서의 사회적 책무를 일깨워 주기 위하여 하는 의식절차를 말한다.

2. "혼례(婚禮)"란 약혼 또는 혼인에서 신행(新行)까지의 의식절차를 말한다.

3. "상례(喪禮)"란 임종에서 탈상까지의 의식절차를 말한다.

4. "제례(祭禮)"란 기제사(忌祭祀) 및 명절에 지내는 차례(이하 "차례"라 한다)의 의식절차를 말한다.

5. "수연례(壽宴禮)"란 60세 이후의 생일을 기념하기 위하여 하는 의식절차를 말한다.

6. "주상(主喪)"이란 상례의 의식절차를 주관하는 사람을 말한다.

7. "제주(祭主)"란 제례의 의식절차를 주관하는 사람을 말한다.

제3조(종교의식의 특례) 종교의식에 따라 가정의례를 하는 경우에는 이 영에서 정하는 건전가정의례준칙의 범위에서 해당 종교 고유의 의식절차에 따라 할 수 있다.

제4조(건전가정의례준칙의 보급 및 실천) 국가기관, 지방자치단체, 공공기관·단체 및 기업체 등의 장은 소속 공무원 및 임직원 등에게 건전가정의례준칙을 실천하도록 권장하거나 그 실천사항을 정하여 보급할 수 있다.

제2장 성년례

제5조(시기) 성년례는 만 19세가 되는 때부터 할 수 있다.

제6조(성년례) ① 국가기관, 지방자치단체, 공공기관·단체 및 기업체 등이 성년예식을 거행할 때에는 엄숙하고 간소하게 하여야 한다.

② 성년례의 식순, 성년선서 및 성년선언의 내용은 별표 1과 같다.

제3장 혼례

제7조(약혼) ① 약혼을 할 때에는 약혼 당사자와 부모 등 직계가족만 참석하여 양쪽 집의 상견례를 하고 혼인에 관한 모든 사항을 협의하되, 약혼식은 따로 하지 아니한다.

② 제1항의 경우 약혼 당사자는 다음 각 호의 서류를 첨부하여 별표 2의 약혼서를 교환한다.

1. 당사자의 건강진단서

2. 「가족관계의 등록 등에 관한 법률」 제15조제1항 각 호의 증명서 일부 또는 전부 (당사자의 합의에 따라 필요한 경우에만 첨부한다)

제8조(혼인) ① 혼인예식을 거행할 때에는 다음 각 호의 사항을 지켜야 한다.

1. 혼인예식의 장소는 혼인 당사자 어느 한 쪽의 가정 또는 혼인예식장이나 그 밖에 건전한 혼인예식을 하기에 적합한 장소로 한다

2. 혼인 당사자는 혼인신고서에 서명 또는 날인한다

3. 혼인예식의 복장은 단정하고 간소하며 청결한 옷차림으로 한다

4. 하객 초청은 친척·인척을 중심으로 하여 간소하게 한다

② 혼인을 할 때 혼수(婚需)는 검소하고 실용적인 것으로 하되, 예단을 보내는 경우에는 혼인 당사자의 부모에게만 보낸다.

③ 혼인예식을 마치고 치르는 잔치는 친척·인척을 중심으로 간소하게 한다.

④ 혼인예식의 식순, 혼인서약 및 성혼선언의 내용은 별표 3과 같다.

제4장 상례

제9조(상례) 사망 후 매장 또는 화장이 끝날 때까지 하는 예식은 발인제(發靷祭)와 위령제를 하되, 그 외의 노제(路祭)·반우제(返虞祭) 및 삼우제(三虞祭)의 예식은 생략할 수 있다.

제10조(발인제) ① 발인제는 영구(靈柩)가 상가나 장례식장을 떠나기 직전에 그 상가나 장례식장에서 한다.

② 발인제의 식장에서는 영구를 모시고 촛대, 향로, 향합, 그 밖에 이에 준하는 준비를 한다.

제11조(위령제) 위령제는 다음 각 호의 구분에 따라 한다.

1. 매장의 경우: 성분(成墳)이 끝난 후 영정을 모시고 간소한 제수(祭需)를 차려놓고 분향, 헌주(獻酒), 축문 읽기 및 배례(拜禮)의 순서로 한다.

2. 화장의 경우: 화장이 끝난 후 유해함(遺骸函)을 모시고 제1호에 준하는 절차로 한다.

제12조(장일) 장일(葬日)은 부득이한 경우를 제외하고는 사망한 날부터 3일이 되는 날로 한다.

제13조(상기) ① 부모·조부모와 배우자의 상기(喪期)는 사망한 날부터 100일까지로 하고, 그 밖의 사람의 상기는 장일까지로 한다.

② 상기 중 신위(神位)를 모셔두는 궤연(궤연)은 설치하지 아니하고, 탈상제는 기제사에 준하여 한다.

제14조(상복 등) ① 상복은 따로 마련하지 아니하되, 한복일 경우에는 흰색으로, 양복일 경우에는 검은색으로 하고, 가슴에 상장(喪章)을 달거나 두건을 쓴다. 다만, 부득이한 경우에는 평상복으로 할 수 있다.

② 상복을 입는 기간은 장일까지로 하고, 상장을 다는 기간은 탈상할 때까지로 한다.

제15조(상제) ① 사망자의 배우자와 직계비속은 상제(喪制)가 된다.

② 주상은 배우자나 장자가 된다.

③ 사망자의 자손이 없는 경우에는 최근친자(最近親子)가 상례를 주관한다.

제16조(부고) 신문에 부고를 게재할 때에는 행정기관 및 공공기관·단체의 명의를 사용하지 아니한다.

제17조(운구) 운구(運柩)의 행렬순서는 명정(銘旌), 영정, 영구, 상제 및 조객의 순서로 하되, 상여로 할 경우 너무 많은 장식을 하지 아니한다.

제18조(발인제의 식순 등) 발인제의 식순 및 상장의 규격은 별표 4와 같다.

제5장 제례

제19조(제례의 구분) 제례는 기제사 및 차례로 구분한다.

제20조(기제사) ① 기제사의 대상은 제주부터 2대조까지로 한다.

② 기제사는 매년 조상이 사망한 날에 제주의 가정에서 지낸다.

제21조(차례) ① 차례의 대상은 기제사를 지내는 조상으로 한다.

② 차례는 매년 명절의 아침에 맏손자의 가정에서 지낸다.

제22조(제수) 제수는 평상시의 간소한 반상음식으로 자연스럽게 차린다.

제23조(제례의 절차) 제례의 절차는 별표 5와 같다.

제24조(성묘) 성묘는 각자의 편의대로 하되, 제수는 마련하지 아니하거나 간소하
　　게 한다.

제6장 수연례

제25조(회갑연 등) 회갑연 및 고희연 등의 수연례는 가정에서 친척과 친지가 모여
　　간소하게 한다.

부칙 〈대통령령 제21083호, 2008.10.14〉

이 영은 공포한 날부터 시행한다.

참고문헌

권영한, 『사진으로 배우는 관혼상제』, 전원문화사, 2005.

김교홍, 『문해우리예절』, 금강인쇄출판사, 2008.

김석진, 『한국전통의례』, 학문사, 2000.

김용덕, 『한국의 풍속사(1)』, 밀알, 1994.

남민이, 『현대생활 속의 상장례』, 학문사, 2001.

성균관, 『청소년을 위한 생활예절』, 성균관출판부, 1977.

성백효, 『논어집주』, 전통문화연구회, 2011.

성백효, 『명심보감』, 전통문화연구회, 2010.

성백효, 『소학집주』, 전통문화연구회, 2010.

유덕선, 『관혼상제대전』, 신나라, 1999.

유화정, 『전통예절과 가정의례상식』, 예가, 2006.

이남철, 『예법전서』, 한진출판사, 2002.

정규훈, 『글로벌 생활예절』, 성균관대출판부, 2012.

정낙찬 · 이동기 · 채휘균, 『한국의 전통교육』, 영남대출판부, 2001.

조선일보사, 『사진으로 보는 가정의례』, 1995.

조효순, 『한국전통생활문화와 현대예절』, 일지사, 2005.

최형식, 『생활예절』, 성균관, 1997.

〈편저자 약력〉

이동기(李東基)

교육학 박사

영남대학교 연구교수 · 객원교수 역임

사람됨의 길은 예절이다

2013년 6월 10일 초판 1쇄 펴냄

편저자 이동기
발행자 김흥국
발행처 도서출판 보고사

책임편집 박현정
표지디자인 황효은

등록 1990년 12월 13일 제6-0429호
주소 서울특별시 성북구 보문동7가 11번지 2층
전화 922-5120~1(편집), 922-2246(영업)
팩스 922-6990
메일 kanapub3@naver.com
http://www.bogosabooks.co.kr

ISBN 979-11-5516-024-4 03190
ⓒ이동기, 2013

정가 10,000원
사전 동의 없는 무단 전재 및 복제를 금합니다.
잘못 만들어진 책은 바꾸어 드립니다.

이 도서의 국립중앙도서관 출판시도서목록(CIP)은 서지정보유통지원시스템 홈페이지(http://seoji.nl.go.kr)
와 국가자료공동목록시스템(http://www.nl.go.kr/kolisnet)에서 이용하실 수 있습니다.
(CIP제어번호: CIP2013007476)